U0710913

The Means to Prosperity

约翰·梅纳德·凯恩斯文集

JOHN MAYNARD KEYNES

通往繁荣之路

［英］约翰·梅纳德·凯恩斯 著

李井奎 译

复旦大學 出版社

中文版总序

约翰·梅纳德·凯恩斯（John Maynard Keynes, 1883—1946）是 20 世纪上半叶英国最杰出的经济学家和现代经济学理论的创新者，也是世界公认的 20 世纪最有影响的经济学家。凯恩斯因开创了现代经济学的"凯恩斯革命"而称著于世，被后人称为"宏观经济学之父"。凯恩斯不但对现代经济学理论的发展作出了许多原创性的贡献，也对二战后世界各国政府的经济政策的制定产生了巨大而深远的影响。他逝世 50 多年后，在 1998 年的美国经济学会年会上，经过 150 名经济学家的投票，凯恩斯被评为 20 世纪最有影响力的经济学家（芝加哥学派的经济学家米尔顿·弗里德曼则排名第二）。

为了在中文语境里方便人们研究凯恩斯的思想，李井奎教授翻译了这套《约翰·梅纳德·凯恩斯文集》。作为这套《约翰·梅纳德·凯恩斯文集》中文版的总序，这里不评述凯恩斯的经济学思想和理论，而只是结合凯恩斯的生平简略地介绍一下他的著作写作过程，随后回顾一下中文版的凯恩斯的著作和思想传播及翻译过程，最后略谈一下翻译这套《约翰·梅纳德·凯恩斯文集》的意义。

一

1883 年 6 月 5 日，约翰·梅纳德·凯恩斯出生于英格兰的剑桥郡。凯恩斯的父亲约翰·内维尔·凯恩斯（John Neville Keynes, 1852—1949）是剑桥大学的一位经济学家，曾出版过《政治经济学的范围与方法》（1891）一书。

凯恩斯的母亲佛洛伦丝·艾达·凯恩斯（Florence Ada Keynes，1861—1958）也是剑桥大学的毕业生，曾在20世纪30年代做过剑桥市的市长。1897年9月，年幼的凯恩斯以优异的成绩进入伊顿公学（Eton College），主修数学。1902年，凯恩斯从伊顿公学毕业后，获得数学及古典文学奖学金，进入剑桥大学国王学院（King's College）学习。1905年毕业后，凯恩斯获剑桥文学硕士学位。毕业后，凯恩斯又留剑桥一年，师从马歇尔和庇古学习经济学，并准备英国的文官考试。

1906年，凯恩斯以第二名的成绩通过了文官考试，入职英国政府的印度事务部。在其任职期间，凯恩斯撰写了他的第一部经济学著作《印度的通货与金融》（*Indian Currency and Finance*，1913）。

1908年凯恩斯辞去印度事务部的职务，回到剑桥大学任经济学讲师，至1915年。他在剑桥大学所讲授的部分课程的讲稿被保存了下来，收录于英文版的《凯恩斯全集》（*The Collected Writings of John Maynard Keynes*，London：Macmillan，1971—1983）第12卷。

在剑桥任教期间，1909年凯恩斯以一篇讨论概率论的论文入选剑桥大学国王学院院士，而以另一篇关于指数的论文获亚当·斯密奖。凯恩斯的这篇概率论的论文之后稍经补充，于1921年以《论概率》（*A Treatise on Probability*）为书名出版。这部著作至今仍被认为是这一领域中极具开拓性的著作。

第一次世界大战爆发不久，凯恩斯离开了剑桥，到英国财政部工作。1919年初，凯恩斯作为英国财政部的首席代表出席巴黎和会。同年6月，由于对巴黎和会要签订的《凡尔赛和约》中有关德国战败赔偿及其疆界方面的苛刻条款强烈不满，凯恩斯辞去了英国谈判代表团中首席代表的职务，重回剑桥大学任教。随后，凯恩斯撰写并出版了《和平的经济后果》（*The Economic Consequences of the Peace*，1919）一书。在这部著作中，凯恩斯严厉批评了《凡尔赛和约》，其中也包含一些经济学的论述，如对失业、通货膨胀和贸易失衡问题的讨论。这实际上为凯恩斯在之后研究就业、利息和货币问题埋下了伏笔。这部著作随后被翻译成多种文字，使凯恩斯本人顷刻之间成了世界名人。自此以后，"在两次世界大战之间英国出现的一些经济问题上，更确切地说，在整个西方世界面临的所有重大经济问题上，都能听到凯恩斯的声音，于是他成了一个国际性的人物"（Patinkin，2008，p.687）。这一时期，凯恩斯在剑桥大学任教的同时，撰写了大量经济学的文章。

1923 年，凯恩斯出版了《货币改革论》（A Tract on Monetary Reform，1923）。在这本书中，凯恩斯分析了货币价值的变化对经济社会的影响，提出在法定货币出现后，货币贬值实际上有一种政府征税的效应。凯恩斯还分析了通货膨胀和通货紧缩对投资者和社会各阶层的影响，讨论了货币购买力不稳定所造成的恶果以及政府财政紧缩所产生的社会福利影响。在这本著作中，凯恩斯还提出了他自己基于剑桥方程而修改的货币数量论，分析了一种货币的平价购买力，及其与汇率的关系，最后提出政府货币政策的目标应该是保持币值的稳定。凯恩斯还明确指出，虽然通货膨胀和通货紧缩都有不公平的效应，但在一定情况下通货紧缩比通货膨胀更坏。在这本书中，凯恩斯还明确表示反对在一战前的水平上恢复金本位制，而主张实行政府人为管理的货币，以保证稳定的国内物价水平。

1925 年，凯恩斯与俄国芭蕾舞演员莉迪亚·洛波科娃（Lydia Lopokova，1892—1981）结婚，婚后的两人美满幸福，但没有子嗣。

《货币改革论》出版不到一年，凯恩斯就开始撰写他的两卷本的著作《货币论》（A Treatise on Money，1930）。这部著作凯恩斯断断续续地写了 5 年多，到 1930 年 12 月才由英国的麦克米兰出版社出版。与《货币改革论》主要是关心现行政策有所不同，《货币论》则是一本纯货币理论的著作。"从传统的学术观点来看，《货币论》确实是凯恩斯最雄心勃勃和最看重的一部著作。这部著作分为'货币的纯理论'和'货币的应用理论'上下两卷，旨在使他自己能获得与他在公共事务中已经获得的声誉相匹配的学术声誉。"

(Patinkin, 2008, p.689) 该书出版后，凯恩斯在 1936 年 6 月 "哈里斯基金会" 所做的一场题为 "论失业的经济分析" 的讲演中，宣称 "这本书就是我要向你们展示的秘密——一把科学地解释繁荣与衰退（以及其他我应该阐明的现象）的钥匙" (Keynes, 1971—1983, vol.13, p.354)。但是凯恩斯的希望落了空。这部书一出版，就受到了丹尼斯·罗伯逊 (Dennis Robertson)、哈耶克 (F. A. von Hayek) 和冈纳·缪尔达尔 (Gunnar Myrdal) 等经济学家的尖锐批评。这些批评促使凯恩斯在《货币论》出版后不久就开始着手撰写另一本新书，这本书就是后来的著名的《就业、利息和货币通论》(Keynes, 1936)。

实际上，在这一时期，凯恩斯广泛参与了英国政府的经济政策的制定和各种公共活动，发表了多次讲演，在 1931 年凯恩斯出版了一部《劝说集》(*Essays in Persuasion*, 1931)，其中荟集了著名的凯恩斯关于 "丘吉尔先生政策的经济后果" (The Economic Consequence of Mr Churchill, 1923)、"自由放任的终结" (The End of Laissez-faire, 1926) 等小册子、论文和讲演稿。1933 年，凯恩斯出版了《通往繁荣之路》(*The Means to Prosperity*, 1933)，同年还出版了一本有关几个经济学家学术生平的《传记文集》(*Essays in Biography*, 1933)。

在极其繁忙的剑桥的教学和财务管理工作、《经济学杂志》的主编工作及广泛的社会公共事务等等活动间歇，凯恩斯在 1934 年底完成了《就业、利息和货币通论》(《通论》) 的初稿。经过反复修改和广泛征求经济学家同行们的批评意见和建议后完稿，于 1936 年 1 月由英国麦克米兰出版社出版。在《通论》中，凯恩斯创造了许多经济学的新概念，如总供给、总需求、有效需求、流动性偏好、边际消费倾向、乘数、预期收益、资本边际效率、充分就业，等等，运用这些新的概念和总量分析方法，凯恩斯阐述了在现代市场经济中收入和就业波动之间的关系。他认为，按照古典经济学的市场法则，通过供给自行创造需求来实现市场自动调节的充分就业是不可能的。因为社会的就业量决定于有效需求的大小，后者由三个基本心理因素与货币量决定。这三个基本心理因素是：消费倾向，对资本资产未来收益的预期，对货币的流动偏好（用货币形式保持自己收入或财富的心理动机）。结果，消费增长往往赶不上收入的增长，储蓄在收入中所占的比重增大，这就引起消费需求不足。对资本资产未来收益的预期决定了资本边际效率，企业家对预期的信心不足往往会造成投资不足。流动偏好和货币数量决定利息率。利息率高，会对投资产生不利影响，也自然会造成投资不足。结果，社会就业量在未达到充分就业之前就停止增加了，从而出现大量失业。凯恩斯在就业、利息和货币的一般理论分析基础上所得出的政策结论就是，应该放弃市场的自由放任原则，增加货币供给，降低利率以刺激消费，增加投资，从而保证社会有足够的有效需求，实现充分就业。这样，与古典经济学家和马歇尔的新古典经济学的理论分析有所不同，凯恩斯实际上开创了经济学的总量分析。凯恩斯也因之被称为"宏观经济学之父"。实际上，凯恩斯自己也更加看重这本著作。在广为引用的凯恩斯于 1935 年 1 月 1 日写给萧伯纳（George Bernard Shaw）的信中，在谈到他基本上完成了《就业、利息和货币通论》这部著作时，凯恩斯说："我相信自己正在撰写一本颇具革命性的经济理论的书，我不敢说这本书立即——但在未来 10 年中，将会在很大程度上改变全世界思考经济问题的方式。当我的崭新理论被人们所充分接受并与政治、情感和激情相结合，它对行动和事务所产生的影响的最后结果如何，我是难以预计的。但是肯定将会产生一个巨变……"（转引自 Harrod，1950，p.545）诚如凯恩斯本人所预期到的，这本书出版后，确实引发了经济学中的一场革命，这在后来被学界广泛称为"凯恩斯革命"。正如保罗·萨缪尔森在他的著名的《经济学》（第 10 版）中所言："新古典经济学的弱点在于它缺乏一个成熟的宏观经济学来与它过分成熟的微观经济学相适应。终于随着大萧条的出现而有了新的突破，约翰·梅纳德·凯恩斯出版了《就业、利息和货币通论》（1936）。从此以后，经济学就不再是以前的经济学了。"（Samuelson，1976，p.845）

在《通论》出版之后，凯恩斯立即成为在全世界有巨大影响的经济学家，他本人也实际上成了一位英国的杰出政治家（statesman）。1940年，凯恩斯重新回到了英国财政部，担任财政部的顾问，参与二战时期英国政府一些财政、金融和货币问题的决策。自《通论》出版后到第二次世界大战期间，凯恩斯曾做过许多讲演，这一时期的讲演和论文，汇集成了一本名为《如何筹措战费》（*How to Pay for the War*, 1940）的小册子。1940年2月，在凯恩斯的倡议下，英国政府开始编制国民收入统计，使国家经济政策的制定有了必要的工具。因为凯恩斯在经济学理论和英国政府经济政策制定方面的巨大贡献，加上长期担任《经济学杂志》主编和英国皇家经济学会会长，1929年他被选为英国科学院院士，并于1942年被英国国王乔治六世（George VI）晋封为勋爵。

自从1940年回到英国财政部，凯恩斯还多次作为英国政府的特使和专家代表去美国进行谈判并参加各种会议。1944年7月，凯恩斯率英国政府代表团出席布雷顿森林会议，并成为国际货币基金组织和国际复兴与开发银行（后来的世界银行）的英国理事，在1946年3月召开的这两个组织的第一次会议上，凯恩斯当选为世界银行第一任总裁。

这一时期，凯恩斯除了继续担任《经济学杂志》的主编外，还大量参与英国政府的宏观经济政策的制定和社会公共活动。极其紧张的生活和工作节奏，以及代表英国在国际上的艰苦的谈判，开始损害凯恩斯的健康。从1943年秋天开始，凯恩斯的身体健康开始走下坡路。到1945年从美国谈判回来后，凯恩斯已经疲惫不堪，处于半死不活的状态（Skidelsky, 2003, part 7）。1946年4月21日，凯恩斯因心脏病突发在萨塞克斯（Sussex）家中逝世。凯恩斯逝世后，英国《泰晤士报》为凯恩斯所撰写的讣告中说："要想找到一位在影响上能与之相比的经济学家，我们必须上溯到亚当·斯密。"连长期与凯恩斯进行理论论战的学术对手哈耶克在悼念凯恩斯的文章中也写道："他是我认识的一位真正的伟人，我对他的敬仰是无止境的。这个世界没有他将变得更糟糕。"（Skidelsky, 2003, p.833）半个多世纪后，凯恩斯传记的权威作者罗伯特·斯基德尔斯基在其 1 000 多页的《凯恩斯传》的最后说："思想不会很快随风飘去，只要这个世界需要，凯恩斯的思想就会一直存在下去。"（同上，p.853）

二

1929—1933 年，西方世界陷入了有史以来最为严重的经济危机。面对这场突如其来的大萧条，主要西方国家纷纷放弃了原有自由市场经济的传统政策，政府开始以各种形式干预经济运行，乃至对经济实施管制。当时，世界上出现了德国和意大利的法西斯主义统制经济及美国罗斯福新政等多种国家干预经济的形式。第二次世界大战期间，许多西方国家按照凯恩斯经济理论制定和实施了一系列国家干预的政策和措施。凯恩斯的经济理论随即在世界范围内得到广泛传播。这一时期的中国，正处在南京国民政府的统治之下。民国时期的中国经济也同样受到了世界经济大萧条的冲击。在这样的背景之下，中国的经济学家开始介绍凯恩斯的经济理论，凯恩斯的一些著作开始被翻译和介绍到中国。从目前来看，最早将凯恩斯的著作翻译成中文的是杭立武，他翻译的《自由放任的终结》（书名被翻译为《放任主义告终论》，凯恩斯也被译作"坎恩斯"），1930 年由北京一家出版社出版。凯恩斯 1940 年出版的小册子《如何筹措战费》，也很快被翻译成中文，由殷锡琪和曾鲁两位译者翻译，由中国农民银行经济研究处 1941 年出版印行。在民国时期，尽管国内有许多经济学家如杨端六、卢逢清、王烈望、刘觉民、陈国庆、李权时、陈岱孙、马寅初、巫宝三、杭立武、姚庆三、徐毓枬、滕茂桐、唐庆永、樊弘、罗蘋苏、胡代光、刘涤源和雍文远等人，都用中文介绍了凯恩斯的经济学理论，包括他的货币理论和财政理论，但由于凯恩斯的货币经济学著作极其艰涩难懂，他的主要经济学著作在民国时期并没有被翻译成中文。这一时期，凯恩斯的经济学理论也受到一些中国经济学家的批评和商榷，如哈耶克的弟子、时任北京大学经济学教授的蒋硕杰，等等。

在中文语境下，最早完成凯恩斯《通论》翻译的是徐毓枬。徐毓枬曾在剑桥大学攻读经济学博士，还听过凯恩斯的课。从剑桥回国后，徐毓枬在中国的高校中讲授过凯恩斯的经济学理论。实际上，早在1948年徐毓枬就完成了《通论》的翻译，但经过各种波折，直到1957年才由三联书店出版。后来，徐毓枬翻译的凯恩斯的《通论》中译本也被收入商务印书馆的"汉译世界学术名著丛书"（见宋丽智、邹进文，2015，第133页）。1999年，高鸿业教授重译了凯恩斯的《通论》，目前是在国内被引用最多和最权威的译本。2007年南海出版公司曾出版了李欣全翻译的《通论》，但在国内并不是很流行。1962年，商务印书馆出版过由蔡受百翻译的凯恩斯的《劝说集》。凯恩斯的《货币论》到1997年才被完整地翻译为中文，上卷的译者是何瑞英（1986年出版），下卷则由蔡谦、范定九和王祖廉三位译者翻译，刘涤源先生则为之写了一篇中译本序言，后来，这套中译本也被收入商务印书馆的"汉译世界学术名著丛书"。2008年，陕西师范大学出版社出版了凯恩斯《货币论》另一个汉译本，上卷由周辉翻译，下卷由刘志军翻译。凯恩斯的《和约的经济后果》由张军和贾晓屹两位译者翻译成中文，由华夏出版社2008年出版。凯恩斯的《印度的货币与金融》则由安佳翻译成中文，由商务印书馆2013年出版。凯恩斯的《货币改革论》这本小册子，多年一直没见到甚好的中译本，直到2000年，才由改革出版社出版了一套由李春荣和崔铁醴编辑翻译的《凯恩斯文集》上中下卷，上卷中包含凯恩斯的《货币改革论》的短篇，由王利娜、陈丽青和李晶翻译。到2013年，中国社会科学出版社重新出版了这套《凯恩斯文集》，分为上、中、下三卷，由李春荣和崔人元主持编译。

三

尽管凯恩斯是20世纪最有影响力的经济学家，但是，由于其经济学理论尤其难懂且前后理论观点多变，英语语言又极其优美和灵活，加上各种各样的社会原因，到目前为止，英文版的 30 卷《凯恩斯全集》还没有被翻译成中文。鉴于这种状况，李井奎教授从 2010 年之后就致力于系统地翻译凯恩斯的主要著作，先后翻译出版了《劝说集》(2016)、《通往繁荣之路》(2016)、《〈凡尔赛和约〉的经济后果》(2017)、《货币改革略论》(2017)。这些译本将陆续重新收集在本套丛书中，加上李井奎教授重译的凯恩斯的《货币论》《印度的通货与金融》《就业、利息和货币通论》，以及新译的《论概率》《传记文集》等，合起来就构成这套完整的《约翰·梅纳德·凯恩斯文集》。这样，实际上凯恩斯出版过的主要著作绝大部分都将被翻译成中文。

自 1978 年改革开放以来，中国开启了从中央计划经济向市场经济的制度转型。到目前为止，中国已经基本形成了一个现代市场经济体制。在中国市场化改革的过程中，1993 年中国的国民经济核算体系已经从苏联、东欧计划经济国家采用的物质产品平衡表体系（简称 MPS）的"社会总产值"，转变为西方成熟市场经济体制国家采用的国民经济统计体系（简称 SNA 核算）从而国内生产总值（GDP）已成了中国国民经济核算的核心指标，也就与世界各国的国民经济核算体系接轨了。随之，中国政府的宏观经济管理包括总需求、总供给、CPI、货币、金融、财政和汇率政策，也基本上完全与现代市场经济国家接轨了。这样一来，实际上指导中国整个国家的经济运行的经济理论也不再是古典经济学理论和斯大林的计划经济理论了。

现代的经济学理论，尤其是宏观经济学理论，在很大程度上可以说是由凯恩斯所开创的经济学理论。但是，由于一些经济学流派实际上并不认同凯恩斯的经济学理论，在国际和国内仍然常常出现一些对凯恩斯经济学的商榷和批判，尤其是凯恩斯经济学所主张的政府对市场经济过程的干预（实际上世界各国政府都在这样做），为一些学派的经济学家所诟病。更为甚者，一些经济学人实际上并没有认真读过凯恩斯的经济学原著，就对凯恩斯本人及其经济学理论（与各种各样的凯恩斯主义经济学有区别，英文为"Keynesian economics"）进行各种各样的批判，实际上在许多方面误读了凯恩斯原本的经济学理论和主张。在此情况下，系统地把凯恩斯的主要著作由英文翻译成中文，以给中文读者一个较为容易理解和可信的文本，对全面、系统和较精确地理解凯恩斯本人的经济学理论，乃至对未来中国的理论经济学的发展和经济改革的推进，都有着深远的理论与现实意义。

是为这套《约翰·梅纳德·凯恩斯文集》的总序。

韦 森

2020 年 7 月 5 日谨识于复旦大学

参考文献

Harrod, Roy, 1951, *The Life of John Maynard Keynes*, London：Macmillan.

Keynes, John Maynard, 1971-1983, *The Collective Writings of John Maynard Keynes*, 30 vols., eds. by Elizabeth S. Johnson, Donald E., Moggridge for the Royal Economic Society, London：Macmillan.

Patinkin, Don, 2008, "Keynes, John Maynard", in Steven N. Durlauf & Lawrence E. Blume eds., *The New Palgrave Dictionary of Economics*, 2nd ed., London：Macmillan, vol.4, pp.687-717.

Samuelson, Paul A., 1976, *Economics*, 10th ed., New York：McGraw-Hill.

Skidelsky, Robert, 2003, *John Maynard Keynes 1883-1946*：*Economist*, *Philosopher*, *Statesman*, London：Penguin Book.

宋丽智、邹进文：《凯恩斯经济思想在近代中国的传播与影响》，《近代史研究》，2015 年第 1 期，第 126—138 页。

编译说明

　　凯恩斯生前写过不少具有政论性质的小册子作品，对当时和后世均有着极大的影响。其中，《丘吉尔先生政策的经济后果》(1925)、《俄罗斯掠影》(1925)、《自由放任主义的终结》(1926)、《劳合·乔治能够做到吗?》(1929) 四本小册子曾为《劝说集》(1931) 所收录，但是作者做了大量删改，原作的基本面貌已经不可复见，而《通往繁荣之路》(1933) 和《如何筹措战费》(1940) 则又未被《劝说集》(1931) 收入进去。故而，本书将这些小册子作品加以整理，根据年代顺序重新进行了编排，将其辑为一册，以《通往繁荣之路》为名出版，以飨读者。

——译者

目录

丘吉尔先生政策的经济后果（1925）

本篇据伦纳德和弗吉尼亚·伍尔夫（Leonard & Virginia Woolf）的霍格思出版社（Hogarth Press）于1925年出版的 *The Economic Consequences of Mr. Churchill* 译出

《丘吉尔先生政策的经济后果》最初是作为一个系列的三篇文章，分别发表在 1925 年 7 月 22、23、24 日的《标准晚报》（*Evening Standard*）[1] 上，所论是关于英国恢复金本位的问题，当时的标题是"失业与货币政策"。凯恩斯在这三篇文章的基础上对之进行了扩充，由此形成了一本小册子。同月，由伦纳德（Leonard）和弗吉尼亚·伍尔夫（Virginia Woolf）的霍格思出版社（Hogarth Press）[2] 出版，其中的第 I、第 III 和第 V 章分别对应着《标准晚报》上的这三篇文章。在美国，这本小册子又以《英镑平价的经济后果》为题予以出版，内容并无改动。本篇是基于其英国的版本译出的。

---

1 即《伦敦标准晚报》，该报创办于 1827 年，是英国每日邮报和通用信托集团（Daily Mail and General Trust）旗下的一份地方性日报，每周一至周五以小报的形式发行。该报的内容以国际国内新闻以及伦敦市的财政为主，在首都伦敦及周边地区的地方性报纸领域占有主导性的地位。2009 年 1 月，由于财政状况不佳，《伦敦标准晚报》被俄罗斯商人亚历山大·列别杰夫（Alexander Lebedev）收购并于当年 9 月将该报转型为一份免费报纸。——译者注

2 即英国的霍格思出版社（Hogarth Press, 1917—1987 年），由伦纳德·伍尔夫（Leonard Woolf）和弗吉尼亚·伍尔夫（Virginia Woolf）夫妇于 1917 年共同创建和经营。出版社的名字取自夫妇俩在里士满居所的名字。在这里，他们开始了手工印刷各类书籍。出版社成立的初衷只是夫妇俩的一项业余消遣，后来在第二次世界大战期间，出版社开始使用商用打印机，进而发展成正式的工商企业。在前 30 年的出版历程中（后 40 年并入查特与温达斯出版社，维持其原有出版风格），它出版了弗吉尼亚·伍尔夫、T.S.艾略特、罗杰·弗莱、克莱夫·贝尔等英国作家的作品，引进了弗洛伊德、琼斯等心理学家的系列作品，翻译了陀思妥耶夫斯基、托尔斯泰、契诃夫等俄国小说家的作品，在催生和推进英国现代主义的过程中，发挥了举足轻重的作用。——译者注

I 失业问题何以日趋严重

　　世界贸易和国内消费两者皆处在适度的健康状态当中——维持在萧条和繁荣之间一种平稳的中间水平上运行。美国度过了繁荣、富足的一年；印度和英联邦自治领的发展势头也相当不错；在法国和意大利，失业现象已经不存在或者几可忽略不计。德国在过去六个月领取救济金的人数急剧下降，幅度超过一半，相比于我们 10% 的失业率，德国的失业率已经下降到了 4.5%。世界生产总量可能是 1914 年以来最高的一年。因此，可以这样说，我们的问题既不是世界范围内的萧条所致，也不是国内消费的缩减所带来的结果。问题的根源乃在于本国与国外的**相对价格**。我们的出口产品在国际市场上的价格太高了。有关于此，大家的看法并无什么异议。

　　那么，出口产品的价格为什么会这么高呢？传统的回答往往将它归咎于劳动阶层工作得太少，而拿到的太多。在有些行业以及劳动阶层的有些等级，尤其是那些非熟练工上，这样的情况确有发生。此外还有一些行业，如铁路部门，冗员也的确太多了。但是，这些状况和一年之前并无二致。同时，在那些出口行业里，工人的情况并非是工作得过少而得到的过多，而那里的失业却是最为严重的。

　　相反，如果从另外一个角度来看，我们是可以找到一个确定的答案的。因为我们都知道这样一个事实，在国外英镑的货币价值已经提升了10%，而它对英国劳动的购买力却未尝有异。在英镑的国外货币价值上的这种变化，是我们的政府和财政大臣有意识作为的结果，而我们在出口行业上现如今所遭遇的困难则是这种有意识行为带来的必然结果，是无可避免的。

我们推行的这种提高英镑外汇价值的政策，使它从原初低于战前黄金价值10%的水平上提高到战前的黄金价值上来，其最终所意味着的则是，无论何时，不管我们对外售出的是些什么样的东西，要么是国外的购买者不得不**增加10%的货币支付**，要么是我们**减少10%的货币收入**。这就等于说，除非国外的价格水平有所提高，否则为了要维持我们的竞争水平，我们就必须在煤、铁、运输费用或者无论是什么的其他一干事物的英镑价格上均降低10%。由是观之，提高汇率10%这样的政策所造成的后果是使我们的出口行业减少10%的英镑收入。

现在，假设我们的这些出口行业在工资、运输方面的支出、税率以及其他任何方面的支出皆同时下降10%，那么，这些行业是可以做到削减其售出物的价格水平的，这样做并不会使经济状况较之以前变得更差。但是，这当然是不可能发生的事情。因为这些行业之所用，以及他们的从业者所消费的一切种类的国内生产的物品，是不可能在价格上降低10%的，除非这些国内行业其工资水平和其他所有支出普遍下降10%。而且，如果真做到了这样的假设情况，其中相对薄弱的出口行业也将会因此而陷入破产的境地。如果黄金的价值本身并未下降，那么，除非国内价格和工资水平普遍出现下降的情况，否则这类相对薄弱的出口行业其处境将举步维艰。因此，丘吉尔先生提高汇率10%的政策，早晚会转化成降低工资水平的政策，其减低的幅度须达到每个人每英镑的工资要减少2先令才行。任何人都是有什么样的目的，自然会有什么样的手段。现在，我们的政府所面临的一个棘手的任务，乃是如何来贯彻实施他们自己的这个危险而又毫无必要的决策。

这些统计数字支持了我们的推理。下表（表1）中的数字就其本身来说即是对与前一年相比我们出口行业目前所面临的困难的一个充分的解释：

表 1

年份及相关月份	以黄金计的美国生活费用	英国的生活费用		英国的工资水平	
		以黄金计	以英镑计（战前为 100）	以黄金计	以英镑计
1924 年 3 月	156	157	178	155	176
6 月	154	150	169	157	178
10 月	157	162	176	164	178
12 月	158	174	181	172	179
1925 年 3 月	158	176	179	177	181
4 月	158	172	175	178	181
5 月	158①	172	173	180	181
6 月	158①	172	172	181	181
7 月	158①	173	173	180	180

注：① 暂定值。

这个表中的数据向我们表明，在我们这个国家，以黄金计算的生活费用和工资水平（也就是说，如果以英镑来表示，则其价格的下跌程度与英镑汇率的贬值维持在一定比例之上）一年以前是和美国的以美元计算的生活费用保持一致的。从那个时候开始，英镑的汇率上升了10%，而我们国家以英镑计算的生活费用和工资水平与美国以美元计算的生活费用比起来，则没有什么较为可观的变化。由此我们必然可以得出这样的结论，现在我们的货币工资水平和生活费用已然上涨了10%。正是政府的政策，使得我们在出口方面减少了10%的英镑收入。然而，我们的出口工业家们却必须要支付和之前一样多的工资，这些行业的从业人员为了维持他们的生活标准，企业也不得不对他们支付和以往同样的费用。偏离均衡的态势从去年（1924年）10月就已经开始了，这种态势一直在持续，之后随着汇率的提高而逐步在不断发展——造成这一趋势的是对金本位制度的恢复，并非英镑的内在价值有了提高，一开始的时候是由于对恢复金本位制度的预期所致，后来则是因为这一恢复措施得到实现的事实所引发。[1]贸易委员会的主席曾向下院坚称，恢复金本位制度对出口行业的影响"一切皆好"。财政大臣所表达的是这样的观点，他认为恢复金本位制度与煤炭行业中出现的状况是风马牛不相及的，这就好像墨西哥湾流与英国煤炭行业之间彼此毫不相干的情况一样。诸如此类的说法，皆可称得上是愚妄、轻浮之语。这些部长完全可以这样说，恢复金本位制度即便要付出代价也在所不惜，而且这些代价全不过是一时的付出，最终都将会弥补回来的。他们还可以这样说，而且这也不是什么假话，那些处境不佳的行业大多数本身就有它们自己内部的诸多困难在的。当某一共同的因素在发生作用之时，那些虚弱的个体就会因为其他的原因而一蹶不振。但是，我们不能因为流行性感冒只是夺走了体虚气衰者的生命，就说它是"一切皆好"的，更加不能说，它就像墨西哥湾流一样，与人类的死亡率同样毫无干系。

　　一年前，我们面临的情况并不是没有困难，而使情况变得更加糟糕的是，现如今这种影响越发地严重了。那个时候，虽然以英镑计算的工资水平和生活费用，在价值上与美国并无差异，但是与欧洲各国相比就显得过于高了。还有一种可能的情况是，我们一部分的出口行业，在工厂设备和劳动力方面，均存在着存量过剩的情况，因此如果能够把一部分

1　这种见解也为财政部通货委员会所持，该委员会曾报告称，如果我们没有恢复金本位制度，那么去年秋天和今年春季提高汇率是不可能得以维持的。换言之，在金本位制度恢复之前，之所以提高汇率，乃是因为对这一政策的投机性预期所致，此外还包括资本的流动，这都不是因为英镑本身所具有的内在价值上的提高带来的结果。

资本和劳动转移到国内工业上来，不但符合要求，而且最终也是无可避免的结果。这就是说，在恢复金本位之前，摆在我们面前的，就已有着一个棘手的难题。反对提高英镑国际价值的论点之一，所根据的乃是这样一个事实：英镑在国内价值与国际价值之间已经存有差距，由于英镑对外价值的提高，使这种差距不但没有缩小，反而变本加厉，愈发地恶化。正是这种情况，使我们转入了通货紧缩的阶段，其结果必然是使国内资本扩张的积极势头有所延缓，不利于劳动力转移到国内工业上来。英国的工资水平，若以黄金来衡量，则现在较之于一年之前，提高了15%。英国以黄金计算的生活费用，与比利时、法国、意大利和德国比起来，就显得太高了。这些国家的工人可以接受低于我国工人30%的以黄金计量的工资水平，而以实际工资水平来衡量时，却又毫发无伤。我们的出口行业陷入了困境，如此来看也就见怪不怪了！

我们的出口行业陷入了困境，是因为它们**首先**必须得接受降低工资10%的要求，这是它们行业现在的处境。如果**每个人**都同时接受同样的降低工资要求，生活费用将会下降，这样一来，较低的货币工资所体现出来的实际工资，将和之前大体相同。但是，事实上并不存在可以使各方面的工资水平同时降低的手段的。因此，蓄意提高英镑在英国国内的价值，这一政策的意义在于使各个彼此分离的群体相继展开斗争，而且这种斗争最终也没有获得最后的公平结果的希望，无法确保较强的集团为了利益就一定不会以弱者为代价而做出牺牲。

劳动阶层对当前情况的了解，其程度想来定然不如内阁阁员。那些首先受到打击的工人，他所面临的生活水准将会下降，因为他的生活费用并不会降低，除非所有其他人也受到了同样的打击。这样一来，这部分工人为了他们自己的处境而奋起自卫，是有他们的道理的。而且，首先受到货币工资降低之损害的这部分工人，在之后生活费用相应下降的情况下，并没有得到可以取得补偿的保证；也没有任何保证，能确保不会以他们的牺牲为代价来使其他部分的工人从中获取利益。因此，只要一息尚存，他们必然是要抵抗到底的；而这必然会导致一场斗争，一直到那些在经济上最贫弱的人们被彻底击垮，这场斗争才会停歇。

目前这种事态，并非出于生产财富之能力有了减退所带来的不可避免的结果。我看不明白，在良好的管理之下，为什么平均实际工资一定要下降。这是错误的政策所导致的结果。

II　是什么误导了丘吉尔先生

　　第一章的论点并不是反对金本位制度本身的论点。金本位制度本身是需要另作讨论的一个问题，我在这里不打算涉足这个话题。这些论点反对的乃是恢复金本位的时机，也就是反对在需要对我们一切的货币价值进行充分地重新调整的条件下来恢复金本位制度。如果丘吉尔先生恢复金本位制度之时，将平价固定在低于战前的水平上，或者待到我们的货币价值已经调整到与战前平价相适应的时候，再来恢复金本位制度，那么，上述的论点当中有一些就失去了其意义所在。但是，他偏偏选中了去年春天这样一个现实的环境下开始着手，只能是自寻烦恼了。因为他所致力的是压低货币工资和一切货币价值，至于说如何实现这样的目标，他是完全没有主意的。那么，他为什么要干这样的傻事呢？

　　很可能部分是因为他缺乏一种本能的判断力，因此无法阻止错误的发生；部分是由于他缺乏这种本能的判断力，从而使他在传统财政的一片聒噪声中，失去了听觉，迷失了方向。最为重要的是，他的那些专家们严重地误导了他，使他最终误入歧途。

　　以我观之，他的那些专家们犯下了两个严重的错误。第一，对于恢复英镑战前黄金平价将会引起的货币价值的失调程度，我怀疑他们是做出了错误的估计的，因为他们所关注的物价指数，与当前的问题并没有什么关系，或者说并不相宜。如果你想要了解英镑价格是否与汇率的提高相适应，那么，仅仅依靠观察诸如利物浦这一个城市的粗棉价格是无济于事的。这个价格**必然**是与汇率的变化相互因应的，因为在输入原材料的情况之下，它们必然几乎是要随时与国际价值的平价保持联系的。但是，如果由此断定码头工人或清洁女工的货币工资以及邮费或差旅费也将会根据对外汇率而随时加以调整，显然就不合乎情理了。然而，据我度之，这正是财政部中诸公的想法。他们乃是将这里的一般性批发物价指数与美国的同一指数进行比较。要知道，这类指数所涵盖的商品种类，其中至少三分之二是属于国际贸易范围的原材料，这一类原材料的价格必然是随着汇率的变化加以调整的。其结果是，国内价格真正的悬殊差异，被大打折扣，只占其真正价值的一个极小的部分。这使他们认为，需要加以弥补的罅隙不过是 2% 或 3%，并不足道。实际上，生活费用、工资水平以及我们所制造的出口品价格这些方面的指数所显示的真正悬殊差异，则是 10% 或 20%。对于这里的目的而言，这些指数都是比较适用的，尤其是如果各类指数彼此大体一致，那就比批发物价指数要适用得多。

但是，情况还不止是这些。我认为，有关要使国内货币价格普遍降低这一点在技术上的困难，丘吉尔先生的专家们所给出的估计也显得有些过于低了，中间存在着误解。当我们把英镑的价值提高 10% 时，这就是一笔为数高达 10 亿英镑的资金，要从我们的钱袋子里拿出来，转移到那些食利者们的口袋中，而这样我们会给国家债务，增加 7.5 亿英镑的实际负担（这就把我们自战争以来对偿债基金的辛勤贡献一笔抹煞了）。这种情况实在糟糕至极，却又无可避免。但是，如果能够设法将其他一切货币支出同时降低 10%，就不至于引起其他的不良后果。当这一过程完成之时，我们就可以使每一个人的实际收入与以前差不多相等。

我认为，丘吉尔先生的那些谋士们，他们的心智仍然固守在那种虚妄而富有学究味道的世界当中。这个世界中的人们，尽是些报纸经济栏目的编辑、坎利夫委员会和通货委员会成员之类的人士，在这个世界看来，在英格兰银行的"明智"政策之下，一切都是会"自动"获得必要的调整的。

财政部这些人的理论是，认为出口行业无可否认会首先受到侵袭，陷入衰退，而同时也许还会发生货币紧缩以及信贷受限这样的现象，这类现象进而会均匀而且相当迅速地**散播**到整个社会。但是，提出这样理论的教授们却没有用直白的语言告诉我们，这种散播过程将会如何发生。

有关这类问题，丘吉尔先生要求财政部通货委员会向他提供意见。后来，他在预算报告中谈到该委员会的意见，认为这个意见"包含着一系列言之成理的论点，博得了政府的信任"。实际上，他们的这个意见只是一些含糊其辞、空洞无物的言辞而已，大家都可以拜读，实在难以称得上是一种论证。但是，他们应该说的却没有说，在此，我代这个委员会把这些应该说的话给说出来：

> 由于您一再宣称要恢复金本位制度，由此引发的预期已经使汇率有所提高，但是，货币工资、生活费用以及价格水平，却没有配合我们对出口业的要求，未能与提高的汇率相适应。现在汇率已经过高，其程度约为 10%。因此，在这种情况下，如果您按照这样的黄金平价来规定汇率，那么，结果要么是国内黄金价格提高，诱使国外商人支付较高的黄金价格来购买我们的出口品，要么是在您的政策执行之下，不得不将货币工资和生活费用压低到必要的程度。
>
> 我必须给您这样的忠告：这后一种政策的实施绝不是什么易

事。这样的政策定然会带来失业，引发劳资纠纷。如果像某些人所想的那样，认为实际工资在一年前就已经过高，那就更加糟糕了，因为工资降低的必要程度，以货币来计算时，将会更加峻烈。

把宝押在国外黄金价格提高这一点上，胜算可能还是比较大的。但这毕竟也不是多么绝对有把握的事情，您不能不为事态的偶发情况未雨绸缪，早作准备。假如您认为金本位制度的好处真有这般重大而迫切，以至于即便由此会引发民众强烈的不满，即便采取严厉的政治行动，也在所不惜的话，那么，事态的发展或许会是这样的：

首先，出口行业将会陷入深重的萧条之中。这一点就其自身而言是有帮助的，因为它可以营造一种氛围，有利于缩减工资。生活费用也将会有所下降，这一点也是有帮助的，因为它可以为您提供一个很好的论据，有利于降低工资。但是，生活费用的下降并不充分，结果除非受保护行业的工资水平下降，否则出口行业就不可能将其生产的产品之价格降到足够低的程度。要知道，那些受保护行业的工资水平一定不会只是因为不受保护的行业出现了失业就下降的。因此，您一定要使受保护的行业内也出现失业，才能削减这类行业的工资。能够实现这一过程的，是对信贷的限制。凭靠英格兰银行限制信贷的手段，您可以刻意地将失业扩大到任何所需要的地步，直到工资水平真的下降为止。当这一过程结束之后，生活费用**定然**也会下降。到了那个时候，如果运气好的话，我们的处境就会和这一过程开始之前是一样的。

我们还应该给您这样的忠告——尽管这样做有些越线——这时如果公开承认，为了要削减工资，您是在故意地扩大失业，那么，在政治上来说这样做是不够妥善的。因此，你就不得不把当前的一切情况都归之于一个可以想象得出的原因，万不可将真正的原因一语道破。我们估计，大概在两年以内，您都不能在公众面前吐露半分真相。两年以后，或者您已离职，或者这个调整过程不管出于什么样的原因已经结束，事情都已过去了。

Ⅲ 英格兰银行的政策

汇率提高以后，进口品和出口品的英镑价格都将降低。进口食品价格的下降会降低生活费用。不过，可能让人感到意外的是，进口食品价格的下降并没有对生活费用的降低带来更多的影响。很可能这种现象部分是由于世界范围内的食品价格上涨所致，部分是由于时滞（也许在不远的将来我们可以期待这种情况会进一步降低生活费用），部分则是由于当一种商品，甚至是一种进口品，在到达消费者手中时，它的费用一般已经包含了各种国内服务的费用。尽管如此，第一章里的统计表格却表明，在这方面货币工资某种程度上的下降，也无可非议——尽管由于上述原因，这一点并不容易做到。较高的汇率并不能帮助我们维持更高的实际工资，它只是把这种恩惠让与工人们，为的只是尽可能快地从工人手中重新拿走。与此同时，国外产品显而易见地廉价，使我们可以买到更多的国外商品。而出口品英镑价格的下跌，又减少了我们出口行业的贸易额。

汇率提高的结果既促进了进口，也为出口设置了障碍，这使得贸易余额朝向不利于我们的方向发展。当此之时，英格兰银行就不能再袖手旁观了。因为这个时候如果不采取任何措施，那么我们就得用黄金来偿付这项贸易入超。于是，英格兰银行采取了两项有效的补救措施。第一项补救措施，是对我们一向的对外出借设置障碍，对国外贷款以及近来出现的殖民地贷款施加限制；第二项补救措施，是通过将伦敦的证券利率维持在高于纽约的同样利率一个百分点这样的水平——这种情况以前是没有过的——如此可以鼓励美国把钱贷给我们。

这两种方法在平衡我们的收支账户方面，其有效性是毋庸置疑的——我相信这两种办法在相当长的一段时期之内会一直发挥着效力。因为在这些措施开始推行之时，我们的实力还保有着相当大的余地。根据商业部的统计，战前我们的对外出借能力约为 1.81 亿英镑，按照现行价格进行计算，约等于 2.8 亿英镑；即便在 1923 年，商业部估计，我们的净剩余仍达 1.02 亿英镑之多。由于新增的对外投资当时并不会带来收益，因此假如对外投资减少 1 亿英镑，那么在出口方面进行相同额度的减少时，尚且不致产生清偿能力不足这样的风险。就维持金本位这一点来说，我们是拥有价值 1 亿英镑的国外投资，还是拥有价值 1 亿英镑的失业，是无关宏旨的。如果那些过去从事生产出口品的人们失去了工作，出口减少的同时，过去用那些出口品来偿还的贷款也会有同样程度的缩减，那么，我们的财政平衡仍将安然无忧，英格兰银行的总裁也不会面临丧失黄金的危险。而且，作为借入者，我们仍然可以保有良好的信誉。我们付出了相当高的利率，这不仅可以弥补一切赤字，而且如果银行总裁高兴的话，我们还可以借入任何数量的黄金，为他每周公布的报告增添光彩。

根据商务大臣的估计，截止到 1924 年 5 月的这一年当中，我们的贸易账户上并没有出现实际的赤字，贷入和借出基本上持平。如果这一估计没有问题，那么，现在必然会出现贷入和借出明显不能相抵的大量赤字情况。除此之外，对国外投资方面的禁令也只能部分地发挥效力。采取禁令的解决办法，并不能防止一切形式的对外投资，尤其不能防止的是英国投资者直接从纽约购入证券。因此，英格兰银行必须要去寻找其他的补救措施才行。我们在贸易方面面临赤字，输出与输入无法持平，同时英国的投资者虽然处在禁令限制之下，仍然在国外市场上购入证券，这会使得我们在国际借贷关系上发生亏欠。将伦敦的贴现率维持在充分高于纽约贴现率的水平上，可以诱使纽约货币市场出借相当大一笔数额的资金[1]给伦敦金融市场，从而使我们的贷入和借出重新取得平衡。此外，一旦我们提高利率，从纽约短期贷款市场吸取大量资金，那么，即便我们不需要增加借入款额，为了保留我们的既得借款，不使它得而复失，我们也必须继续保持高利率。

法国的政策是凭靠 J. P. 摩根公司的贷款来维持其汇率水平的，对此我们曾颇为轻蔑。然而，我们把伦敦的货币利率保持在一个较高的水平上，使之足以吸引并留住来自纽约的贷款，这种政策与法国的政策，实在是五十步与百步之异。如果一定要找出这两者之间的差别，其中唯一不同的地方在于，我们维持较高的贴现率不仅意在吸收美国的资金，而且也是我们限制国内信贷这一政策的一个组成部分。这个方面，是我们现在必须要加以注意的一个问题。

为应付失业，使我们从一个借出国一变而为一个借入国，不得不承认这是一个下下之策，为害极大，其间代价之高昂，是让人难以接受的，我相信，英格兰银行的主事者们也当会抱有同样的看法。他们并不喜欢限制对外投资，也不喜欢从纽约吸纳短期贷款资金。他们之所以做这样的事，可能就是为了赢取一个喘息的机会。但是，如果让他们按照自己的原则行事，委婉地讲，他们一定会利用这个喘息之机来进行所谓

1　据哈佛经济服务公司（Harvard Economic Service）估计，在最近几个月里，美国银行已经预付到伦敦货币市场上的资金总额当在 2 亿到 3 亿美元之间。

的"基本调整"。抱持这种目的，则在他们的权利范围之内，所能采取的就只有一个办法了，那就是限制信贷。在当前这样的环境下，这是实行金本位国家的传统政策。对外贸易的逆差趋势表明，我们的物价水平是太高了，要使价格降低，可行的办法就是抬高货币的价格——利息率，以及对信贷加以限制。待到药到病除之后，也就无须对对外贷款或向国外借入资金再行限制了。

如果把话说得再直白些，那么，这一点的意涵到底是什么呢？我们的问题是要削减货币工资，并通过对货币工资的削减，进而降低生活费用，其中的想法是，待到这一圈事体完成之后，实际工资会和以前一样高，或者接近和以前一样高。那么，信贷限制又是在怎样的运用之法下，实现这一目的的呢？

其实，并无他法，无非是故意扩大失业一途而已。在目前这种情况下，限制信贷就是要从雇主们手中收回资金融通手段，不让他们在现行的价格水平和工资水平上雇佣劳动力。要使政策能达到其目的，无限制地扩大失业，是唯一的途径，一直扩大到工人们在严酷的现实之压力下，不得不接受货币工资的必要降低为止。

这就是所谓的"上策"，这就是要把英镑钉住某一黄金价值水平上的鲁莽行为的结果，但是，这一黄金价值水平，用英国劳动力的购买力来衡量，一直到现在也还没有达到。任何心怀仁爱、明智而有见识的人，对这样的政策都抱着畏葸不前的态度。据我判断，面对这种政策，英格兰银行的总裁就抱着这样畏缩不前的态度。但是，他身处危境，进退维谷，叫他又有什么办法好想呢？目前来看，他似乎抱持着折中的态度。奉行这一所谓的"上策"，诚非他之所愿；然而对于这种种现象，他也总不敢道破天机；他只是期盼着将来或许能有什么转机的可能，若果有这样的转机出现，这就是他最好的运气了。

英格兰银行的工作多涉机密，很多重要的统计资料都不能公开，因此要想确切地说清楚它到底在做些什么，并非易事。已经在实施的信贷限制是以多种方式来进行的，这些方式部分是彼此并不相关的。首先，对新币发行施加限制，这可能会减缓货币流动的常规速度；然后，在3月份提高了银行贴现率；紧接着市场利率也跟着有了提高，接近于银行贴现率；最后——也是所有方式中绝对最重要的一点——英格兰银行以某种方式来操控资产和负债，降低各清算银行[1]作为信贷基础而可以加以利用的现金数量。最后这一点，是进行信贷限制的主要手段。这一手段的实际影响怎么样，我们尚且没有直接的信息来源，目前对它的最为可靠的反映就是各清算银行的存款情况。这类存款目前表现出来的下降趋势，说明这一主要的限制信贷的手段其作用程度已然相当显著。不过，由于季节性波动以及6月底要进行收益结算这一类人为的特点，所以对于最近3个月信贷限制的进行情况到底进境如何，我们尚无法给出确切的估算。就我们所能给出的判断而言，直接限制的结果尚且不是非常可观。但是，也没有谁能够逆料，如果我们沿着目前的这种方阵继续

1　清算银行（clearing banks）亦称"划拨银行""汇划银行"，是能直接在票据交换所进行票据清算的银行。票据交换是指在同城范围内银行间相互代收、代付票据进行相互清算。这是一种集中办理转账清算的制度。一般由中央银行管理，通过票据交换所进行。应收大于应付款的差额增加在中央银行的存款，应收小于应付款的差额减少在中央银行的存款。票据清算的结算原则是维护收付双方的正当权益，中央银行不予垫款。其优点是便利资金清算，节省大量现金使用。国际上最早的票据交换组织为英国伦敦的票据交换所，成立于1775年。在英国，清算银行实质上就是商业银行，不同的是这些商业银行能参加伦敦票据交换所办理票据结算。各类银行能否参加票据交换所直接进行清算，因各国而异。英、美的票据交换所为少数大银行所控制，小银行被剥夺直接参加票据清算的权利。英国清算银行按经营区域不同，而分为城区银行和郊区银行。郊区银行逐渐被城区银行合并，并策划成为城区银行的分支机构，从而确立了英国的分行制。英国四大清算银行是：巴克莱银行、威斯敏斯特银行、密德兰银行和劳埃德银行。——译者注

走下去，那么，信贷限制到底应该施与多少，方才可以达到所必需的程度。

尽管如此，即便这类措施作用有限，以我观之，对于工人的就业它们也还是产生了重要的影响的，近来失业之加剧，这些措施不能说不是其中的一个重要推动因素。信贷限制作为一种手段，其威力相当惊人，即便略加施为，影响也会颇为久长，更何况，在当前这种情况之下，正是需要采取相反的措施之际，信贷限制的作用较之平时或将更为明显，影响也会更为持久。故意扩大失业以图压低工资，这样的政策实际上已经在部分地实施当中，而就我们的情况来说，其真正的不幸在于，从已经正式接受的错误观点下，硬是要把这一政策说成是在理论上言之成理、持之有据的。无论鲍德温先生的演说多么缠绵悱恻、感情充溢，也不会有哪个部门的工人仅凭这一点，就愿意安然地接受工资的降低的。为了削减工资，我们现在凭借的是对失业、对工人罢工和工厂停工施加压力；而为了确保这种结果可以实现，我们正在主动地扩大失业。

英格兰银行在金本位制度各项规则的逼迫之下，**不得不紧缩信贷**。在这方面的行为，英格兰银行可以称得上是勤勤恳恳、尽职尽责，所作所为也算得上"稳健可靠"。但是，这并不足以改变这样一个事实，那就是，把信贷控制得如此之紧——没有人会否认英格兰银行的确是在这样做——在这个国家当前这种局面之下，这样做必然会扩大失业。今天，我们要恢复繁荣，则所需要的乃是一种宽松的信贷政策。我们要鼓励企业家去创立新的企业，而不是像我们现在所做的那样，去打击他们。通货紧缩并不会"自动地"降低工资。它是要通过引起失业，由此而使工资水平趋于下降。高利率的真正作用，是抑制正在开始的繁荣。那些因其错误的信念而利用通货紧缩政策来助长萧条的人，真该受到诅咒！

IV 煤炭行业的例证

接下来,我把我的上述观点运用到煤炭行业上,以此对它进行阐发。自打战争爆发以来,除了鲁尔煤矿区停工期间,我们的煤炭行业出现过短暂的生产激增的情况之外,整个行业一直处在混乱之中。出现这种混乱的状态,其原因除了金本位制度的恢复之外,还有其他的因素。丘吉尔先生正是在这些因素上大做文章,想方设法地要编造出一个看似合理的理由,来证实这样的结论:汇率于煤炭行业遭遇的困境,其作用就像墨西哥湾流一样风马牛不相及。因此,我们在这里挑选煤炭行业作为例证,真是再恰当不过,因为这个例子或许对丘吉尔先生极为有利,乍看之下,明显于我的结论不利。

(1) 在《经济学人》(1925 年 6 月 27 日) 上,一位通讯记者这样写道:"在巴西,就在我写作的这个时候,美国煤炭标价为每吨 8.85 美元,而英国的同类产品标价为每吨 39 先令(合 9.32 美元);美国的运费约为每吨 4 美元,英国的运费则为 3.76 美元(合 15 先令 9 便士)。"

当这位通讯记者写作这篇通讯稿的时候,英美两国货币的汇率约为 4.78。在今天的汇率下,英国的煤炭价格(39 先令)将会是 9.48 美元,运费为 3.83 美元。而在 1924 年 6 月份的汇率下,煤炭价格就是 8.40 美元,运费则为 3.40 美元。

因此，在 1924 年 6 月份，我们每吨煤炭的标价比美国的标价低 45 美分；而现在，美国的每吨煤炭标价却比我们的标价低 63 美分，这一切只能是汇率条件的改善而带来的结果。在加拿大和整个南美地区，汇率上 10% 的变动已经使我们在煤炭方面的竞争地位与美国发生了很大的变化，处境已然非常不利，或者可以这样说，我们的价格因为汇率而变得过于高了。在欧洲也出现了同样的情况，英镑对法国、比利时以及德国通货的汇兑比率至少提高了 10%，这都要归之于金本位制度的恢复，如若不然，情况必不至于此。[1]

如果我们的煤炭业为了恢复一年之前相对于外国有利的竞争地位，而不得不降低煤炭价格，那么，每吨煤炭的英镑价格必须要降低 1 先令 9 便士这么多才可以。[2]

现在，我们还能说每吨煤炭价格下降 1 先令 9 便士，和墨西哥湾流一样，对煤炭行业没有造成任何困扰吗？我们再来看矿工们的工资，它在矿主们所要求的整个价格下降中占据着很大的一个份额。在该年第一季度当中，煤炭行业每吨可得净利润 6 便士，但是，目前的情况不但无法挣得 6 便士的利润，还会使其亏损 3 便士之多。

(2) 除了矿区要使用到支撑矿坑的支柱等物之外，煤炭行业几乎很少会消费到外国的商品。而且，煤炭生产的总成本中，工资支出构成了其中很大的一个部分。因此，相较于国内其他行业，煤炭产业不得不在英镑的国外价值上出售其产品，同时却又以英镑的国内价值来购买所需要的物品。因此，提高前者而不相应地按比例来提高后者，这种做法必然对煤炭行业大大不利。

---

1 对法国和比利时货币的汇率，增幅业已超过了 10%。

2 在煤炭咨询委员会发布信息之前，矿业采掘协会的秘书长估计出来的数字是 1 先令；但是，他并没有提及他的这一数字借以比较的参照日期。

（3）这种做法不仅给煤炭行业的出口带来了直接的不利影响，而且使煤炭贸易陷入萧条的那些原因，同样也使诸如钢铁这样大量使用煤炭的产业，在其贸易上陷入了萧条状态。

（4）而煤炭行业自身还有一个专属于它的最为棘手的麻烦，那就是，在当前这种对煤炭的需求状况下，煤矿工人的数量实在是太多了。这个行业的当务之急，是要压缩工人的人数。然而，主要是由于这一行业局部方面一些变化的结果（譬如，南约克郡的繁荣就是以南威尔士郡和诺森伯兰郡的牺牲为代价的），煤炭行业实际上反而还吸收了大量新的劳动力进来。对于当下这一局势的发展，可以给出多种解释来。但是，唯一可能的补救措施，只能是让其他行业来吸纳煤炭行业的剩余劳动力。然而，要做到这一点，其必要的条件是，其他的行业一定要处在繁荣的扩张势头之下才行。而正是信贷限制对煤炭行业产生不良影响的这类方式，阻碍了其他行业的扩张趋势。

因此，截止到目前而言，煤炭行业所遭遇的困难，虽然也存在其他的一些原因，但是，我认为，煤炭行业最是受我们的货币政策影响，较之于这种政策对众多行业的危害，煤炭行业尤甚。另一方面，事实也的确是这样，煤炭行业之所以呈现出目前这种暗淡的图景，良有以也；这个行业还有其特殊的其他困难存在，正是这类困难已然削弱了它的抵抗能力，因此一旦再遭遇到新的不幸，它便再无余力用以支撑了。

在这样的情况下，煤矿业主们给出的建议是，无论生活费用是否缩减，这中间的亏损必当以工资来加以弥补——这就是说，通过降低煤矿工人的生活水准来弥补中间的亏损。他们提出这种牺牲办法，不过是为了适应环境，而所以会出现这样的环境，他们是绝对没有任何责任，而且这也是他们所无法控制的。

这类建议的提出，无论在谁的眼中来看，都是不合理的，这实际上是在对我们当前管理经济事务的方式提出严重的批评；尽管若是让煤矿业主承受这种损失，同样也是不合理的，除非我们有这样一种原则，认为承担风险的就该是资本家。如果煤矿工人们可以自由地转到其他行业，则一旦煤矿的业主们停了业，或者给他们的报酬远低于其他行业的薪金，工人们可以立即另谋出路，做个面包师傅、泥瓦匠或者火车站的搬运工，只要这些行业的报酬比煤炭行业来得高即可，那么，这就变成了另外一个问题。但是，谁都知道，他们哪里会有这般自由。他们和过去时代经济转型时期的牺牲者一样，摆在这些煤矿工人面前的，只有两条道路可选，一是忍饥挨饿，一是屈服投降，二者之间，必然要选择一个；一旦屈服投降，则所有果实就尽数转为了其他阶层的利得。而不同行业之间劳动的有效流动与竞争性的工资水平，如今早已杳不可寻，有鉴于此，这些煤矿工人的处境在某些方面是不是比他们的祖父辈还要更加恶劣些，对此我尚不敢确定。

那么，为什么唯独煤矿工人要罹此厄运，要承受比其他劳动阶层都要低的生活水准呢？他们可能是一群懒散怠惰、百无一用的家伙，工作既不用力，工作时间又太短。但是，有没有这样的证据，能够证明他们比起其他人来，就更懒惰或更没用呢？

按照社会公平而言，削减煤矿工人们的工资，并没有任何正当的理由。他们是经济世界最高主宰者（economic juggernaut）[1]的牺牲者。他

1　juggernaut 这个词有"世界主宰""难以控制的强大机构（或集团）""骇人的毁灭力量""不可抗拒的可怕力量"之意；而大写 J 开头的 Juggernaut，则是印度神话中奎师那（Krishna）神象的称号，相传神象载战车游行时，信徒伏于轮下，被车碾死，灵魂可以升入天国。蔡受百先生以及其他译者均把这个词用音译，然后取 Juggernaut 的这个释义。译者以为，凯恩斯使用这个词，似乎以前面这个小写的 juggernaut 的意思多一些，当然，英文的读者或许会联想到后者的释义。为了尽可能地尊重原文语意，我采取了"最高主宰者"这个现译。——译者注

们真实生动地体现了财政部和英格兰银行巧妙设计的"基本调整"的真意。所谓的"基本调整",目的就是来满足那些市议员们急不可耐地希望弥补 4.4 美元和 4.86 美元之间"适度的差距"的殷切期待。这些煤矿工人们（紧随其后的还会有其他人）所承受的"适度的牺牲",乃是确保金本位制度的稳定性所必需的。这就是丘吉尔先生政策的经济后果,在他的这一政策之下,遭遇到困境的,煤矿工人们是第一批,除非特别幸运,否则的话,他们绝不会是最后一批。

事实情况是,我们目前正处在经济社会的两种理论的中间。第一种理论认为,工资水平应该根据各阶层之间"公平"而且"合理"的原则来予以确定。另外一个理论——即经济世界最高主宰者的理论——则认为,工资问题应当在经济压力、又可称之为"严酷的现实"之下予以解决,该理论认为,我们这庞大的经济机器应当一直向前猛冲,在这一前进的过程中,只能顾及整体的平衡,而无法对各个群体偶然发生的后果均加以考虑。

金本位全赖于纯粹的机运,所宗奉的是"自动的调整",对于社会现实的细节问题一贯不闻不问;这一制度,乃是隆然高卧在经济机器最顶端的那些人的基本象征和心中偶像。他们对社会现实的细节问题漠不关心,对于未来怀抱着盲目的乐观主义态度,认为一切真正严重的事态从来不曾发生过,大可以高枕无忧,坐看庭前花开花落。在我看来,这都是极端轻率、鲁莽的表现。这些人认为,十次当中有九次,真正严重的危局并未出现,只是给某些个人或者群体带来了些微的烦恼罢了。但是,如果我们继续把经济学从自由放任和自由竞争的假设下推出来的那些原理,运用到一个飞速地背离这些假设的社会之中,那么,我们就要冒着第十次所带来的危险,如此作为,非但使我们大冒风险,而且本身也是愚不可及的。

V 有没有补救的办法

在 1925 年的预算案中所宣告的货币政策，乃是我们困扰我们工业的真正根源，除非完全逆转这样的政策方针，否则，要想推荐一个真正令人满意的补救办法是绝无可能的。虽然如此，摆在政府面前，可供其进行选择的还是有那么几个办法，其中有些较之于另外一些，更为可取。

其中一个办法，是继续严格推行所谓的"稳健"政策，目的是以传统的方式，通过进一步限制信贷，若有必要，即在秋天提高银行利率，来完成"基本调整"，从而扩大失业，并利用我们手中的所有其他武器，来迫使货币工资下降。这样的做法，背后所坚信的结果是，当这一切全部做完之后，生活费用也会随之下降，由此就会使得平均实际工资恢复到它们以前的水平上来。如果这一政策可以得到执行，那么，尽管它会遗留大量社会不公的问题，从某种意义上来讲，它也算是成功的。之所以会留存大量社会不公问题，乃是因为这样的政策影响所及，必然厚此薄彼，不可能做到各部分都经历同等的变化，那些较为强势的群体，会以牺牲弱势群体为代价，来获取自己的利益。因为这种采取经济压力的问题解决方式，主要会使原本较为弱势的行业承受打击，这些行业的工资水平原来就已经较低，如此一番打击之下，又将使不同行业之间工资水平的差距，进一步拉大。

问题在于，公共舆论对于这样的政策所能容忍的程度到底有多大。即便通货委员会的成员自可给出一套说辞，来对扩大失业的合理性加以论证，但是，若要政府公开承认是他们在主动地实施这样的政策，在政治上恐怕也是绝不可能做到的。另外一方面，若由通货紧缩来悄无声息地发挥作用，这倒是有可能的。通货紧缩一旦开始，即便是起于青萍之末，但在发展过程中却会不断累积。如果企业界普遍弥漫着悲观主义的氛围，那么，由此而带来的货币流通速度的下降，即便银行未曾提高利率，银行存款也不一定下降，通货紧缩仍然会进一步持续下去。由于普罗大众总是只能了解和接触到一些个别的起因，而非一般性的起因，所以，他们容易把萧条状态归结到各类具体因素上来，比如这个过程中常相伴而生的劳资纠纷，再比如道威斯计划，比如中国，比如大战之无可避免的后果，比如关税，比如高税率，此外还有当今世界上发生的形形色色的事情，都会成为他们归因的对象。而公众看不到的只是一般性的货币政策，而正是它，才是这整个事态演变的真正根源。

此外，这个政策必不能明目张胆地予以实施。英格兰银行完全可以在暗地里秘密地对信贷加以限制，同时，再辅之以鲍德温先生（他现在在感情上俨然取代了先前由维多利亚女王在我们心目中所占据的位置）在思想上的模棱两可状态，对于社会的慈爱之心是否需要他通过一系列不合理的补贴来缓和限制信贷发生的影响，随时加以斟酌。如此行事，可谓双管齐下。当严重的事务于幕后铺开之时，我们的"鲍德温女王"[1]的这片菩萨心肠，是可以把我们的冲天怒气给平息下来的。而由于预算的限制，这些补贴也并不会大到什么严重的程度。最终，除非发生大的社会动乱，否则的话，"基本调整"将会如期实现。

1　这里凯恩斯用"鲍德温女王"是一个戏谑的说法。——译者注

有些人对于这样的预测前景，可能已然了然于心，但是却能处之泰然。我却做不到。这一政策实施开来，必将使得整个社会蒙受收入上的巨大损失，完成之后，又会给全社会留下大量不公现象。最好的希望——其实也是唯一的期待——就是这样一种可能性的存在：在这个世界，会有一些意外的情况发生，尽管现在我们连一丝迹象也难以见到。这使我想到了另外一种补救的方法。那些我们期待其发生的变化，能不能促成它的实现呢？

目前这种局势之下，只有两个可以转化为对我们有利的因素。第一在金融——如果其他国家黄金的价值下降，那么，它就不会为我们这里的工资水平带来任何不必要的重大变化。第二在工业——如果生活费用率先下降，那么，我们要求工人接受更低的货币工资，也就可以问心无愧了，因为到了那个时候，工资的降低就并不是出于我们要降低实际工资的阴谋之一部分了。

最初宣布要恢复金本位制度时，当局中有很多人认为，我们是把赌注押在美国的价格会上升之上。而直到现在为止，这种价格的涨势也未出现。[1]还有一层，其实英格兰银行的政策宗旨所在，乃是促使美国价格趋于稳定，而非使其上扬。伦敦的利率既然较高，则美国的资金就可以按照较高的利率在伦敦贷出，这使得纽约的利率比不存在这种情况时要高，这一事实足以吸引全世界市场残存的黄金剩余额，流向伦敦而不是流向纽约。由是观之，我们的政策，已然缓解了纽约解除低息贷款与黄金库存增加的压力，若非如此，则这类压力就会迫使他们那里的价格上升。伦敦与纽约之间在货币利率上的这种反常差异，实际上正在妨害

1　据我看来，对于美国的价格上涨，我们仍然不必抱着毫无希望的态度。美国价格的走势是向上的，只需要一根火柴，就可以把美国潜滋暗长的通胀之火点燃起来。正是这种可能性的存在，才为我们不必过于悲观，提供了真正的依据。

金本位制度按照它自己的规律发挥作用。根据传统的学说，当与 B 地相比 A 地价格较高时，则黄金将由 A 地流向 B 地，从而使 A 地的价格走低，使 B 地的价格上扬，最终结果是 B 地价格的上涨趋势与 A 地价格的下跌趋势，交会于中途。

目前，英格兰银行的政策阻止了这一现象的发生。因此，我建议，英格兰银行应该反其道而行之，采取相反的政策。新的政策不能降低银行贴现率，要叫停对信贷的限制措施。假如这样的政策带来了如下结果，那就是使正在威胁着伦敦金融市场的"有害的"美国货币又开始向美国回流，那我们就不妨用黄金来偿还，或者如有必要可以用财政部和英格兰银行在纽约所安排的美元借款来偿还。依我看，还是用黄金来偿还更为可取，因为这样不但费用低廉，而且现行黄金的流动对美国价格水平还可以产生较大的影响。根据现行的规则，则使黄金存量中四分之三的部分无用武之地，如果能够把这一规则加以修改，那么，我们就可以减少 6 000 万到 7 000 万英镑的黄金存量[1]，而可以安然处之，这样会使得别的国家的情况发生重大的变化。这种做法将让我们在美国留有一笔随时可以动用的透支余额，但是，为了买进这些束之高阁、停止流通的黄金而支付四厘五的利息，又有什么意义。

除非英格兰银行放弃使用限制信贷的政策，并且对别种资产——如国库券——加以利用，来取代黄金，否则，如此大规模的黄金流动是不可能发生的。这也就是说，英格兰银行必须要放弃利用经济压力和主动扩大失业的办法来实现基本调整。因此，就这一政策自身而言，它也许会招致批评，认为这一政策把赌注过分地押在对美国价格上涨的预期之上了。

1　参看本篇末尾关于我们的黄金储备的注记。

为了对此加以回应，我认为，鲍德温先生应该开诚布公地面对事实，根据以下方针，而与工会领导人进行合作。

内阁中的诸公，如果继续作出欺人之谈，大言目前这种工资降低的趋势与货币价值毫无干系，只要他们还抱着这种态度，那就不要怪工人阶级会把他们的政策看成对实际工资的蓄意攻击了。如果财政大臣的说法正确，即他所推行的货币政策与工资的变化毫无干系，就像墨西哥湾流与工资状况毫无干系一样，那么由此即可推知，现在这种降低工资的运动，实际上就是对工人阶级生活水准的一次攻击。只有当政府当局承认我在这几篇文章里所谈到的当前形势的病源的确存在之时，他们才能够在公平、合理的基础上，取得与工会领导者的合作。

一俟政府当局者承认目前的问题从根本上讲是一个货币问题，那么，他们就可以这样向工人们说：

> 这并不是对实际工资发起的攻击。我们已经提高了英镑价值10个百分点。这意味着货币工资必然会下降10个百分点。但是，它还有一层意思，当调整完成之时，生活费用也将会降低10个百分点。在这种情况下，实际工资并不存在严重的下降。现在，降低货币工资的方式有两种。一种是运用经济压力，通过限制信贷来扩大失业，直到工资**被迫降低**为止。这种方式令人憎恨，而且代价惨重，这不仅是因为它对强势群体和弱势群体造成的影响不均等，而且还因为实施这一方案的过程中难免会造成经济和社会各方面的浪费。另外一种方式是通过**协议**来实行**标准统一**的工资降低，他的前提则是要让工人明白，协议之下的平均实际工资与本年第一季度相比不会有任何的下降。这个方案在实际实施当中的困难在于，货币工资与生活费用两者之间是紧密联系的。一定要是货币工资下降了，生

活费用才会下降的。货币工资必须**首先**下降，这样才能使得生活费用降低下来。因此，我们大可以在包括中央和地方政府的整个就业范围之内，将货币工资一概降低（比如说）5 个百分点。如果过了一段时间，生活费用并未降低，因此使得工资的下降无法得到补偿，那么，工资降低的办法即告无效——我们是否可以在这一点上达成一致意见呢？

如果鲍德温先生提出了这样的建议，那么，工会的领导者可能马上就会质问，除了工资以外的其他货币支出，如租金、利润和利息，他打算怎么办。对于租金和利润，他可以这样来答复，这些并非是以货币来加以规定的，因此，当以货币来衡量时，它们会随着价格而逐步下降。但是，这一答复最让人不满意的地方在于，和工资一样，租金和利润也是具有黏性的，可能下降的速度较慢，也许，要达成这整个演变，这样的速度尚还不够。然而，至于证券利息，尤其是公债利息，他压根儿就没法回答。因为关于降低价格的任何政策，究其实质，总是有利于利息的取得者，而以社会中其他阶层的牺牲为代价的。通货紧缩的这种后果，是深植在我们的货币契约制度之中的，这一点无法避免。总而言之，除了一种粗率的从权办法，即对就业以外所得的一切收入均征收附加税，每 1 英镑征税 1 先令，一直到实际工资恢复其原来的水平为止，[1] 我还真看不到如何去应付来自工人方面的反对意见。

如果这种自觉地全面降低工资的建议，尽管在道理上讲得通，但是在实际操作过程中存在着极大的困难，那么，就我而言，我宁可把一切

---

1 如果长期中价格没有再次上涨，那么，这种征税办法就不会阻碍债券持有者在长期中获得收益。但是，债券持有者的这种得与失，却是不稳定的货币本位制度的一个无可避免的特征。不过，由于在长期当中价格一般会趋于上升，所以，长期来看，从这一制度而言，债券持有者却是输家而非赢家。

赌注都押在提高国外价格的尝试这一点上——这就是说，我宁可把赌注押在英格兰银行现有政策的转变上。我从米德兰银行七月份的月报中了解到，这家银行的最高当局者也给出了类似的建议。

在这所有的建议当中，要想加以实施，总是会遭遇各种巨大的困难，这是无可避免的事情。政府采纳的任何主动改变货币价值的计划，在现代经济的条件下，必然会牵涉到对公平所持的异议以及其他不得不为之的权宜之策。这些建议只能减轻错误政策所带来的不良后果，但是却无法从根本上杜绝错误的出现。悲观主义者认为，实际工资而不只是货币工资的水平，才是正确的攻击目标，对于这些人来说，上述的建议是不会得到他们的称道的。我们当前这种主动扩大失业的政策，是为了便于利用经济压力的武器，来对某些个体和特定行业进行强制性调整，手段是对信贷的紧缩，但是由于其他方面的一些原因，此时正是亟须放宽信贷之时。我之所以要提到上述的那些建议，乃是因为如果这样的政策其真实的内幕为国民所知的话，那么，它就绝不会得到允许而予以执行。

关于我们的黄金储备的附注

1925 年 7 月 15 日，英格兰银行持有的黄金大约有 1.62 亿英镑。银行纸币和通货金券的有效流通量总计有 3.87 亿英镑。为保证这一货币总量的正常流通，法律规定，英格兰银行必须持有 1.2 亿英镑的黄金储备。因此，我们可以用作出口的余裕的黄金存量，共计 4 200 万英镑，或者这样说，它占到了总体存量的大约四分之一。由于我们实际上不能太过于靠近法定的最低水平，所以实际上可以自由支配的黄金总量大概只有原来的二分之一，也即 2 200 万英镑左右。我们为满足法定最低要求而必须持有的那 1.2 亿英镑的黄金储备，就其他目的来说，可谓是完全没有用处。

关于根据外国货币来衡量的英镑价值的增加之附注

一般来说，人们认为，恢复金本位是影响英镑对美元汇率的唯一或主要因素，鉴于此，我在下表（表 1）中把自去年 6 月以来主要国家金本位国家的英镑价格的变化情况罗列出来：

表 1　自 1924 年 6 月以来(截至 1925 年 6 月中旬)英镑价格上涨的百分比

国别	英镑价格上涨百分比（%）	国别	英镑价格上涨百分比（%）
意大利	31	瑞典	11
法国	27	巴西	9
德国	13	荷兰	5
日本	13	中国	3
美国	12	瑞士	2
捷克斯洛伐克	12	印度	−6
比利时	12	阿根廷	−10

由表 1 可知，印度与阿根廷国内的英镑价格出现了相反的下降态势，尽管这种价格运动趋势可以提高两国消费者的购买力，但是，由于它们均非工业方面有力的竞争者，所以这种与总体趋势相反的价格运动态势在当前情况之下并无多大的助益。表 1 还表明，去年的汇率变动趋势使得在与主要的竞争对手相比上我们的工业竞争地位进一步恶化，竞争力下降了 12%，可能还不止。因此，我在正文中所列举的 10% 这个数字，还是对目前的情况有所低估的。

俄罗斯掠影（1925）

本篇据伦纳德和弗吉尼亚·伍尔夫（Leonard & Virginia Woolf）的霍格思出版社（Hogarth Press）于 1925 年出版的 *A Short View of Russia* 译出

约翰·梅纳德·凯恩斯和莉迪亚·洛波科娃婚后不久，于 1925 年访问俄罗斯之时，他写了三篇文章，后来以《俄罗斯掠影》（*A Short View of Russia*）为题出版。本篇首次发表在 1925 年 10 月 10 日、17 日和 25 日的《国家文艺杂志》上，霍格思出版社于同年 12 月作为霍格思文集系列中的一篇加以重印。

前　言

　　这几篇文字是 1925 年 9 月我对俄罗斯所做的短暂访问的成果。对于那个国家的语言，我是一无所知，不过，在一个翻译人员的陪同之下，我还是接触到了该国的人民。当时是这样的情况，我作为剑桥大学的代表，列席了先前是彼得堡（现在叫做列宁格勒）帝国学会，而今被称为科学院的两百周年庆典。

　　这些文字并不是以直接的认真调查所得到的知识，或者以深入的个人体验为基础的，所以，它并不是非常具有权威性。就这些文字的价值来看，它们只不过是一位观察家的一些印象而已；这位观察家并没有想过刻意要以他的偏见来歪曲他的见解，他所做的，无非是尽其所能地传达，发生在俄国的一切是如何令其感到震惊的。

　　在本篇后文中，我有时会使用"宗教的"这个修饰语来作为对列宁的追随者的一种特征上的描写。当这些文字发表在《国家文艺杂志》上时，就我所接受的该词的字面意义看，我相信，英国人是懂得我的意思的。但是，在俄国，我猜度，可能几乎不会有谁赞同或理解词语的这种用法。对于那些布尔什维克主义者们来说，这个词语听起来是愚蠢而又富有挑衅意味的，只不过是粗俗的攻击罢了——就仿佛我之称呼坎特伯雷大主教为布尔什维克主义者一样（不过，如果他真的笃行福音戒律的话，那么，他或许真配得上这种称呼）；因为他们彼此都声称要成为对方那样的人。宗教（religion）、神秘主义（mysticism）、理想主义（idealism）——这些都是列宁主义者信条的一部分，皆是一些虚有其表的东西，毫无价值的拙劣之物；但是，他们自己却是这个粗陋浊世的唯物主义者、现实主义者。虽然现在还没有规定，在无产阶级俱乐部的图书室中"宗教类图书只能收入反宗教文学"，但是，谁能保证将来某一天他们不会做出这样的规定呢？

为什么"宗教"二字在俄国人的口中有这般令人感到厌恶的味道，这里倒是有一些源于其过往历史、可能是较好的原因来对之加以解释的。"宗教"二字在俄国有一种一贯而且清晰的用法，根据这种用法，只有高教会派（High Church）[1]的神秘主义者才是宗教的，而那些试图在尘世当中找寻一条更好的道路的人们则是非宗教的。根据这种标准，旋转狂舞着的伊斯兰教托钵僧的呼喊[2]是宗教的，而在列宁山上的宣誓则是非宗教的；拉斯普廷（Rasputin）[3]是宗教的，而托尔斯泰是非宗教的。因

1　高教会派（High Church），基督教（新教）的派别之一，与"低教会派"对立。最早于17世纪末开始在圣公会使用；19世纪因为牛津运动和英国天主教会派的兴起而流传于英国，并被路德宗的瑞典国教会等教会使用。主张在教义、礼仪和规章上大量保持天主教的传统，要求维持教会较高的权威地位，因而得名。——译者注

2　"托钵僧舞"本是伊斯兰教毛拉维教派的男信徒们每周五晚在礼拜式上跳的圆舞，基本动作很简单，就是无休止地旋转，但每次旋转的时间却长达30到60分钟。——译者注

3　全名格里格力·伊凡莫维奇·拉斯普廷（Grigori Efimovich Rasputin，1870—1917年），生于西伯利亚，死于圣彼得堡。少年时，当地村民就赐给他一个姓——拉斯普廷（Rasputin），意即放荡。拉斯普廷20岁结婚，不久去希腊阿陀斯山朝圣。两年后，他作为一个神秘而圣洁的人重新出现，并且以具有治病的非凡本领而著称。因缓和了小皇子的血友病情，他受到皇后重用。虽名之为僧侣，但他的行径全与一般所认知的僧侣大相径庭，他酗酒、嫖妓、与贵族妇女相狎。随着拉斯普廷的影响力越来越大，想要排斥他的企图在贵族间出现。1917年，贵族尤斯波菲公爵暗杀了拉斯普廷。——译者注

此，让我事先解释清楚，当我说到列宁主义也许被宗教狂热所驱使时，我并不是在暗示那些人民委员们都是高教会派的神秘主义者、旋转狂舞的托钵僧们，或者是身着常服的拉斯普廷们。

对于英国的读者来说，这些解释可能就有些多余了。因为在英国，长久以来，我们一直公认的宗教支派有两个，即高教会派和低教会派，神秘的梦游者和实际的理想主义者。物质至上主义者的利己之心有两种截然不同的升华方式——一种是，把自我融于神秘莫名的团体之中，而另外一种则是将自我融于对整个人类社会理想生活的追求当中。选择第一种方式的人们，可能不会重视或者径直忽视选择第二种方式的人们；第二种方式的许多追随者，则会谴责选择第一种方式的人们，似乎对他们来说，选择第一种方式的人们不过是在做毫无意义的自我沉溺和自我欺骗而已。一些伟大的宗教领袖同时兼属于这两类人，这正是他们的特殊之处。不管怎么样，当我谈及宗教时，我的意思是二者皆包括在内，而不只是包含选择第一种方式的人们。

一些来自我们当今知名人士的例子，也许可以对我的解释加以说明。正在被一些美国政治家竭力效仿的某些法国政治家，例如 M.普恩加莱，对于我来说，他们可以称得上是当今世界上最没有宗教信仰的人；而托洛茨基（Trotsky）[1]、萧伯纳先生（Mr Bernard Shaw）[2] 和鲍德温

1　列夫·达维多维奇·托洛茨基（Lev Davidovich Trotsky, 1879—1940 年），俄国革命家，苏联早期领导人，斯大林模式的最早批判者。后组织"托（洛茨基）季（诺维也夫）联盟"，以"不断革命论"对抗斯大林的"一国社会主义理论"。1929 年到 1940 年，流亡国外。1940 年，在墨西哥住所被暗杀，后来解密的档案显示，斯大林对该次暗杀负责。——译者注

2　萧伯纳（George Bernard Shaw, 1856—1950 年），爱尔兰剧作家，1925 年因其作品具有理想主义和人道主义而获诺贝尔文学奖，是英国现代杰出的现实主义戏剧作家，世界著名的擅长幽默与讽刺的语言大师，同时他还是积极的社会活动家和费边社会主义的宣传者。——译者注

先生，根据他们各自的方式，都堪称是最为虔敬的宗教人士。我不会忘记，托洛茨基曾这样写道：

> 以高度理想的名义来接受工人的革命，不仅意味着对革命的拒绝，而且还意味着对它的中伤。人类曾经在宗教、诗歌、道德伦理或哲学思想中热烈赞美过的所有社会幻想，都只是为了欺骗的目的而服务罢了，而对于被压迫者却视而不见。社会主义革命撕去了"幻想""崇高"以及令人蒙耻的欺骗的面纱，在鲜血中洗去现实的伪饰。革命强大到了如此的程度，以至可以被符合实际、合乎理性、富有策略而又异常精确地得到推行。难道如摆在我们面前的这场亘古未有的革命，需要用浪漫的爆发来做调味，就好似蔬菜浓汤还需要用野兔肉酱来调配一样吗？

由于托洛茨基也希冀着"一个使人民免于匮乏之苦、毋须人民为每日的面包而日夕忧烦的社会……在这样的社会里，人们得到解放的利己之心——这是何等强大的力量——将会被完全引导过来，而从事于对宇宙的理解、改造和改善。"所以，托洛茨基本人并没有将手段和目的两相混淆起来：

> 然而，革命自身尚且还不是自由王国。相反，它是在将"必然性"的特征发展到最高的程度……革命文学不能只是充满着社会仇恨的精神，虽然这种精神在无产阶级专政的新时代是具有创造性的历史因素，但是，在社会主义的旗帜下，团结将会是社会的基础。文学和艺术将会表现出与以往不同的基调。我们革命者目前因为命名而感到忧虑的所有那些情感——早已被假道学和暴发户们糟蹋得所剩无几——例如无私的友谊、对邻人的爱、同情心等等，将会成

为社会主义诗歌的主旋律。

我们有这样一种感觉，那就是，这样的思想情感不会以同等的真诚、严肃或富含深情地出自譬如说墨索里尼先生或者卡尔文·柯立芝总统之口。意大利的这位领袖可能会是一个容易被改造的流氓，而美国的这位总统则是灵魂不可能得到救赎的正派人。他们到底是什么？我不能肯定地回答——这些问题虽然常常是触手可及的，但是在远处却又很难加以辨清。在我去俄国之前，对于共产主义，我抱有着类似的怀疑态度。我想我亲身经历的这些体验，在别处是很难得到的，这也许可以作为对上述问题的部分的答案。

I　共产主义的信仰是什么

要想对俄国不怀偏见，是极端困难之事，即便我们抱持着公正之心。而且，在英国，没有人有这方面的背景知识和切身体验，那么，对于那些如此陌生、变幻不定而又自相矛盾的事物，我们又将如何表达对它们的真实印象呢？在俄国，没有一家英国的报纸设有常驻记者。对于苏维埃当局关于他们自己所给出的说法，我们均抱持着怀疑的态度，这一点是极为正确的。我们的消息来源，要么是来自有偏见的劳动者代表，要么就是来自同样有偏见的流亡者。因此，对于发生在苏维埃社会主义共和国联盟治下的另外一个世界所发生的一切，对于其中进行的试验和逐渐演化出来的一种秩序，我们犹如雾里看花一般。俄国正在经受多年的所谓"宣传"所带来的痛苦后果，这种"宣传"因其言辞虚伪、缺乏可信性，而最终把远距离的沟通交流之手段几乎尽数毁弃。

列宁主义是宗教与企业这两种事物的结合；若干世纪以来，欧洲人是在内心深处将这两者分开存放，各不相混的。而由于这种宗教是崭新的，因此令我们大感震惊；又由于它的企业乃是隶属于其宗教而非其他的范围，而且效率极为低下，因此又让人轻视。

与其他的新创宗教一样，列宁主义的威力不是从群众中得来，而是从少数热情的皈依者那里取得。这些皈依者们的热情和排除异己的偏执精神使得他们在力量上跟那些宗教观念薄弱的人们比起来，自是强上百倍。与其他的新创宗教一样，领导者的见闻比他们的追随者们要广博得多，他们能够——也许是诚心诚意地——将新精神与那些至少带有一些政治上的犬儒主义的政治家们结合在一起，他们对那些反复无常的经验主义者可以笑脸相迎，也会冷眼相对，他们在宗教感情的驱使之下，无所谓真理与慈悲，但是对于事实与利害得失却并不是视而不见的，因此难免被指斥为伪善（这种指斥尽管肤浅而且无用，但却正是教会和世俗的政治家们所关心的）。与其他的新创宗教一样，它似乎要把日常生活中愉快与自由的气氛一扫而空，取而代之的是虔诚的信徒们那张张毫无生气的呆板面孔。与其他的新创宗教一样，对于那些积极的反抗分子，它进行迫害时完全没有所谓的公道和哀矜。与其他的新创宗教一样，它充满着的是传道者的热忱和要把教义发扬光大到全世界去的野心。但是，如果把列宁主义说成是在伪善者领导下进行迫害、进行宣传的少数狂热分子的信仰，那就不偏不倚，正是在说它是一种宗教，而不只是一个党派；列宁是穆罕默德式的人物，而不是俾斯麦式的人物。如果我们坐在资本主义的安乐椅上非要自惊自怪，那么，就不妨把俄国共产主义者想象成当年在阿提拉[1]领导下

1　阿提拉（Attila，406—453 年），与中国历史上北魏太武帝拓跋焘同时期的人物。古代欧亚大陆匈人的领袖和皇帝，史学家称其为"上帝之鞭"，曾多次率领大军入侵东罗马帝国及西罗马帝国，并对两国构成极大的打击。他曾率领军队两次入侵巴尔干半岛，包围君士坦丁堡；亦曾远征至高卢（今法国）的奥尔良地区，最后终于于沙隆之战受阻，停止了向西进军。然而后来他却攻向意大利，并于公元 452 年把当时西罗马帝国首都拉文纳攻陷，赶走了皇帝瓦伦丁尼安三世，使西罗马帝国名存实亡。在阿提拉死后，他的帝国迅速瓦解消失，使他在欧洲历史中更富传奇性。在西欧，他被视为残暴及抢夺的象征，但也有历史记载形容他是一个伟大的皇帝，尤见于古北欧的萨迦文献记载中。

过去匈人曾被一些学者认定是中国古代文献中记载的游牧民族"匈奴"，现代学术界对此基本认为是不同的两个群体，没有确凿的证据显示入侵欧洲的匈人是匈奴的后代。北匈奴残部于公元 160 年左右进入锡尔河流域，匈人在同一地区崛起于公元 290 年左右（大约在同一时期，南匈奴崛起，刘渊于 308 年攻入中原称帝），之间 120 余年没有任何史料记载他们之间有传承关系。考古显示，除了名字的发音，匈人的文化、军事、政治制度基本与匈奴没有相近之处。——译者注

的早期基督徒，他们依靠着宗教裁判和耶稣传道的装备，强制施行新约全书规定的经济制度。但是，如果我们只是坐在这个安乐椅上自我安慰，那么，我们当真可以满怀希望地认为，由于这种经济制度与人类本性格格不入，故而不论在传道方面还是武装设备方面都不会有足够的财力，所以必然会导向失败吗？

这里，有三个问题需要回答。第一，这种新创宗教是否与人类精神部分地相符合或者是相共鸣？第二，它在物质方面的效率是不是如此之低，以致使它难以生存下去？第三，随着时间的推进，其狂热情绪会不会被充分淡化，不纯洁的情况增加之后，它还能不能再抓住群众？

关于第一个问题，那些对基督教资本主义或自我中心主义的资本主义心满意足，不为浮词诡辩所惑的人，应该如何来回答，是没有什么犹豫之余地的；因为这些人本身可能已经有了一个宗教，或者根本就不需要宗教。但是，在这个时代，还有很多没有宗教信仰的人，他们对于任何真正的新创宗教，对于不仅仅是旧时花样加以翻新、而且证明了自己的鼓动力的任何宗教，必然会产生难以遏制的、出于感情冲动的强烈的好奇心。俄罗斯，是欧洲这个大家庭中最年轻的儿子，一表人才却又行事鲁莽，青丝如云，方在盛年，比起西方那些早已两鬓斑白的兄弟们来，要晚生两个世纪，干云的青春豪气尚未丧失殆尽，也就是还没有到一味地耽于安乐、墨守成规的地步，故而尚且能够从家庭其余成员的中年人式的幻灭颓废中振作精神、奋发有为；这样一个国家，所产生出来的新鲜事物，是会格外容易引发这样的好奇心的。所以，对于那些想从苏维埃俄国寻找到些新鲜、美好事物的人们，我是抱持着同情态度的。

但是，一旦我们接触到现实的事物，我们又将会作何感想呢？对于我，我是在自由的氛围中成长起来的，没有受到宗教恐怖的侵染，天下之事没有什么可怕的，而红色的俄国，让我感到厌憎之处实在是数不胜数。安逸与习惯很自然地把我们与他们的生活方式彼此隔开，摒弃在我们的生活之外。但是，于我却还不止于此，这种主义并不关心它把日常生活的自由和安全毁坏到什么程度，而且还故意使用迫害、毁弃和国际冲突这些作为武器，因此我对这种主义是很难认同的。在这种主义下，所施行的政策有着一个特有的表现，即花费无数的钱财，在国内的每一个家庭和团体中收买间谍，而在国外则是不断煽风点火、制造麻烦。对于这样的政策，我又怎么能够表示赞许呢？也许，与另外一些政府的贪婪、好战和帝国主义倾向相比，这样的政府未必就更坏，或许还要更有意义一些，但是，除非它是一个比这样的政府高明得多的政体，否则是很难让我脱离常规、改弦更张的。它的那些学说，被奉为至高无上、不容批评的圣经，不过是一部陈腐过时的经济学教科书罢了，我知道，它不仅在科学上是错误的，而且也与现代世界毫无关系、格格不入。试想，我又怎么可能接受这样的学说呢？这种主义宁要河底的淤泥而不是河里的鱼儿，把粗鄙愚陋的无产阶级捧上了天，高高凌驾于资产阶级和知识阶层之上，对于这样的教义，我又怎么可能会接纳呢？资产阶级和知识阶层，不管有着一些什么样的缺点，终究是人类的精英；人世当中一切进步的种子，当然要靠这些人士来加以传播。即便我们当真需要一种宗教，这种宗教又怎么可能会在红色书肆的一堆混杂的垃圾当中找到呢？一位在西欧受过教育、正派而有着理解力的子弟，除非他曾经历过一场奇谲可怖的心理转变，使得他改变了对一切事物的看法，否则的话，他是很难在这种主义当中寻找到他的理想的。

然而，如果我们就说到这里为止，那么，我们就仍然没有抓住这种新创宗教的本质。共产主义者或许会义正词严地回答道，这一切都不是他们最后的信仰所在，这都不过是革命的策略罢了。因为他所深信的是这样两件事情：一件是在世界上建立新秩序，第二件是以革命的**方式**作为达到此一目的的唯一手段。[1]这种新秩序决不可从革命的恐怖或过渡时期的贫困来加以衡量。新秩序才是最终的追求之所在，而革命则是因目的而被证明手段正当合理的一个最高典范。革命的战士必须压抑自己的人性，行事毋须考虑道德原则，肆无忌惮而又冷酷无情，同时，还要饱受一种毫无安全或快乐可言的人生之折磨——而所有这一切，都只是它用来达成目的的手段，不是它的目的。

那么，作为世界上的一种新秩序，这种新创宗教的本质究竟是什么呢？我是一个局外之人，了解得并不怎么清楚。从这一新创宗教的代言人所说的情况看来，有时候似乎它纯粹不过是物质的或技术性的而已，这一点正与现代资本主义有着相同的意义。这就等于说，好像共产主义最后之所要求的，也不过是要成为像资本主义那样为获得同样的物质经济利益而提供更为先进的技术工具，最终，它会使得田地取得更大的产出，在对自然力的驾驭方面它可以做得更为严密，仅此而已。如果是这种情况，那就压根儿不存在宗教这回事，一切不过是虚张声势而已，目的是要促进一种变化，这种变化可能会、也可能不会带来经济技术的进步。但是，我怀疑，代言人所以要抛出这样的说法，用意之所在，很可能是因为我们方面的人士对他们的这种经济制度的低效率曾加以非难的缘故，而作为对这种非难的反应才有了上述的说法的。在俄国共产主义者的心目当中，与人类前途担负着更大的干系的，乃是其他的一些东西。

在某一方面，它只不过是在模仿另外一些著名教派的做法而已。它颂扬平凡之人，把他们捧入云端，把他们看成无所不能的。这样的做法

1　这些章节里，我使用"共产主义"一词时，指的是这种新秩序，而不是像在英国工党政治纲领那样指的是革命，也即把革命作为实现这一目的的手段。

可是一点也不新奇。但是，这里头还包含有另外一个因素，当然，这个因素本身也不是它所新创出来的。不过，它以一种新的形式、新的背景来加以展示，这就兴许产生了一些变化。如果这个世界上真有所谓真正的宗教的话，那么，在这一点上，它是对真正的宗教有所贡献的。**列宁主义是绝对地、公然地反对超自然主义的，它在情感上、道义上的精神，集中在个人和社会对金钱爱好的态度这一点之上。**

我并不是说，俄国共产主义会改变或者企图改变人类的本性，可以使犹太人不再那么贪婪，或者使俄罗斯人不再那么奢侈放浪。我也不仅仅是说它树立了一种全新的生活典范。我的意思是说，它所试图建立的乃是一个社会体制，在这种体制之下，原来影响人们行为的金钱动机，其相对的重要性将会有所变化，社会对于这个动机的认同标准较前将会有所不同。有一些行为，原先被认为是正常的、可敬的，现在的看法会有所变化，同样是这些行为，现在会被看作既不是那么正常，也不是那么可敬了。

在今日之英国，一个有才华、有德性的青年，当他打算踏上社会、开始谋生时，他会在从政和经商这两种人生方向上进行权衡，二者之间在利害得失方面并没有什么大的出入；而如果他选择第二种人生方向，社会舆论也并不会因此而对他就不太尊重了。把一生倾洒在对企业的经营上，尽可能地扩大范围，孜孜牟利，赚取钱财，并不会使社会对他的尊重有所减少；不但不会减少，比起那些把一生精力都奉献给政治、宗教、教育、科学或艺术的人来，所获得的尊重也许还可能比他们为多。但是，在将来的俄国，一个自重的青年在步入社会之时，决不应选择赚钱牟利的事业作为一生职业生涯的开端或毕生奋斗的目标，若然他执意如此，这就相当于是要蓄意地把自己变成作奸犯科的盗窃犯。甚至在我们社会中某些关于金钱爱好的最能博得同情和赞赏的方面，譬如节俭和储蓄，以及努力取得个人自身及其家庭经济上的安全以及行动上的独立，在俄国尽管并没有将它们看成在道义上是错误的，但是在实现它们的道路上也是被设置了重重困难，使之极难付诸实现，因此而成为不值得为之努力争取的目标。新的教义规定，人人皆应为社会而工作，若能恪尽职守，社会是会对他给以支持的。

这种制度并不是说要把一切人的收入都拉到平均的水平上来——至少现阶段还不是这样。在苏维埃俄国，一个有才干、有成就的人，收入要多一些，日子也过得好一些。当上人民委员，每一个星期会有5镑的收入（**外加上**其他各种免费供应、一辆汽车、一套住房、剧院里一个包厢，等等），日子过得还不错，但是与伦敦的一个富家翁相比，那可找不到一点儿相像的地方。有成就的大学教授或一位文官，每星期有6镑或7镑的收入（**除去各种捐税**），其实际的收入水平也许三倍于无产阶级工人、六倍于较贫穷的农民的收入。但是，农民们的收入也非铁板一块，有些人的收入是其他人的三倍或四倍。失去工作之人可以取得部分收入。但是，在俄国的高物价和严格累进税制下，像这样的收入水平，是不可能有人可以积攒下来任何值得积存的储蓄的；过一天算一天的生活是非常艰难的。这种累进税制以及估定房租与其他费用的方式，实际上对那些每周收入在8镑以上、10镑以下的人是颇为不利的。在这里，要想获取巨大的进款，这种机会是不存在的，除非冒着与在其他的地方收受贿赂、侵吞公款一样的风险，否则并没有别的办法可想。而说到那些收受贿赂、侵吞公款的现象，在俄国也并没有绝迹，甚至也并不是什么罕见的现象，不过，任何一个被其奢侈浪费或其本能的冲动所驱使而走上这条道路的人，都将冒着极大的风险，一旦被发觉，他就将受到严重的惩罚，甚至会被处以极刑。

在现阶段，俄国的制度对于那些为牟利而进行的买卖行为也并没有在实际上加以禁止。俄国的政策并不是绝对地禁止这类职业，而是使它们成为非常危险、非常不体面的行当。私商则是一类允许存在的法外之徒，不享受任何特权，也不受法律的保护，与中世纪的犹太人无异——这为那些在这方面的天性上有特别倾向的人提供了出路，他们可以从商，但是，对一个规规矩矩的常人来说，这份职业既不正当自然，也不合意愉悦。

我认为，这些社会变迁的影响结果，已经使人们对金钱的基本态度产生了真正的变化，而一旦那些没有受到过去那种对待金钱的态度所浸染的下一代成长起来以后，这些社会变迁的影响结果可能还会产生更为巨大的变化。俄国的人民，也许只是因为他们贫穷的缘故，故而对金钱的追逐欲望是非常之强烈的，其贪得无厌的程度，至少不输于其他地方的人们。但是，对于一个接受了苏维埃政权的有理性的人来说，贪求钱财和聚敛财富，是不能像我们这样把它们列在人生计划之列的。这样的社会，它所发生的变化即便是部分真实的，也已经是翻天覆地的大变革了。

所有这一切，也许都会被证明只是不切实际的"乌托邦"，或者对真正的福祉是有着破坏性的，虽然由于是以一种强烈的宗教精神在追求着这一切，所以就不像以一种务实的精神来进行的那样而显得更具有"乌托邦"的气息。我们一向基本上都是把它看成没有诚意或充满邪恶的，但是，这样的看法果真是恰当的吗？

II 苏维埃俄国的经济学

除非我们把列宁主义看成是一种进行迫害和传道的宗教的同时，也把它看成是一种实验性的经济技术，否则的话，我们是不可能真正理解列宁主义的。有关于它的这第二个方面到底是什么样的情况呢？这种经济技术是不是效率低到足以带来可怕的灾祸这种程度呢？

苏维埃俄国的经济制度已经经历和正在经历如此迅速的变化，要想对它加以准确无误地描述是不可能的。摸着石头过河这种不断试错的方法正在被毫无保留地加以使用。没有谁再比列宁这样的实验主义者更加坦率的了，所试验的一切事物，都还不曾触及他的信仰中的核心真理。首先，关于什么是本质的，什么不是本质的，尚且存在着极大的混乱。举个例子来说吧，在一开始，他们尊奉的学说是主张废除货币的绝大部分用途的，而现在这种观点则被认为是错误的。继续使用货币，把它当作分配和计算的工具，与共产主义的本质并无不谐之处。政府也已经改变了看法，认为对于（譬如）那些留在祖国的旧知识分子、私商，乃至外国的资本家们，实行一种将有限的容忍和间歇性的戏弄与折磨相结合的政策，要比试图把这些社会成分一概清除要更加明智一些——他们相信，一方面通过全面控制教育机器和对青年人的培养，另一方面逐步改进国有企业的技术，增加国有的资本，随着时间的推移，将来也就可以不再需要这些异己分子来辅助了。因此，几乎所有接受过战前教育的旧知识分子，虽然不是共产主义者，现如今却也常常在政府部门服务，而且往往占据要职、重任在肩，薪水也相对较高。尽管私商的地位仍然不稳固，随时面临着危险和艰难，但是却也再次成为合法的行当；而那些授予给苏维埃俄国的政府以短期进口信用的外国资本家们，在我看来，暂时还可以较为肯定地认为他们会在适当的时候取得金钱上的回报。苏维埃俄国对这些权宜之策的追求左右摇摆，使得对这个国家的任何事情进行概括都觉困难。关于这个国家，我们可以述说的任何事情都同时既可以为真，也可以为假——这也是何以善意的指责和恶意的中伤皆可以诚心实意地对同一事物给出完全不同的图景来的原因所在。

与苏维埃俄国的早期相伴的那种恶劣的物质条件，对于任何一种经济制度来说都会是一场严峻的考验；它使得对这种经济制度的效率估计变得更加的困难。世界大战带给了它物质上的损失和结构上的破坏，接踵而至的是连年的内战，被世界上的其余国家所放逐，此外还要再加上几场农业上的歉收，可谓祸不单行。这些农业上的歉收，一部分是因为糟糕的管理，也有一部分应当归咎于运气比较差。尽管是这样，我想，苏维埃俄国的实验主义者们仍然可以相当公平地宣称，在仅以结果来对他们进行判断之前，他们肯定已经有至少五年的风平浪静、风调雨顺的和平岁月过去了。

如果我们打算对现在的情况做一概括，那么，它一定是这样的——这一制度的确是在一个低效率的水平上在运行，不过却拥有着能够使它持久地延续下去的要素。我对俄国当前阶段经济状况的真实情况，大致估计如下。

俄国现在是一个约有1.4亿人口的国家，其中七分之六生活在乡村，以农业为生，七分之一生活在城市，从事工业生产。从一个偶然到访的观光客的眼光即可看出，这个国家的城市和工业人口是无法自给自足的——也即是说，他们的生活水准要高于他们所能提供的产出。城市居民消费中超额的支出部分，是要由对农民的剥削来加以弥补的，之所以在这个国家这种政策能够得以施行，乃是因为其城市人口所占总人口的比例是很低的。因此，共产主义者的政府对于它理应得到特殊关照的工人阶级，是能够通过这种对农民的剥削来加以特别优待的（这种优待是比较意义上的）。而农民，尽管受到了这样的剥削，但是由于他们获得了土地，所以他们对政府也就没有了其他的要求。通过这种方式，不仅在经济领域，而且在政治领域，苏维埃俄国皆达成了某种均衡态势；正是这种均衡态势，给了苏维埃俄国的政府以呼吸的空间，使它能够腾出手来完成一场认真的经济调整。

尽管土地税在苏俄的预算中也是一项颇为重要的收入，但是，剥削农民的正式方式则主要是价格政策，而不是税收体系。对进口和出口贸易的垄断和对工业产出的实际控制，使得俄国的苏维埃当局可以将相对价格维持在对农民极为不利的水平上。他们以远远低于世界价格的水平从农民手中收购小麦，但是又以显著高于世界价格的水平而将纺织品和其他制造业产品出售给农民，[1] 由这种价格差所提供的资金，可以为这个国家高昂的管理费用、普遍低效率的制造业和分配制度提供财政上的支持。通过将国内价格和国际价格彼此分离，而对进口贸易实施垄断，

1　国内贸易委员会 9 月份的报告称，北高加索地区的农民因为在工业品贸易的价格方面处在不利的位置上，而开始在谷物的供给上有所保留，不愿意再像之前那样倾其所有了。农民们宣称："粮食的价格固然还不错，但是商店出售的衣服的价格也实在高得太离谱了。"该委员会认为，农民们 1 普特（俄国的计量单位，约合 36 磅）粮食应该换取 3 码的布匹，但是事实上他们仅得到了不到 1 码。

这就能够以一定的方式来操作，从而即便在货币购买力下降之时，也能维持得住外汇的平价。应该承认，在苏俄国内，卢布的真实价值，根据现行汇率来衡量的话，是比其国际的价格低得多的。

就其目前所要实现的意图而言，这些手段固然是有效的，而且也许一段时间内也是无法避免的，但是，这当中却蕴含着两个颇具灾难性的、会带来低效率的因素。农业产品相对于工业产品的低价值，对于农业不啻是一个严重的阻碍因素，而农业，则是一个国家真正的财富。苏维埃政府的一个基本问题，就是要获得足够雄厚的财力，从而可以以一种更为接近农民劳作成果真实价值的价格来向他们收购。这就一定会为农民努力实现一个高得多的产量提供了激励，同时也可以为他们提供实现这一目标的手段。与此同时，城市无产阶级工人们的真实收入大约为农民收入的两倍，据说如果把所有各个方面的因素都加以计算的话，这些工人们的收入差不多已经达到了战前收入的80%之多。苏维埃政府对这些城市无产阶级工人的特别优待，使得生活在城市要比生活在农村更加富有吸引力。这种从农村移民到城市的刺激因素，在作用上远大于设备落后、生产资金缺乏效率的工业吸收新工人的能力。若不是现今城市中住房困难，工作机会比较匮乏，那么，是没有什么可以阻止这种移民的倾向的——一个来到莫斯科的农民被告知，他的处境是既找不到工作，又无处安身，这就是让一心进城的农民感到困难的地方。但是，这些阻碍因素只有在城市已然变得拥挤不堪，而且失业人数业已攀至空前之高的比例之后，方能发挥作用。两年以来，就业形势一直都很严峻，而且这种严峻的趋势还在持续不断地恶化。我相信，现在俄国的产业工人的失业率在20%—25%之间，也就是说，总数达600万的产业工人中有150万人处在失业状态。这些失业工人当中有一部分，当然不是全部，可以从其所在的行业领取救济金，但是救济金的数额仅相当于他们正常工资水平的三分之一左右。不过，就算是这样，比之于那些贫穷的农民们的收入来说，也不会相差太远，所带来的结果只能是，失业大军成了国有企业的沉重负担。这种情况只是说明，对于共产主义国家来说，资本主义经济的经验教训也同样适用于它们，也就是说，大耗资财去干预相对价格或相对工资的正常水平，只会使某些职业变得过分具有吸引力，而使其他职业相形见绌。但是，这也为我们提供了这样的教训，那就是相类似的灾祸是可以通过全然不同的原因在全然不同的条件下造成；因为关于相对工资和相对价格这种混乱的情况，俄国所遭遇到的问题与我们所遭遇的困境是相同的。

因此，俄国农民的真实收入不会超过他们过去的一半，而俄国的产业工人却又遭受着拥挤不堪和大量失业的困境，这一点一如从前，情况并未改变。尽管如此，毫无疑问，在这个国家还是存在着某种能够保持政治和经济稳定的措施。苏维埃政府尚且**没有**效率低到难以为继的地步。它已经经受住了比现在还要严峻得多的考验。这个国家已经建立起来了这样一种组织，它涵盖了经济生活中的一切，虽然按照常规的标准来看这种组织是缺乏效率的，但是它也已经逐渐摆脱了混乱和虚幻，切实地存在了下来，并且开始运转起来。虽然和我们相比，苏维埃俄国的生活水准还是很低的，但是它也已经逐渐摆脱了饥馑和死亡，并且也确实提供了一定的安适条件。每一个人都认同过去一年的改进非常之大。而今年的收成也相当不错。一切都明显地在好转起来。这个新社会制度的一些宏伟的蓝图也正在开始初步有了一些切实可见的轮廓。世界上最大、最为现代化的发电站，不久之后即可向列宁格勒供应电力，提供照明条件。根据最新的孟德尔的育种方法培育出来的更为优良的种子，农作物种植企业可以很快地向农民们供应，这些企业分布既广，设备也颇精良。

　　两位坚定的共产主义信徒，在与季诺维也夫[1]进行了长久的辩论之后，到我这里来谈话，谈到最后的时候，他们的眼中均是充满信心的狂热。他们这样对我说道："我们可以预言，十年以后，俄国的生活水平将会高于大战之前，而欧洲其他地区的生活水平则将低于大战之前。"看看苏俄所拥有的天然财富，以及旧体制之下的腐败情形，再看看西欧所面临的种种问题，以及我们在处理这些问题上表现出来的明显的无能为力，难道我们就能够有着确切的把握，来断然否定这两位同志的凿凿之言吗？

　　1　季诺维也夫（1883—1936 年），共产国际执行委员会首任主席，苏联共产党早期领导人，联共（布）党内新反对派的主要代表之一。1936 年和加米涅夫一起被处决。苏联最高法院于 1988 年 6 月 13 日宣布撤销了 1936 年对格里戈里·季诺维也夫的判决，并为其恢复名誉。——译者注

Ⅲ　共产主义的生命力

我的第三个问题仍然没有得到回答。随着时间的推移,当热烈的程度被充分地予以淡化,不纯洁的情况与日俱增之后,当是时也,共产主义还能不能抓得住群众呢?

对于这个问题,我无法做出回答,答案也只有时间才能显露给我们。但是,有一点我可以深信,那就是,如果共产主义能够取得一定的成就,其中的原因断然不会是因为经济技术上的改进,而只能是因为它是一种宗教。我们一贯的对共产主义的批评倾向,犯了两种相互对立的错误。我们对共产主义一方面是深恶痛绝,把它以一种宗教视之,这就会夸大它在经济上的效率低下;另一方面,又由于我们对于共产主义在经济方面的无能印象极深,而把它视为一种宗教之时,又会对它作为宗教方面所发挥的作用做了过低的估计。

在经济方面,我尚看不出俄国的共产主义对于我们的经济问题,在智识方面或科学价值上会有什么贡献。我不相信它含有或可能含有任何如果我们想应用而无法应用的有效经济技术。把这种经济技术应用到我们像这样一个保留了英国资产阶级理想特征的社会——我且不说十九世纪的那种个人主义的资本主义社会——时,就不会取得同等程度或者更大程度的成就。至少在理论上来看,我也不认为会有非要以革命作为必要手段的任何经济上的改进。与之相反，我认为，剧烈的社会变革，这种方式将会使我们失去一切。在西方的工业条件下，若然实行红色革命的策略，势必会把全部人口抛入贫困与死亡的深渊。

那么，我们要问，俄国共产主义作为一种宗教，它的力量究竟怎么样呢？可能这种力量还是相当之大的。将平凡之人的地位加以抬高，这是过去曾屡试不爽的，抓住群众的教义。**任何**一种宗教，或者团结同一教派信徒们的纽带，总有一种力量，足以对抗没有宗教信仰的自我中心的原子主义。

而现代资本主义绝对是没有宗教信仰的，它缺乏内在的团结性，也缺乏公而忘私的精神，虽然不总是，但也经常只是一群财富的拥有者与追逐者的集合体。这样一个体制，一定要获得巨大的成就，还不能仅仅是差不多过得去的成就，才能长期地生存下去。十九世纪之时，从某种意义上来说，这种制度还是存在着理想主义成分的。而且不管怎么说，它那时都可以说是一个同心同德、洋溢着自信的制度体系。当彼之时，它不但取得了巨大的成就，而且蒸蒸日上、前途远大，日后还可以继续发展下去，取得更大的成就。然而今天，它获得的成就只是不大不小还过得去罢了。如果没有宗教信仰的资本主义最终要战胜宗教的共产主义，仅仅是依靠经济上更有效率一点点，那还是不够的，必须要在效率方面高出它很多倍，方才有获胜的希望。

我们过去一向有这样的想法，认为现代资本主义不但能够维持现有的生活水准，而且还能够逐渐导引我们逐渐地步入经济的天堂之中，到了那个时候，我们也就大体上可以摆脱经济上的操劳和牵累了。但是现在，我们却开始有些怀疑，企业家到底是不是真的能够引导我们改天换地，更上层楼，进入一个比现在的情况要好得多的崭新天地。若然把企业家看成是一种手段，那么，这样一种手段似乎还是差强人意的；

而如果把他作为一种目的来对待时，那么，这样一种目的似乎就不那么让人满意了。于是，在人们心中就开始疑云密布，很想知道把企业和宗教这两者在我们的心灵深处一分为二，各就各位，井水不犯河水，这样做所得到的物质利益，以及由此引起的精神上的损失，二者相互之间是否可以相互抵补，达成平衡。基督教新教徒和清教徒[1]是可以心安理得地把企业和宗教这两者分离开来的，因为在他们看来，前者的活动属于尘世，而后者则属于天国，那是另外一个世界。那些信奉发展论的人士也可以心安理得地把这两者分开，因为在他们看来，前者是使天国今后得以在尘世呈现的一种当然的手段。然而，还有第三种思想认识，它既不相信天国之不得见于人间，而是属于另外一个世界，又不能认同发展论信奉者们的那种信念，以为天国必将于未来的某一天得以在尘世出现；天国既不在另外一个世界，也不可能在今后呈现在尘世之上，那么，它肯定只能是就在眼前，否则就是纯属虚构，压根儿没有这回事。如果在经济发展中缺乏精神上的目标，那么，由此就可以断定，我们绝不可以为了物质上的利益而牺牲精神上的利益，哪怕是一天也不可以——换言之，我们可能再也不能在心灵之中将企业与宗教分开贮放了。一旦一个人的思想步入了这样一种思想类型的轨道上，那么，他就会怀着好奇心，想

1　基督教新教（Protestant），是与"公教""正教"并列的基督教三大派别之一。新教是由16世纪宗教改革运动中脱离罗马天主教会的教会和教徒形成的一系列新宗派的统称。词源来自德语"Protestanten"（抗议者），原指1529年神圣罗马帝国举行的帝国议会中的少数反对派，该派诸侯对于会议通过支持天主教压制宗教改革运动各派的决议提出了强烈的抗议，后即以其泛称宗教改革各新教派。清教徒（Puritan），是指要求清除英国国教中天主教残余的改革派，该词于16世纪60年代开始使用，源于拉丁文的Purus，意为清洁。清教徒信奉加尔文主义（Calvinism），认为《圣经》才是唯一最高权威，任何教会或个人都不能成为传统权威的解释者和维护者的基督徒。清教先驱者产生于玛丽一世统治后期，流亡于欧洲大陆的英国新教团体中。及后，部分移居至美洲。——译者注

到共产主义的内核当中去探究、去发现，他们将会看到，真实的情况将与我们的报纸上所描述的景象大异其趣。

不管怎么样，以我观之，似乎越来越清楚的是，我们时代的精神问题，与我们对金钱的爱好有关，与对在生活活动中要占到十分之九的对金钱动机的习惯适应有关，与对作为主要努力目标的个人经济安全这一点的共同争取有关，与以金钱作为衡量事业成就的社会认可的尺度有关，与对于贮藏金钱的倾向——那是为家庭、为将来做必要准备的基础——的强大社会吸引有关。在我们的周围，宗教都处在衰败之中，除了用作一种令人感到愉悦的传道仪式或社会典礼的形式上的需要之外，大多数人民对它们的兴趣是越来越寡淡，它们已经失去了往昔那种精神上的重要意义，因为与它们某些方面早期的意义不同的是，它们与现代人关心的主要问题已经是了无相干之处了。现如今，人们在对金钱的思想情感方面所发生的一场革命，也许已经成为理想体现的日渐增长的目标。因此，也许俄国共产主义的确代表着一种伟大宗教在这方面的思想动乱的第一幕。

一个来到俄国的访问者，如果想不存有任何偏见，去体悟这种氛围，那么，我想，他必然会在这样两种心境之间徘徊——时而郁闷压抑，时而振奋昂扬。马丁·康威爵士（Sir Martin Conway）[1]在其《苏维埃俄国的艺术珍品》一书中，本着实事求是的精神，在叙述到他离开俄国之时，他这样写道：

> 经过很长时间的停留之后，火车又继续前行了大概有半英里

1　马丁·康威爵士（Sir Martin Conway，1856—1937年），英国艺术批评家、政治家、登山家，曾任英国伦敦帝国战争博物馆（Imperial War Museum）第一任主任。他所写的《苏维埃俄国的艺术珍品》一书出版于1925年。——译者注

路，来到了芬兰边境，在这里护照、签证和行李再次受到了检查，不过这次比前面要马虎得多。车站是新近落成的，地方非常舒适，朴素、洁净而且方便，服务也非常周到。这里还有一个收拾得很不错的餐室，里面是一派殷勤好客的气氛，供应的食品虽然简单但烹调得颇有滋味，服务态度也极好。

我在俄国受到了如此友好的殷勤款待，如果还想要对它说些闲话，似乎显得我这个人不免有点太过不近人情；但是如果要我把真实的景象毫无保留地把它说出来，那么，在此就得再补上一笔，那就是，我在芬兰边境这个小小的车站，体验到了一种感觉，觉得一直以来压在我心头的一个沉重的包袱终于可以卸下来了。我无法解释我到底是怎么感觉到有这样一个包袱压在我的心头的。在我初入俄国国境时，我是没有这种感觉的，而以后，随着日子一天天过去，似乎就觉得这个包袱越来越重，这种感觉与日俱增。自由感渐渐消逝不见了。虽然在这里人人都很友好和善，但是却总能感觉到有一种压力的存在，这种压力并不是施加于哪一个人的，而是普遍弥漫在社会当中，无处不在的。我到国外游历，身处异邦之时，还从来没有像这次这样完全感到自己是"身在异乡为异客"；一开始，这还只是一种模糊的感觉，后来越来越清晰、明确，逐渐凝聚起来，变成了一种越来越为我所意识到的压抑感。我在想，也许在沙俄时代的俄国，人们也有过同样的经验体会。美国人常常以他们的"自由空气"而自我夸耀，把这说成是他们国家的特征所在。这一特征是他们与讲英语的地区所共同拥有的。而俄国的精神氛围，则是一种非常不同的情感化合物。

火车现在正在穿越的芬兰地区，这里在物质特征方面与未越过俄国国境之前所看到的地方并没有什么不同，但是，我们却感到正在通过"小康"之境，眼前展现着的是一派安乐舒适，甚至繁荣的兆头……

这种压抑的心境，以如此的文笔来诉诸笔端，写得真是不可能再好了。之所以会让康威爵士有这种感受，部分无疑是由于共产主义的红色革命所带来的结果——在俄国看到的很多情况，让人看后会生发出这样一种愿望，那就是在心里祈祷自己的国家在实现它的目标之时，可千万不要采取这样的方式。而这种情况，部分也是俄国人粗暴、残忍的性格使然，或者是由于俄国人的性格和犹太人的性格共同发挥作用的结果，现在这两种性格已然是杂糅在了一起。然而，除此之外还有另外一个原因——这也是红色的俄罗斯无限的热情以及高度的严肃认真之表现的一个方面，而换一个角度来看，这可称是一种蹈厉奋发的精神。可以这样说，再也没有谁像革命中的俄罗斯人那般**认真的**了，即便是在纵情狂欢之时，他们也没有失却这种严肃认真的态度，他们认真到甚至有时候会忘记今夕何夕，忘记了明天的一切。这种认真态度，往往粗鲁愚蠢，令人感到极端厌烦。普通的共产主义者都是些**单调乏味**之人，如同褪尽颜色的事物，一无可观，他们就像任何一个时代的卫理公会派教徒[1]那样一般无二。

这种空气紧张的程度，已经超出了人们通常所能忍受的限度，这就要使人对伦敦逍遥自在的生活无限向往了。

然而，俄国的这种奋发向上的精神，一旦为人们所感觉到的话，则是十分伟大的。人们常常会感到，贫穷、愚昧和压抑这些现象尽管总是

---

1 卫理公会派是新教派别之一，英国人约翰·卫斯理（John Wesley，1703—1791年）创立了基督新教卫斯理宗（Wesleyans）。教会主张圣洁生活和改善社会，注重在群众中进行传教活动。——译者注

存在于周边，但是，这里却是一个生活的实验室。在这里，化学制品皆是按照新的化合方程式化合起来的，正在发生着剧烈的化学反应，会发生爆炸。在这里，只要有一个机会，可能就会发生点什么。即便是同样的机会，在俄国所引发的影响，可能就会比（例如）美国所引发的具有更大、更重要的意义。

有些人对俄国怀有戒惧之心，就像《泰晤士报》读者来信中所流露出来的那样；我认为，这中间有些部分是合情合理的。但是，俄国在外部世界如果要形成一种力量，那这也绝不会是季诺维也夫先生金钱资助的那些活动的结果。除非俄国作为一种精神力量，否则它是绝对不可能与我们有什么重大的关系的。现在这个国家一切都已木已成舟，又是这般义无反顾，因此，我愿意给它一个机会，去助它一臂之力，而不是选择从旁阻挠。应该这样来设身处地地看问题，如果我是一名俄国人，即便对各个方面都已经虑及，相比之下，我也总是会愿意将我的一份力量贡献给苏维埃俄国，而决不愿意把它贡献给沙皇俄国！ 我对于新与旧的官方信仰均无好感。对新政权的专制行为之憎恶，其程度并不比对旧政权的行为有稍许的减轻。但是，我总觉得，对于事物之前途，我的眼光应该加以正视，而不是回避不见；我总觉得，在旧俄国的残酷与愚昧之下，是不会有什么好的事物出现了，而在新俄国的残酷与愚昧之下，或许还潜伏着那么一丝曙光。

自由放任主义的终结（1926）

本篇据伦纳德和弗吉尼亚·伍尔夫的霍格思出版社
(Hogarth Press) 于 1926 年出版的 *The End of Laissez-Faire* 译出

本篇由霍格思出版社作为一本小册子于 1926 年 7 月份出版，内容所依据的是凯恩斯于 1924 年 11 月份在牛津大学所做的西德尼·鲍尔讲座 (Sidney Ball Lecture) 以及于 1926 年 6 月在柏林大学所给出的讲座的讲演词。

I

II

III

IV

V

I

人们对待公共事务的态度，我们往往方便地将之概括为个人主义和自由放任主义，这两种倾向乃是由众多不同的思想溪流和感情源泉汇聚而来。一百多年来，我们的哲学家们统治着我们，因为他们在这样一件事情上几乎所有人都达成或者似乎达成了一项共识，这真是一个奇迹。即便已经改换了新的曲子，我们也无法翩然起舞。但是，变化已然流行开来。我们隐约听到了它的声音，这种声音曾经在政治上指导过人类，一度最为清晰、最为嘹亮。各种不同的乐器组成的管弦乐队和字正腔圆的合唱团，正逐渐远去，最终消失在远方。

在十七世纪末叶，君主的神圣权利让位给了自然自由和社会契约，教会的神圣权利除了让位给了宽容的原则之外，还有这样一种观点，那就是教会是"人们自愿组成的团体"，是人们以"绝对的自由和自发"方式走到一起来的。[1]五十年之后，关于责任的神圣起源和绝对呼声，让位给了功利的计算。在洛克[2]和休

---

1 洛克：《关于宽容的一封信》。

2 即约翰·洛克（John Locke，1632—1704年），英国哲学家。在知识论上，洛克与乔治·贝克莱、大卫·休谟三人被列为英国经验主义（Empiricism）的代表人物，但他也在社会契约理论上做出重要贡献。他发展出了一套与托马斯·霍布斯（转下页）

谟[1]手中，这些学说汇聚而成了个人主义的源流。契约论假设权利存在于个体之中；这种新的伦理学将个体放置在了其体系的核心之上，而起初它只是对理性的自爱之后果所做的科学研究而已。"美德所要求的唯一的辛劳，"休谟说，"就是对它进行合理计算和坚定不移地优先选择更大的幸福。"[2]这些思想与保守主义者和律师们践行的观念是彼此相合的。对于财产权利，个人在其所有以及其自身上可以随心所欲地加以处置的自由，洛克和休谟为之提供了令人满意的智识上的基础。这是十八世纪的贡献之一，一直到今天，我们还仍然呼吸着这样的空气。

这种对个人的抬高，旨在废黜君主和教会的无上地位；通过对契约赋予新的重要伦理意义，所带来的结果是为财产权利的保护和公权的剥夺提供了支撑。但是，时间过去不久，社会上反对个人的呼声就卷土重

（接上页）的自然状态不同的理论，主张政府只有在取得被统治者的同意，并且保障人民拥有生命、自由和财产的自然权利时，其统治才有正当性。洛克相信只有在取得被统治者的同意时，社会契约才会成立，如果缺乏了这种同意，那么人民便有推翻政府的权利。洛克的思想对于后代政治哲学的发展产生了巨大影响，并且被广泛视为启蒙时代最具影响力的思想家和自由主义者。他的著作也极大地影响了伏尔泰和卢梭，以及许多苏格兰启蒙运动的思想家和美国开国元勋。——译者注

1　即大卫·休谟（David Hume，1711—1776年）是苏格兰的哲学家、经济学家和历史学家，他被视为苏格兰启蒙运动以及西方哲学历史中最重要的人物之一。虽然现代对于休谟的著作研究聚焦于其哲学思想上，但他最先是以历史学家的身份成名。他所著的《英格兰史》一书在当时成为英格兰历史学界的基础著作长达60—70年。哲学史学家们一般将休谟的哲学归类为彻底的怀疑主义，但一些人主张自然主义也是休谟的中心思想之一。研究休谟的学者经常被归类为强调怀疑成分的人（例如逻辑实证主义），以及强调自然主义成分的人。休谟的哲学受到经验主义者约翰·洛克和乔治·贝克莱的深刻影响，也受到一些法国作家的影响，他也吸收了其他英国的知识分子如伊萨克·牛顿、弗朗西斯·哈奇森、亚当·斯密等人的理论。——译者注

2　《道德原则研究》，第 IX 节（商务印书馆有曾晓平先生的译本，这里的这段中译参考了曾先生的相关译文——译者注）。

来了。佩里[1]和边沁[2]从休谟及其先辈手中接受了功利主义的快乐论 (utilitarian hedonism)[3]，而且把它扩大到了社会功利（social utility）的范畴之内。卢梭[4]则从洛克那里继承了社会契约论，并从中引申出了"公意"（General Will）的概念。这两种变化每一个都是借助于新的以平等为基础的重点来加以完成的。"洛克利用他的社会契约论来修正人类的天然平等，如果对他关于公共安全的表述加以考虑的话，那么，早在洛克这个阶段，思想当中就已经隐含着财产和权利平等的观念了。在卢梭的表述中，平等则不仅是起点，而且还是目标所在。"[5]

佩里和边沁可谓是殊途同归。佩里在他的体系中通过设计了一个上帝的存在，从而避免了从他的享乐主义中推出利己主义的结论。"美德，"他这样说道，"就是为人类谋福利，遵照上帝的意旨，以追求永恒

1　Archdeacon Paley（Archdeacon 为教会中神职人员的一种职位），即威廉·佩里（William Paley, 1743—1805 年），英国牧师、哲学家、功利主义者，因在其著作中对上帝存在进行了目的论的自然神学表述而著称。——译者注

2　即杰里米·边沁（Jeremy Bentham, 1748—1832 年），英国的法理学家、功利主义哲学家、经济学家和社会改革者。他是一个政治上的激进分子，亦是英国法律改革运动的先驱和领袖，并以功利主义哲学的创立者、一位动物权利的宣扬者及自然权利的反对者而闻名于世。他还对社会福利制度的发展有重大的贡献。——译者注

3　威廉·佩里说："对于一般人振振有词地宣称的所谓人类天性有贵贱之分，说什么精神要比肉体更为优越，人格之中理性的部分要比其动物性的部分更为高级这些话，我向来不以为意；对于所谓有些满足更有价值、更为细腻和微妙，而另外一些满足则是卑贱、污浊和粗鄙下流的这些话，我也不怎么关心。因为我认为所有的愉悦舍去持续时间和强烈程度之外，并没有什么根本的区别。"（《道德和政治哲学原理》，第一卷，第六章）。

4　即让-雅克·卢梭（Jean-Jacques Rousseau, 1712—1778 年），法国 18 世纪伟大的启蒙思想家、哲学家、教育家、文学家，是 18 世纪法国大革命的思想先驱，杰出的民主政论家和浪漫主义文学流派的开创者，启蒙运动最卓越的代表人物之一。主要著作有《论人类不平等的起源和基础》《社会契约论》《爱弥儿》《忏悔录》《新爱洛漪丝》《植物学通信》等。——译者注

5　莱斯利·斯蒂芬（Leslie Stephen），《十八世纪的英国思想》，II, 192。

的福祉为依归"——佩里用这种方式将"我"和其他人重新放置在平等的地位之上。边沁则是通过纯粹的推理，而得出了同样的结论。他这样论证道，将一个个体的福祉，乃至自我的利益置于其他任何人之上，是缺乏合理的依据的。因此，谋求最大多数人的最大幸福，乃是行为之唯一合理的目的——他从休谟那里继承了功利的概念，但是又抛弃了这位先哲的那些颇有些愤世嫉俗的推论："有的时候人们宁可让全世界毁灭也不愿意擦伤自己的一根手指，而有的时候人们为了祛除一个远在天边的印度人，或者一个与他素不相识之人的一点微不足道的痛苦，也愿意殒身不恤，我的观点与这样的情况都不会产生矛盾……理性是，而且也只应该是激情的奴隶，除了听从激情的召唤并为之服务之外，在其他事务方面理性从来都无法越俎代庖。"

卢梭从自然状态中推出了平等的观念，佩里从上帝的意志、边沁从中立的数学法则中也得到了同样的结果。平等的观念和利他主义的思潮从此进入了政治哲学当中，而民主和功利社会主义则同时滥觞于卢梭和边沁的哲学思想。

这就是第二种思潮——它激起了沉寂已久的争论，并以早就被驳倒的诡辩为自己鸣锣开道——如今，这种思潮仍然弥漫在我们的周围。不过，它并没有将第一种思潮驱逐出去。相反，它还与第一种思潮搅和在了一起，在十九世纪早期，它们还达成了令人感到不可思议的联合。这样的一种联合，将洛克、休谟、约翰逊[1]和伯克[2]的保守的个人主义，

1　即塞缪尔·约翰逊（Samuel Johnson，1709—1784年），常被称为约翰逊博士（Dr. Johnson），英国历史上最有名的文人之一，集文艺评论家、诗人、散文家、传记家于一身，前半生名不见经传，但他花了九年时间独力编出的《约翰逊英语词典》，为他赢得了名誉及"博士"的头衔，鲍斯威尔后来为他写的传记《约翰逊传》记录了他后半生的言行，使他成为家喻户晓的人物。约翰逊对于政治方面也有诸多评论，一生写过四部政治宣传的小册子。——译者注
2　即埃德蒙·伯克（Edmund Burke，1729—1797年），爱尔兰政治家、作家、演说家、政治理论家和哲学家，他曾在英国下议院担任了数年辉格党的议员。（转下页）

与卢梭、佩里、边沁和葛德文[1]的社会主义和民主平等主义给融合在了一起。[2]

尽管如此，如果不是因为经济学家们的一番努力，在那个时代，这两个对立的思潮若想达成这样的和谐之结果，也是极为困难的。也正是在这个时候，经济学家才崭露头角，并最终高居举足轻重的地位。有关在私人利益和公共利益之间达成一种极佳的和谐之思想，在佩里那里就已经是非常之显明的了。但是，正是经济学家，赋予了这种思想一个良好的科学基础。试想，在自由的条件引导之下，通过自然法则的运行，个人在追求他们自身利益的同时，总是趋向于增进公共的利益，这是多么美好的景象！我们的哲学难题迎刃而解——至少对于那些讲求实际的人们来说，现在他就可以把他的努力集中在保障自由的必要条件之上了。对于政府无权干预私人事务的哲学学说以及政府也没有必要干预私人事务的这种神圣信条，如今还要再加上一条科学上的证据，那就是政府对私人事务的干涉并不明智，是得不偿失的。这是第三种思潮，这种思想肇端于亚当·斯密[3]，他基本上倾向于认为公共利益是可以建立在

（接上页）他最为后人所知的事迹包括了他反对英王乔治三世和英国政府，支持美国殖民地以及后来的美国革命的立场，还有他后来对于法国大革命的批判。对法国大革命的反思使他成为辉格党里的保守主义主要人物（他还以"老辉格"自称），反制党内提倡革命的"新辉格"。伯克也出版了许多与美学有关的著作，并且创立了一份名为 *Annual Register* 的政治期刊。他经常被视为英美保守主义的奠基者。——译者注

1 即威廉·葛德文（William Godwin，1756—1836 年），英国作家和政论家。——译者注

2 葛德文在自由放任主义这个方面走得更远，以至于他认为**所有的**政府都是邪恶的，在这一点上，边沁的看法几乎与他完全一致。他关于平等的学说变成了一种极端的个人主义，与无政府主义颇为接近。他说："各种个人判断的广泛运用，是一种如此的美妙而又难以言表的学说，以致真正的政治家一定无法再容忍任何对之进行干预的思想。"（参看莱斯利·斯蒂芬：《十八世纪的英国思想》，II，277）

3 亚当·斯密（Adam Smith，1723—1790 年），苏格兰启蒙思想家、道德哲学家，经济学的奠基人，著有《国富论》和《道德情操论》，其对经济自由主义的思想之影响极为深远。——译者注

"每一个个人改善其自身状况而进行的自发努力"的基础之上的，但是，这种表述和阐发尚且不够充分，也未能取得自觉的发展，直到十九世纪，这种情况才得以改变。自由放任主义的原则达到了这样的程度，它把个人主义和社会主义浑然融为一体，用最大多数人的最大利益来反对休谟的利己主义。政治哲学家放低了身段，来为企业家张目——因为后者可以通过只是追求私人利润来达致哲学家们所谓的至善之境（*summum bonum*）。

然而，要完成这道甜点，还需要其他一些材料加入进来。首当其冲的是十八世纪政府的腐败与无能，流毒一直遗及十九世纪。政治哲学家们的个人主义是指向自由放任主义的。在私人利益和公共利益之间达成神圣或科学的和谐一致（如果这种情况可能的话），也是指向自由放任主义的。但是，首先则是公共管理部门的无能强烈地激起了那些注重实际的人们对它们的偏见，使得他们转而去支持自由放任主义了，而这种情绪迄今也未完全予以消解。在十八世纪，几乎政府所做的一切超过其最低职责范围以内的事情，或者都被认为是有害的，是无法取得合意的效果的。

从另外一个方面来看，从 1750 年到 1850 年这段时期，物质上的进步乃是源自个人自发的积极进取的精神，而作为一个整体组织起来的社会，对此几乎没有产生什么直接的影响。这样一来，实践经验又进一步佐证了**先验论**的推理。哲学家和经济学家告诉我们，基于各种精深的道理，得到解放的私人企业将会促进全体人民的最大利益。还有什么样的氛围比这更能让企业家们畅心舒怀的呢？而一个注重实际的观察者，环顾四野之下，对于这种已然成为他所生活的时代之特征的进步之福，又怎么能够否认应当把这一切皆归之于"一心追逐名利"的个人之活动的观点呢？因此，认为对政府行为应该加以严格的限制，而经济生活则应尽可能顺其自然而不加限制地交给个体公民，让他们凭借自己的技能和良好的判断力进行处理，而这些个体的公民则是受着力争出人头地的一种令人钦佩的动机来行事的，这样一种学说，不论是在神学的、自然的，又或者是科学的方面，都取得了充分的根据。

在佩里及其同道者们的影响力日趋衰微之时，达尔文所带来的思想冲击正在动摇着信仰的基础。新旧两种学说水火难容，再也没有什么能与这样的情况相比的了——一种学说把世界视为神圣的钟表匠的杰作，而另一种学说则好像认为这一切皆源于偶然的机运、混沌和过去的时代。但是，在这一点上，新思想为旧的思想提供了支撑。经济学家这样教导我们说，财富、商业和机器都是自由竞争的产物，正是自由竞争创造了伦敦这座大城。而达尔文主义者则更深入了一步——他们认为自由竞争创生出了人类。人眼不再是某种设计的产物——这种设计不可思议地将世间一切皆创造得完整无缺、至善至美——而是在自由竞争和放任主义的条件下偶然的机运所达致的登峰造极的成就。适者生存的原理可以被视为李嘉图经济学最为一般化的推广。根据这种崇高的综合推理，那么，社会主义的干预就不仅不是明智的，而且还充满着邪恶。我们人类的进化，就像阿弗洛狄忒从大海的太古时期的淤泥中款款而起一样，乃是一个极为壮丽的奇观，而这类社会主义的干预则是企图故意地阻碍这一强劲的非凡过程。

因此，根据我的探察，我认为十九世纪日常政治哲学独有的统一性，乃是来自它能够成功地兼收并蓄各种彼此各异而相互冲突的流派，并把所有的精英都团结在了一个单一的目的之下。休谟与佩里，伯克与卢梭，葛德文与马尔萨斯[1]，科贝特[2]与赫斯金森[3]，边沁与柯

---

[1] 即托马斯·罗伯特·马尔萨斯（Thomas Robert Malthus，1766—1834年），英国教士、经济学家。以其人口理论闻名于世。在《人口论》（1798年）中提出人口按几何级数增长而生活资料只能按算术级数增长，所以不可避免地要导致饥馑、战争和疾病；呼吁采取果断措施，遏制人口出生率。其理论对后世产生了较大影响。——译者注

[2] 即威廉·科贝特（William Cobbett，1762—1835年），英国散文作家，记者。英国政治活动家和政论家，小资产阶级激进派的著名代表人物，曾为英国政治制度的民主化而进行斗争。——译者注

[3] 即威廉·赫斯金森（William Huskisson，1770—1830年），英国政治家，金融家，因其主张自由贸易而著称。——译者注

勒律治[1]、达尔文[2]和牛津主教[3]，实际上可以发现，他们所有这些人都是在宣扬同一样的东西，那就是个人主义和自由放任主义。这就是英国国教及其信奉者的立场，而与之同行的经济学家们证明，哪怕有一点点对此立场的背离，也必然会带来我们国家在经济上的崩溃。

为什么我们对自由放任主义会持有如此强烈的偏爱呢？又为什么政府对货币价值、投资过程、人口增长的管理行为，会在众多的正直之士胸中激起如许激烈的怀疑之情？以上我们所提及的那些原因和氛围就是对这些问题的解释，而无论我们是否对此心知肚明——在这样一个堕落的时代，我们中的大多数人对此都并不知情。我们没有阅读过这些作家的作品；就算我们手里拿到了他们的书，我们也一定会认为他们的观点是悖谬不堪的。但是，我认为，如果霍布斯、洛克、休谟、卢梭、佩里、亚当·斯密、边沁和马尔蒂诺小姐[4]不是像他们现在被我们看到的那样来思考和写作的话，那么，我们也就应该不会像现在这样来思考和行事了。要想使我们的心智摆脱束缚，对思想观念进行一场历史的考察，这是一种必要的预备工作。我不知道哪一种情况会让人变得更加保守，是仅仅了解现在而不及其余，还是只懂得过去而对其他一无所知。

---

1 即塞缪尔·泰勒·柯勒律治（Samuel Taylor Coleridge, 1772—1834 年），英国诗人、文学批评家，英国浪漫主义文学的奠基人之一。一生作诗不辍，但中年时自称弃诗从哲，精研以康德、谢林为首的德国唯心论。他是西方文学史上最令人瞩目的作家之一。——译者注

2 即查尔斯·罗伯特·达尔文（Charles Robert Darwin, 1809—1882 年），英国博物学家、生物学家。达尔文早期因为地质学研究而著名，而后又提出科学证据，证明所有生物物种是由少数共同祖先，经过长时间的自然选择过程后演化而成。到了二十世纪三十年代，达尔文的理论成为对演化机制的主要诠释，并成为现代演化思想的基础，在科学上可对生物多样性进行一致且合理的解释，是现今生物学的基石。——译者注

3 在这里，凯恩斯没有特别指明是哪一位牛津主教。牛津主教中最为著名的也许是威尔伯福斯了，这位主教曾与达尔文进化论的信奉者赫胥黎有过一场激烈的争论，被称为牛津大争论，凯恩斯的意思或许是指这位主教。——译者注

4 即哈瑞特·马尔蒂诺（Harriet Martineau, 1802—1876 年），英国社会主义理论家、辉格派作家，常以第一位女性社会主义者而为人所称。——译者注

II

　　我曾说过,利己主义和社会主义之间存在着矛盾,这种矛盾,在十八世纪的哲学中,在暴露了其真实面目的宗教之衰落中,已经显现了出来,而正是经济学家们为那些注重实际的人们提供了解决这一矛盾的科学依据。但是,这样说是出于简洁明了的缘故,我须得赶紧对之加以修正。这是人们**认为**经济学家们说过的那些话。而在最伟大的那些作家的著作里,你是不可能找得到诸如此类的学说的。这样的学说,不过是一群从事通俗化努力的作家和庸俗的作者拿出来宣扬的货色。这种学说,是那些既认同休谟的利己主义,同时又欣赏边沁的平等主义的功利主义者,若然打算实现一种综合的话,所**不得已**而去信仰的东西。[1]经济学家的语言被借用了来解释自由放任主义。但是,这种学说之甚嚣尘上,必须归咎于那些风云际会、恰逢其时的政治哲学家,而非政治经济学家。

　　"自由放任主义"(*laissez-nous faire*)这条格言的法文原意是指"让我们自己干"的意思,传统的说法认为这是在十七世纪末的某一个时候由

　　1　正如莱斯利·斯蒂芬所概括的那样,柯勒律治的立场值得我们同情,"功利主义者破坏了凝聚力的每一种要素,把社会变成了自私的个人利益的斗争场所,并且打破了一切秩序、爱国主义、诗歌和宗教的真正的根基。"

商人勒让德在给柯尔贝尔[1]的一封信里提出来的。[2]不过，率先使用这一习语的第一位作家，无疑应该是达让松侯爵（Marquis d'Argenson）[3]，正是他在 1751 年首次明确地将这一习语与自由放任主义学说联系到了一起。[4]这位侯爵也是热情鼓吹政府对贸易任其自然的态度会带来经济上的好处之第一人。他宣称，管得越好的政府就是管得越少的政府。[5]他还声称，我们的制造业衰落的真正原因，正在于政府对他们的保护。[6]"随着世界的文明、进步，自由放任（让他们自己去干）理应成为公共权力部门的行事之信条。""那种非以邻为壑不足以使我们取得进步的观念真是令人深恶痛绝！只有那些内心充满着极度的恶意和厌憎之情的人，才会对这样的原则心满意足，而我们的国家利益却与这样的原则背道而驰。看在上天的份上，让他们自己去干吧（自由放任吧）！让他们自己去干吧（自

1　即让-巴普蒂斯特·柯尔贝尔（Jean-Baptiste Colbert，1619—1683 年）是法国政治家、国务活动家。他长期担任法国的财政大臣和海军事务大臣，是路易十四时代法国最著名的人物之一。在担任法国的财政大臣期间，柯尔贝尔努力重新构建法国的经济结构以增加财政收入，使国家能自给自足。开始他采取了相当激烈的手段来整顿财政机构，包括起诉腐败的官僚和拒绝向银行偿付公债。他按照重商主义的经济理论，鼓励发展本国工商业，并且提高关税来予以保护，重商主义因此也被称为"柯尔贝尔主义"。通过政府直接控制经济部门，建立殖民贸易公司和开办新式工厂，柯尔贝尔成功地扩展了法国的工业和贸易能力。——译者注

2　"应该做点什么来帮助你们呢？"柯尔贝尔问道。"一切让我们自己干"，勒让德答道。

3　达让松侯爵（Marquis d'Argenson）（1652—1721 年），法国政治家。——译者注

4　下面这段引文摘自奥肯（Oncken）的著作。达让松侯爵的主张长久以来被人忽视，一直到奥肯把它们重新发掘出来，才开始引起巨大的反响。原因一方面是因为达让松侯爵在其生前发表相关文字时都是匿名的，另一方面也是因为他的著作（即《达让松侯爵未出版的回忆录和日记》）一直到 1858 年才完整地出版（尽管在其生前这些手稿很可能已经在私下里被传阅过）。

5　"要管理得更好，必须管理得更少。"

6　"我们可以这样说，我们工业衰落的根源在于我们给予它们的保护。"

由放任吧）！"

于此，自由放任主义的经济学说方始得到了充分的阐明，这是一种对自由贸易感情最为炽烈的表达方式。从那个时候起，这些语汇和思想就开始在巴黎变得流行起来。但是，它们在文献当中的确立，却是极为缓慢的。那种将它们与重农学派尤其是德·高尔馁（de Gournay）[1]和魁奈[2]这些人相联系的传统，在这一学派的作品中很少能够得到支持，虽然他们当然地也是社会利益与私人利益能够做到基本和谐一致的支持者。在亚当·斯密、李嘉图[3]或者马尔萨斯的著作中，我们是找不到自由放任这个语汇的。甚至这些作家中任何一位都未曾以一种教条的形式来表达过这样的思想。当然，亚当·斯密是一个自由贸易主义者，而且是对十八世纪诸多限制贸易的举措的反对者。但是，他对于航海法以及高利贷法律的态度，已然表明他不是一个教条主义者。即便是他所写的有关"看不见的手"的著名段落，所反映出来的更多是佩里的哲学，而不是

　　1　即雅克·克劳迪·马里·文森特·德·高尔馁（Jacques Claude Marie Vincent de Gournay，1712—1759年），法国经济学家和地方行政长官，和弗朗斯瓦·魁奈一起都是重农学派的代表人物。——译者注

　　2　即弗朗斯瓦·魁奈（Francois Quesnay，1694—1774年）是古典政治经济学奠基人之一，法国重农学派的创始人和重要代表。他早年研究医学和哲学，后转到经济学，并在各领域都有卓越成果，尤其在经济学方面，不仅有许多著作，而且提出了一系列重要的观点学说。——译者注

　　3　大卫·李嘉图（David Ricardo，1772—1823年），英国古典政治经济学的主要代表之一，也是英国资产阶级古典政治经济学的完成者。李嘉图早期是交易所的证券经纪人，后受亚当·斯密《国富论》一书的影响，激发了他对经济学研究的兴趣，其研究的领域主要包括货币和价格，对税收问题也有一定的研究。李嘉图的主要经济学代表作是1817年完成的《政治经济学及赋税原理》，书中阐述了他的税收理论。1819年他曾被选为上院议员，极力主张议会改革，支持自由贸易。李嘉图继承并发展了斯密的自由主义经济理论，他认为限制国家的活动范围、减轻税收负担是增长经济的最好办法。——译者注

自由放任主义的经济教条。正如西季威克[1]和克里夫·莱斯利（Cliff Leslie）业已指出的那样，亚当·斯密对"自然自由的简明体系"之倡议，也更多地源自他关于世界秩序的有神论和乐观主义的立场——这一点可由他在《道德情操论》（*Theory of Moral Sentiments*）的阐述而知——而不是来自政治经济学的某一个陈腐的观点。[2]我认为，"自由放任主义"这一语汇在英国的广泛使用，是拜富兰克林博士那众所周知的一段话所赐。[3]的确，直到边沁——他压根儿就算不上是一名经济学家——的后期著作中，我们才发现自由放任主义的原则，以我们的祖父辈所熟知的那种形式，被接纳下来为功利主义哲学而服务。例如，在《政治经济学手册》（*A Manual of Political Economy*）一书中[4]，他这样写道："政府什么也不应该去做，或者试图去做，这是一个普遍性的原则。在这些场合，政府的座右铭或者格言应当是——清静无为……农业、制造业和商业向政府提请的要求，就像第欧根尼向亚历山大提出的要求那样合乎情理、毫不逾矩，那就是：请不要挡住我的阳光！"[5]

从这个时候起，为争取自由贸易的政治运动，所谓的曼彻斯特学派

1　即亨利·西季威克（Henry Sidgwick, 1838—1900）是 19 世纪英国最重要的道德哲学家，古典功利主义学说的最好阐述者。生于 1838 年 5 月 31 日，1855 年进入剑桥大学学院学习，主修古典作品。主要著作有：《伦理学史纲要》《政治经济学原理》《政治学原理》《实践伦理学文集》。——译者注

2　西季威克，《政治经济学原理》，第 20 页。

3　边沁使用的是 "*laissez-nous faire*" 这一表达方式（《文集》，第 440 页）。

4　此书写于 1793 年，其中有一章发表在 1798 年的《不列颠图书》上，全书由宝林（Bowring）版的《文集》收入，这是整部书的首次出版面世。

5　相传两千多年前，古希腊著名的亚历山大大帝巡游某地，遇到了正躺着晒太阳的哲学家第欧根尼。这位世界之王上前自我介绍："我是大帝亚历山大。"哲学家依然躺着，也自报家门："我是狗儿第欧根尼。"大帝肃然起敬，问："我有什么可以为先生效劳的吗？"哲学家的回答是："有的，就是——不要挡住我的阳光。"据说亚历山大事后感叹道："如果我不是亚历山大，我就愿意做第欧根尼。"——译者注

和边沁功利主义者的影响，第二流的经济学权威们的鼓噪，以及马尔蒂诺小姐和马尔塞特夫人[1]的教育性读物，正是这些使得自由放任主义作为正统政治经济学的实际结论，深深地扎根在了普罗大众的头脑之中。而显然与这样的论调迥然有异的马尔萨斯主义的人口理论，也同时被这同一思想流派所接纳。因此，十八世纪后半期乐观昂扬的自由放任主义，在十九世纪上半叶即让位给了悲观忧郁的自由放任主义。[2]

在马尔塞特夫人的《政治经济学漫谈》（*Conversations on Political Economy*）（1817 年）这本书里，卡洛琳一直坚持认为对富人的消费进行限制是值得赞同的。但是，待到该书 418 页的时候，她却不得不认输：

> 卡洛琳：我对这个话题了解得越深入，我就越是确信，国家的利益和个人的利益远不是彼此对立的，而是可以达成最为完美的和谐一致的。
>
> B 夫人：只要你去自由地放开思考，你就总会得到同样的结论，并且教导我们珍视彼此之间无所不在的仁爱之情。因此，科学较之于单纯的实践知识，要优越得多。

1850 年，惠特利大主教[3]写成了《给青年人使用的简明教程》（*Easy Lessons for the Use of Young People*）一书，该书曾被基督教知识促进会广

1　即简·马尔塞特（Jane Marcet，1769—1858 年），英国颇为著名的科普书作家。——译者注

2　可以参看西季威克，《政治经济学原理》，第 22 页："即便是那些基本上是支持亚当·斯密限制政府的职责范围的那些经济学家，在实施这样的限制之时，也多是无可奈何，而非欢欣鼓舞；他们并不是产生自'自然自由'的当前社会秩序的仰慕者，而只不过是相信这样的秩序至少要比任何可能可以由政府来取代的人为秩序更加可取一些罢了。"

3　即理查德·惠特利（Richard Whately，1787—1863 年），英国修辞学家、逻辑学家、经济学家、神学家，曾任都柏林的爱尔兰大主教。——译者注

为散发，在这本书里，甚至对 B 夫人曾经允许卡洛琳偶然怀有的怀疑态度，也不愿意承认。这本小书写道："政府对人们金钱事务的几乎任何干预，不管是借贷还是买卖，总是弊大于利的。"真正的自由是"每个人皆当以他自己认为适当的方式来处置其自己的财产、时间、精力和技能的自由，前提是不对与之相关的其他人造成损害。"

总之一句话，这种教义已然掌控了教育机器，已经变成了堪称典范的醒世箴言。在十七、十八世纪为了推翻国王和教士而锻造出来的政治哲学，业已变成了供婴儿饮食的乳汁，而且已经真的进入到了育婴室之中。

最后，在巴师夏[1]的著作中，我们见识到了关于这种政治经济学家的宗教的最为极端和狂热的表达。在他的《和谐经济论》（*Harmonies Economiques*）一书中，他这样写道：

> 对于那些统治人类社会的上主法则的和谐性，我愿意来担负起对之做出证明的重任。使得所有这些法则彼此和谐一致的，乃是一切的原理、一切的动机、一切的行为源泉、一切的利益，相互配合而得以实现的一个伟大的最终结果……而这一结果是，一切阶级都无限地趋近于相同的水平，而这一水平还会不断的得到提升；换言之，这就是个人在普遍的**进步过程**中取得**平等的**地位。

而且，巴师夏还像其他牧师一样，草拟了自己的"信条"（Credo），转述如下：

1　即弗雷德里克·巴师夏（Frédéric Bastiat，1801—1850 年）是 19 世纪法国的古典自由主义理论家、政治经济学家，以及法国立法议会的议员。巴师夏是自由贸易思想的热情宣传者，同时也是社会主义思潮的反对者。——译者注

我相信，上帝对于物质世界的安排，并未妨碍他对人类社会安排的考虑。我相信，他把自由的个人连同那些惰性的分子彼此结合起来，使之和谐地运动起来……我相信，人们在一般的道德、智识和体力水平上不断地接近，与此同时，这种水平还在无限地进步和提升，这是一种不可阻遏的社会大趋势。我相信，不对这种趋势加以干扰，也不对这种运动的自由加以破坏，乃是人类循序渐进、和平发展之必需。

自约翰·斯图亚特·穆勒[1]的时代开始，权威的经济学家一直都在针对上述这样的思想强烈地加以抵制。"几乎没有哪一位有名望的经济学家"，坎南教授[2]这样写道，"会加入对社会主义一般性的正面攻击"，尽管他还补充道，"几乎每一位经济学家，不管他有没有名望，总是会愿意在大多数的社会主义方案上吹毛求疵的"。[3]经济学家已经不再与社会和谐的教条所由产生的神学或政治哲学有任何的瓜葛，他们的科学分析并不能使他们得到这样的结论。

卡尔恩斯（Cairnes）[4]可能是对自由放任主义进行一般性的正面攻击的第一位正统经济学家，这种攻击，具体体现在他于1870年在伦敦大学学院所做的题为"政治经济学与自由放任主义"的介绍性讲演中。

1　约翰·斯图亚特·穆勒（John Stuart Mill，1806—1873年），英国著名哲学家和经济学家，19世纪影响力很大的古典自由主义思想家。——译者注

2　埃德温·坎南（Edwin Cannan，1861—1935年）是英国著名经济学家，坎南教授曾编校过亚当·斯密的有关著作，如他所编辑的《国富论》，一度被认为是最好和最标准的版本。他还在1896年编辑了斯密在格拉斯哥大学讲授法学的讲座稿。——译者注

3　《生产和分配理论》（*Theories of Production and Distribution*），第494页。

4　即约翰·艾略特·卡尔恩斯（John Elliott Cairnes，1823—1875年），爱尔兰经济学家，他常被称为最后一位古典经济学家。——译者注

"自由放任主义这一箴言",他宣称,"不管怎么说都没有什么科学的依据在,它充其量不过是一个便于在实际中加以运用的原则而已。"[1] 过去四十年来,这已经成为所有主要的经济学所持有的立场。试举一例,阿尔弗雷德·马歇尔[2] 那本最重要的著作的有些地方,就着意阐发了私人利益和社会利益并不和谐的那些主要的情况。尽管如此,这些最为杰出的经济学家们谨慎而又非教条主义的态度,也还是没有战胜个人主义的自由放任的普遍认识而成为通行的看法,这种普遍的认识认为这样的观念才是经济学家们应该教授,而且事实上的确在教授的东西。

---

1 卡尔恩斯在这次演讲中很好地描述了这个"流行观念",在这里我把其中的这一段引述如下:"这一流行的观念认为,政治经济学担负着证明财富可以最为迅捷地进行累积,并且可以最为公平地加以分配之任务;也就是说,人类的福祉可能可以通过让人们自行其是这样的简单过程而得到最为有效的增进。换言之,让个人听凭其自我利益的驱使,而不受国家和舆论的限制,只要他们能够避免使用暴力和欺诈手段,这样的情况即可实现。这种学说就是大家一般所接受的自由放任主义。我认为,与之相应,政治经济学被极为普遍地看作对这一箴言的一种科学的表述。私人企业的自由和契约的自由被视为一切产业问题的唯一且充分的解决办法,而政治经济学则被视为对这一观点的辩护。"

2 阿尔弗雷德·马歇尔(Alfred Marshall,1842—1924 年)近代英国最著名的经济学家,新古典学派的创始人,剑桥大学经济学教授 19 世纪末和 20 世纪初英国经济学界最重要的人物。在马歇尔的努力下,经济学从仅仅是人文科学和历史学科的一门必修课发展成为一门独立的学科,具有与物理学相似的科学性。剑桥大学在他的影响下建立了世界上第一个经济学系。——译者注

III

　　像其他科学家一样，经济学家之所以选择这样的观点作为他们出发点的前提假设，并展示给这门学科的初学者，乃是因为这种假说至为简单，而不是因为它最为接近事实。部分是出于这一原因——但是这只是部分的原因，我承认，因为经济学家们受到了这一学科传统偏见的影响，他们常常首先假设这样一种理想的状态之存在而作为立论的基础，在这种理想的状态中，个人彼此独立地以不断试错的，摸索的方式来行事，实现生产性资源的理想配置。在这种不断试错的摸索的过程中，通过竞争，那些沿着正确方向前进的个人将会打败那些误入歧途的个人。这也就意味着，对于那些将资金和劳动力投入到错误方向上的个人，我们不应该对他们怀有任何怜悯之情，对他们进行卵翼和保护。这种方式，通过无情的生存竞争，将那些低效率者予以淘汰，而将那些效率最高者挑选出来，将那些最成功的逐利者拥到了社会的顶层。这样的方式并不去计较这种斗争的成本几何，而只是去看那些被假设为永恒不变的最终结果所带给我们的好处是怎么样的。生活的目标就是够食到尽可能高的树枝上的树叶，要实现这样的目的，最为可能的方式就是让脖颈最长的长颈鹿活下来，而让那些脖子较短的长颈鹿饥饿而死。

　　与这种在不同的用途之间对生产工具取得理想的分配之方法相因

应，关于如何使可获得的消费品实现理想的分配，也有一个类似的假设。首先，根据不断试错的方法，每一个个人将会在所有可能的消费品中寻找到他"在边际上"最需要的那些物品，用这样的方式，不仅每一个消费者都可以实现对其消费品的最为有利的分配，而且每一个消费者都会想方设法获取最能满足其独有的口味的那种消费品，因为与其他消费品相比，消费者对该种消费品的出价会是最高的。因此，如果我们只是让长颈鹿任其自为，那么：（1）可以吃掉的树叶将会达到最大的数量，因为有着最长脖颈的长颈鹿可以最大限度地接近树上的树叶，而其他脖颈较短的长颈鹿皆因饥饿而死；（2）每一头长颈鹿都会在其所可以尽力够得着的树叶中寻找那些最为肥美的部分；（3）对于某一片最合乎其口味的树叶，长颈鹿总是尽可能地伸长脖颈，去把它够下来吃掉。利用这种方式，更多、更肥美的树叶就会被吃掉，而每一片树叶都将被那张认为这片树叶最值得付出努力去啃食的嘴巴给吃掉。

然而，自由放任主义有一对支撑物，这也是两个可以作为不折不扣的事实的暂时性的假设。其中一个假设是，环境条件的改善是由不可阻挡的自然选择产生的；另外一个假设是，供私人赚钱牟利的机会无穷无尽，其效用以及切实的必要性，**激励着人们尽其全力以博取之**。在自由放任的情况下，利润会自然而然地汇聚到那些将其生产性资源在正确的时间投放在正确的地方的个人手中，而无论这是凭靠他的技能还是天生的好运。这一体制允许那些技术精湛或天生好运的个人收获这种情况之下的全部果实，很显然，它会给在正确的时间、正确的地方投放生产性资源的艺术实践提供巨大的激励。这样一来，对金钱的喜好这一人类最强有力的动机之一，以这种最有利于财富增长的方式，被利用以完成了配置经济资源的任务。

正如前文所简要地提到的那样，经济上的自由放任主义和达尔文主义之间的这种相似性，如今看来实际上是非常相近的，而这一点已为赫伯特·斯宾塞[1]所首先察知。正如达尔文借助于两性之爱，把性的选择行为作为经由竞争而进行的自然选择的辅助手段，来引导着进化的方向，使进化沿着一条合乎意愿的、有效的路线而前进；与之相类，个人主义者则借助于对金钱的喜好，把逐利行为作为自然选择的一种辅助手段，按照交换价值所量度的人们最强的意愿来实现最大规模的产出。

这样的理论，其本身的优美与简洁，使得人们很容易会忘却这样的事实：这一理论并不是根据实际的情况为基础，而是根据为追求简洁而引入的不完善的假设而建立起来的。姑且不论后面还会提及的其他的反对理由，个人独立地追逐其自身利益可以为其带来最大程度的财富累积这一结论，乃是基于各种并不真实的假设之上得出来的。这些假设的大意是说，生产和消费的过程根本不是有机组织起来的，对于环境和前提条件有着充分的预见性，而且对于取得这样的预见性存在着充足的机会。由于经济学家们在论证其观点时，一般会为后半段的论证而对上述的假设有所保留，所以，当以下情况出现时，复杂性就会增加：(1) 当高效率的生产单位相对大于消费单位时；(2) 当企业存在管理费用和协作费用时；(3) 当内部的经济性趋向于让生产集聚起来时；(4) 当调整所需的时间较长时；(5) 当无知战胜有知时；(6) 当垄断和兼并扰乱了交易中的平等性时。也就是说，在这些情况下，经济学家们会为了在其后半段分析实际情况时对其初始阶段上给出的假设有所保留。此外，很多经济学家即便认识到了这种简化的假设并不能准确地与事实相符合，却仍然

1　赫伯特·斯宾塞（Herbert Spencer, 1820—1903 年），英国哲学家。他为人所共知的就是"社会达尔文主义之父"，所提出一套的学说把进化理论适者生存应用在社会学上尤其是教育及阶级斗争。其实，他的著作对很多领域都有贡献，包括形而上学、宗教、政治、修辞、生物和心理学等等。——译者注

推论道，尽管如此，这种简化的假设情形也的确代表着某种"自然"，因之也是完美的理想之境。他们认为，这种简化的假设情形才是健康的，而把那些更深一层的复杂情况视为病态。

然而，除了这一与事实有关的问题之外，还有其他一些我们非常熟悉的情况值得对之加以考虑，这些情况所关乎的正是对竞争性斗争的代价之计算，对这一斗争的性质之分析，以及那种把财富分配到并非最受珍视的地方去的趋势。如果我们在内心当中对长颈鹿的幸福真有所怀疑的话，我们是绝不会忽略那些被饿死在地的短脖颈的长颈鹿所遭受的痛苦的，也绝不会忽略在争斗的过程中掉落于地而被践踏掉的那些肥美树叶，还有那些脖颈较长的长颈鹿由于过度摄食而引起的不适感，乃至这种温顺的动物脸上浮现出来的贪婪、焦灼的种种不愉快的神情。

不过，自由放任主义的原理除了经济学教科书之外，还有其他的同盟者。必须应予承认的是，在那些有着良好判断力的思想家和理性的大众心目中，自由放任主义的这些原理之所以根深蒂固，乃是拜两种对立的主义所赐，其中一个是保护主义，另一个是马克思的社会主义。而这两种学说的共同特征，不仅在于或者说不主要在于它们都违反了支持自由放任主义的一般前提，而且还在于两者都只不过是一种逻辑上的谬误罢了。这两种思潮，皆可视为思想贫乏以及在分析上无能之范例。虽然自由放任主义原理强化了反对这两种思潮的论点，但是，这种反对的论点并没有提出更为严格的要求。二者之中，保护主义听起来至少还有那么点道理，而使之风行的那种力量也没有什么令人感到困惑的地方。但是，马克思的社会主义在历史学家们看来必然是令人大惑不解——为什么这样一种不合逻辑、乏然无味的学说能够对人类的心智产生如此有力、如此持久的影响，而且还通过这些人最终影响历史的进程呢？不管怎么样，这两个思想流派在科学上显而易见的缺陷，对于十九世纪自由放任主义所建立起来的声誉和权威,都可称得上是厥功至伟。

即便是大规模的集中化社会行动——这是最近的战争中的行为——所带来的那最为著名的意见分歧,也没有使改革者受到鼓舞,或者消除那些过时的偏见。事实的情况是,争论的双方都有着自己的道理可讲。组织社会化生产的战时经验,使得那些目光短浅的观察家,怀着乐观的迫切心情,急不可耐地要在和平的环境之下也来实行这套做法。毫无疑问,战时社会主义实现了在和平时期前所未有的财富的大规模生产,尽管这一时期所提供的那些物资和劳务命中注定要立刻化为云烟,毫无结果可言,但是,它们也仍然算是财富。尽管可以算作财富,但它所造成的精力之浪费,也是非常之大,而且这种浪费和不计成本的氛围,让任何一个崇尚节约或深谋远虑之人都会心生厌恶。

最后,尽管个人主义和自由放任主义在十八世纪晚期和十九世纪早期的政治和道德哲学中根深蒂固,但是,它们若不能与工商界的时代需要与期望相一致,那也是不可能确保其对公共事务的持久影响力的。对于我们从前的英雄,还有那些伟大的商人们,这两种思潮赋予了他们广阔的活动空间。马歇尔[1]过去曾说过:"西方世界中最精明能干之人,至少有一半在从事商业活动。"因此,那个时代很大一部分"较为高超的创造力"都被运用到了这个方面。正是在这些人的活动上面,我们寄托了进步与发展的希望。

> [马歇尔写道][2]这个阶层的人们必须不断地变换他们的眼光,
> 更新他们的头脑,这样为的是去寻找他们所期待目标的各种不同的
> 道路,去清除大自然设置在每一条道路上的障碍,为的是寻找出他

---

1 即阿尔弗雷德·马歇尔。——译者注

2 《经济骑士制度的社会可能性》,《经济学刊》,XVII(1907),9。

们所希望的从大自然的对立中谋求更好结果的办法。而这种创造力几乎没有取得过人们的信任，因为肆无忌惮地滥用这种创造力并不被允许。它的力量乃是被一种更为强大的意志所规训，它的最高的荣耀是通过简单的手段来实现伟大的目标，而这种手段是如此之简单，以至于没有人会知晓它，除了专家，甚至没有人会去猜测，何以那么多其他的权宜之策都被弃置一旁，而独独对它如此青睐？要知道，对于一位草率的观察家来说，这些权宜之策中的每一个都是那么的光芒四射。这些人们驰骋其想象能力，就像那精通弈道的棋手一般，对那些可能为他们所深谋远虑的胜利结局造成威胁的种种障碍加以预测，并且常常拒绝一些出色的建议，因为他们总是自己来擘画克服这些障碍的方案。他们具有强大的精神力量，能够自强不息，周详地考虑到黑白棋子双方的起落变化，从而迅捷地解决哪怕是最困难的棋局。他们的这番精神面貌，恰足以与那些处在人性之另外一个极端上的人们形成对照，那些人精神上既无责任感，却又总是在幻想着草率的乌托邦方案，作为棋手，在技艺上又多有欠缺，而且总是行事鲁莽。

这真是对工业巨子、优秀的个人主义者们所描绘的一幅精彩图画，这些杰出的人们就像其他领域的那些艺术家一样，在自得其乐的同时，也为我们奉上了他们的服务。然而，现在这一切正在变成一个日渐黯淡、失去光泽的偶像。我们越来越怀疑，他们是否会携手将我们带领进入那经济的天堂。

流行的理智上的偏见、精神上的矫揉造作，以及时代的传统，造成这种种情况的因素是多方面的。许多最初的原因，其潜在的推动力量已经消失不见，但是，这些结论的生命力照例要比产生它们的动因要持久得多。在六十年前，向伦敦这座城市提供公共物品的社会行动之提议，就如同与一位主教讨论《物种起源》一般。其最初的反应并不是理智上的，而是道德上的。正统观念是有问题的，其论点越是具有说服力，所引起的反感反倒越严重。尽管如此，无论怎么样我都要冒险进入这头昏睡的怪物的巢穴，对其主张追本溯源，目的就是要揭示出这样一个事实，那就是，他更多的是凭靠其世袭的权利而非个人的功绩来统治我们的。

IV

让我们来把那些时常作为自由放任主义所得以建立的抽象或一般的原则澄清一下。认为个人在他们的经济活动中按照某种说教那样享有"自然自由",这种看法并不**正确**。对于有所占有或有所获取的那些人,人世间并**没有**什么"契约"曾赋予他们永恒的权利。那种认为私人利益和社会利益总是能够彼此达成一致的看法,也并没有什么根据可言,上天**可不是**这样来统治这个世界的。而认为这两种利益实际上彼此一致,这个说法也不真确,下界凡间**也不是**这么来管理这个社会的。认为开明的自利行为总是会为公共利益而努力,这种观点也并非根据经济学的原理而得出的正确推论。自利行为一般来说也并**不总是**开明的;个人各自为争取实现其自己的目标时,往往表现得过于愚昧或过于脆弱,有时候甚至都因为这般的愚昧和脆弱而使得他们连自己的目标都难以实现。既有的经验并**没有**表明,当众多的个体组织成为一个社会单位时,总是会比他们单独地进行行动时,就一定在其精明干练方面逊上一筹。

因此,我们不能在一些抽象的基础之上来判定哪些属于政府的职责范围,哪些该由个人自己来行裁决之事,而是应该具体地根据各自的优长来加以界定这种责任范围的划分。在谈及这一问题时,埃德蒙·伯克曾这样说道:"在立法当中存在着一个极为微妙的问题,那就是,如何来确定哪些是政府应当通过公众的智慧而要承担起来的管理责任，哪些又是政府应当尽可能地避免对之加以干涉，而该由个人自己来努力完成的事务范围。"[1] 边沁曾使用过现在已经被人忘却、但却很确当的两个名词——"任务"（Agenda）和"非任务"（Non-Agenda）——来说明哪些事务需要政府过问，哪些事务是政府不必过问的。我们来对边沁提出的这两者加以区别。在边沁那里，还有一个假定的前提，认为政府干预一般来说总是"不需要的"，并且是"有害的"；[2] 有关于此点，我们倒不必和他一样抱着同样的态度。这样看来，当前经济学家的主要使命就是要在政府的"任务"和"非任务"之间重新进行辨别一下。与之相伴的还有一个使命，是要在民主政体之下设计出能够完成这样的"任务"的管理方式。我用下面两个例子，把我心目当中这应当是怎样的一些管理方式来加以说明之。

（1）我认为，在很多情况下，管理单位和组织单位的理想规模，当处于个人和现代国家之间。因此，我认为对于国内的一些半自治的团体，应当予以发展和鼓励，这是能不能取得进展的关键之所在。这些团体在其自己的范围之内，它们的行动准则纯粹是为其所了解的公共利益服务，而为个人谋利益的动机则不在它考虑的范围以内。虽然在人们利他主义的襟怀尚未取得进一步的扩大之前，对于各种集体、阶级或派别的各自的利益，也许仍有必要对之加以相当的照顾，在这个方面需要留下一定的余地。这类团体在一般事务的处理范围上，在它们的规定限度之内，基本上是自治性质的，但是，最后还是须服从民主制度的**统制**，而统制应当是通过议会来予以实现的。

1　引自麦克库洛赫（McCulloch）的《政治经济学原理》。

2　参见边沁的《政治经济学手册》，宝林出版社 1843 年作者身后出版。

可以这样说，我是主张回到中世纪的那种分立自治的概念上来的。不过，在英国，法人组织（corporations）一直都是一种占据着重要地位的管理方式，而且这种方式是与我们的制度彼此协调的。这种组织模式与我所说的分立自治方式，或者已经彼此相合，或者已经有所接近，若然就既有的实情而予以举例说明的话，还是颇为容易的，譬如各综合性大学、英格兰银行、伦敦港务局，甚至包括一些铁路公司，皆可称是这样的例子。在德国，几乎可以肯定地说，也存在着与此类似的情况。

但是，比这类组织更值得关注的是这样一种趋势：股份组织经过相当一段时期并发展到一定规模时在地位上表现得与公共团体更相接近，而反倒与个人主义的私人企业不相接近了。这是近几十年来的一个极富意义而又没有受到关注的演变趋势，这是一种大企业在使自己社会化的趋势。有一些大公司，尤其是大型铁路公司或大型的公用事业企业，还有大银行或大型保险公司，在其发展过程中已经达到了这样的地步，公司资本的所有者，也即股东，已经差不多和公司的管理完全脱离了关系，其结果是，股东在谋取厚利这一方面的个人直接利益已经渐次退居次要地位。当组织的发展达到了这一阶段时，管理方面所考虑的更多的是整个组织的稳定和声誉，而不再是股东利润的最大化。股东将不得不满足于能够获得惯有的适度红利即可，而一旦这一点得到了保证，管理层所直接关注的往往是如何才能避免来自社会或来自其顾客方面的批评。如果组织的规模已然很大，或者已经居于半垄断的地位，从而特别容易引起社会的注意，容易受到社会的非议时，这种倾向就会更加明显。有关于这种倾向，其最为极端的例子，可能当数英格兰银行，这间银行在理论上仍然属于不受限制的私人财产。而事实上，几乎可以这样说，当英格兰银行的总裁要决定其政策时，不能不去考虑来自国内各个方面的利益诉求，当此之时，对各方人物，他考虑的最少的，恐怕非他的股东莫属了。而这些股东只是享有着惯常的股息红利，除此之外，他们所能享受到的其他权利几乎可以减少到零。而且，对于很多其他的大型机构，在一定程度上，情况也是如此。随着时间的推移，这类机构也在走上社会化的道路。

这种演化的结果也并非是有利无害的。这种情况也促进了保守主义的倾向，而且使得企业渐趋衰落。事实上，我们已经在这些情况当中发现了国家社会主义的许多优点和缺点。尽管是这样，我还是认为，从中我们可以看到演化的自然趋向。社会主义对不受限制的个人利益的斗争，具体来看是正在逐步地取得胜利的。这种斗争在其他的领域内依然保持着较为尖锐的态势，而在这里我们所说的范围内，则已经不再是一个迫切的问题了。举例而言，如铁路的国有化实际上就已经没有比它更不重要的所谓重要政治问题了，与英国经济生活改革发生的关联，也没有比它更少的了。

的确，有很多大型企业，尤其是公用事业企业以及其他需要大量固定资本投入的企业，仍然需要在半社会化的形式之下继续经营。对于这种半社会主义的形式，我们必须在内心当中做好随机应变的准备。对于时代的自然趋势，我们要充分地加以利用；与那些由部长们直接负责的中央政府机构相比，半自治组织也许还要高明一些，我们抱持着这样的思想准备也许是颇为必要的。

我批评空想的国家社会主义，不是因为它企图将人们的利他主义动机向社会事业来引导，不是因为它与自由放任主义相违背，不是因为它剥夺了孜孜为利的自然自由，也不是因为它具有勇敢向前、敢为天下先的气概。相反，这些都是我所赞美的部分。我之所以批评它，乃是因为它没有抓住实际发生的事态之重要意义，因为它事实上并不比那应付旧时代问题之计划的一点黯然的残余好多少，那些旧时代的问题还是五十年前的前尘往事，而且还是出于对某人在一百年前所说的一番话的误解而来的。十九世纪的国家社会主义源于边沁，发端于自由竞争之类，乃是对于作为十九世纪个人主义基础上的个人主义哲学的反映，在某些方面这种反映比较清楚一些，而在某些方面这种反映则比较模糊一些。这两者都一样在尽力地强调自由这一点，一个消极地主张不要限制现有的自由，另一个则积极地主张消除自然存在的或以人力取得的垄断。这两者是对同一种精神氛围的不同反应。

（2）接下来我要谈及的是有关政府"任务"，尤其是对于那些迫切的、希望在不远的将来要执行的任务之准据问题。我们必须对那些不同的事务之性质加以区分，有些事务**在技术上是属于社会性的**，有些**在技术上是适于个人来经营的**。有些事务个人已经在实施完成，并且已经卓然有所成就，而有些事务则在个人活动范围以外，有关于这后一类事务，政府如果不出面做出决定，就再也没有人来过问了。政府最重要的**任务**是与后面这一类事务有关，而不是与前面那一类事务有关。对于政府而言，关键不在于去做那些个人已经在那里做的事务，也不在于比个人会做得更好或者更坏，而在于去做那些现在还没有人在那里做的事务。

而关于在这方面的实际政策是如何执行的，是不在我这里要讨论的范围之内的。因此，我在这里只是局限在举出若干个例子，仅就我所偶然关注到的、考虑相对最多的那几个问题来加以阐述。

我们这个时代，很多最为显著的经济病症乃源自风险、不确定性和愚昧无知。这些病症的发生，乃是由于某些个人，凭靠他们所处的地位或所具有的才干，对于不确定性与愚昧无知这类现象，能够对之加以利用，乃是由于在同样的原因之下，往往使大企业成为风险分布下的侥幸产物，带来了财富分配程度上的巨大不平等。这些因素也是造成工人失业、企业合理的预期遭遇挫折以及生产效能受到削弱的原因。然而，要使这些现象得到矫正，却不是个人活动所能办得到的。不但如此，甚至由于个人的利害关系，从而造成病态的恶化。我认为，对这些问题进行补救的方法，部分在于中央机构对通货和信贷的审慎控制，部分在于将与企业情况有关的资料大规模地加以收集并进行传布，如果有其必要的话可以用法律来规定，企业的一切实际情况只要公开之后对社会有利，就应当尽可能地予以公开。有了这些措施，就可以使社会通过某种适当的行动组织来对私有企业内部错综复杂的情况，发挥起监督的功用来。即便这一类的措施并不能充分地发挥效力，它们也可以使我们拥有比较丰富的认识，以便于采取下一步的行动。

我要举的第二个例子，与储蓄和投资有关。我认为，就整个社会应该达到的合宜的储蓄规模而言，储蓄中有多大的比例应该以对外投资的形式流出国境，现今的投资市场组织对储蓄是不是在沿着最有利于国内生产的路线进行分配，在这些方面都尚且需要某种能配合理性的判断的行动方可。有关于这一类问题，我认为不应该像它们现在这样完全受个人判断和个人利益的引导，而凭着机运来予以判定。

我要举的第三个例子是关乎人口问题的。每个国家就其人口的规模当为多少，是需要一个审慎的国家政策的，我们需要根据目前的人口规模来进行计量，看看是应当加以扩大还是加以缩减，还是既不增加也不减少，维持现状即可，现如今正是对这样的国家政策应该有一个认真的思虑的时候。一旦这个方面的政策确定之后，我们就必须要进一步采取实际的行动了。也许就在不久的将来，会产生这样进一步的要求，即整个社会对于它未来的成员，不仅需要关注其人数的多寡，还需要关心他们内在的素质如何。

V

这里之所谈，意在凭借集体行动的力量来对现代资本主义做出技术上的改进。以我观之，资本主义的主要特征，乃是依靠个人牟利和个人嗜利本能的强度引力，而以之作为经济机器的主要动力，与上述我之所谈，似乎并不存在什么势同水火的矛盾在里头。本篇行将结束，谈锋所向，也不打算再牵涉其他的方面。尽管如此，我还是愿意在这即将结束之时对诸君予以提醒，今后将要展开的最猛烈的斗争和观念上最深刻的分歧，可能不是在技术问题层面，也即当这类问题不论在斗争的哪一方看来主要属于经济性质之时，而是在于另外一个方面，关于这一方面，还没有什么比较恰切的词语能够表达，可以暂且称之为心理的或者也许可以说成是精神方面的。

我们的社会是建立在对个人金钱动机进行鼓励、助长和保护这一基础之上的；在欧洲，或者至少在欧洲的某些地区——不过据我观之，美国似乎不在其内——对于我们在这一方面之所为，是存在着一种相当普遍的，隐藏着的反感之情的。有些人认为，在我们对各种事务的安排当中，所采取的方式越是借助金钱动机比较少就越好，而不是尽可能地越多越好，这般言论也许不一定是出于推论之结果，而是基于经验对照而做出的。不同的个人，由于所选择的职业各异，金钱动机在其日常生活中会起着或大或小的作用。历史学家会告诉我们，在社会组织的其他状态之下，这一动机所起的作用较之于现在所起的作用，会小许多。而多数宗教和哲学，至少可以这样说，它们对于以个人牟利思想为主导的生活方式是明确地不赞成的。但是，今天大多数的人们都不愿意接受禁欲主义的观念，对于财富的真正好处都是毫不怀疑地加以拥抱的。在这些人看来，人不可没有追逐金钱的动机，而且除了某些无可否认的流弊之外，这一动机极是能够做到恪尽职守、表现优异，这些都是极为显明的。其结果是，一般的人们不会再留心这个问题，在这方面他们究竟作何感想，有着何种感受，根本就没有一个清晰的观念存在。

思想与感觉上的这种混乱局面，造成了语言上的混乱结果。很多人，实际上是反对作为一种生活方式的资本主义的，但是，在他们的言语当中，又好像反对的理由是资本主义在实现其自身的目的上不够有效。与之相反，资本主义的积极拥护者却又往往抱持着过分的保守态度，不愿意接受技术上的改革，生怕因此会开了脱离资本主义的头，他们并不知道这实际上是有助于资本主义的，能够使它取得巩固，并得以长存。有些人之所谈，则是资本主义在技术上效率高低的问题，有些人之所谈，则是这一主义本身是否可取、是应当加以拥护还是反对的问题。当下我们往往把这两个方面的论调混同起来，对这一点有更加清楚的识别，是可以期之于将来的。以我观之，我倒认为资本主义在明智的管理之下，较之于我们到目前为止所看到的任何一种其他的制度，可能的确是可以做到更加有效地实现其经济目的的。不过就这一制度本身而言，有很多方面则是极不可取，是应当鸣鼓而攻之的。我们的问题是，如何努力地设计出一套社会组织，既不与我们所满意的生活方式的观念相抵触，其效率又可以得到尽可能的提高。

下一步的行动，一定不能是由政治上的煽动或不成熟的实验所催动，而应该是由思想所促成。我们需要一番心智思考上的努力，去廓清我们的感受。目前，我们的同情心和判断力飘忽不定，很容易落到其他不同的方向上去，这是一种痛苦而又陷于麻痹状态的心境。那些拥护改革之人，非得有明确的目标，不足以坚决地去追求这一目标，不足以使他的理智与情感协调一致，否则的话，在实际的行动之中是不可能有任何成就的。在我来看，当今天下，尚且没有哪一个政党能够使用正确的方法去追求正确的目标的。物质上的贫穷造成了这样一种动机，希望改天换地，而关于所想要换成的那番天地，实际上能够供来进行实验的余地是几乎没有的。正当时机来临，可以安全地对革故鼎新之举做一番谋划和尝试之时，物质上的富裕反而又打消了这种动机。要采取行动，欧洲所缺乏的是手段，而美国所缺乏的则是意志。我们内心对于外在事物的感知，若然能够加以正直坦率地检视，是可以由此而自然地生发出一套新的坚定的信念来，而我们现在所缺乏的，正是这样一套新的坚定信念。

劳合·乔治能够做到吗（1929）

本篇据《国家文艺杂志》(*The Nation and Athenaeum*)

于 1929 年出版的 *Can Lloyd George Do It?* 一书译出

本篇由《劳合·乔治能够做到吗——经受得住检验的承诺》是一篇由凯恩斯和休伯特·亨德森（Hubert Henderson）联手写成的小册子，意在支持劳合·乔治在 1929 年大选中许下的以公共支出计划来削减失业的竞选承诺。这本小册子在 1929 年 5 月 10 日由《国家文艺杂志》(*The Nation and Athenaeum*) 出版，由两位作者联合署名。[1]

1　这本小册子里的内容，到底哪些部分是由他们二位中的谁来写就的，可能已经无从辨考。这本小册子书成于选战正酣之际，也许都无暇留下底稿。作为《国家文艺杂志》的主编及顾问班子的主席，亨德森与凯恩斯的立场和观点非常接近，在打造自由党竞选计划上，二人在很多年里通力合作，一起发挥了很大的作用。借用一下休伯特·亨德森的遗孀亨德森夫人的话，可以这样说，这本小册子似乎是"一部真正的合作作品，至于谁在其中贡献更大，已无需追究。"——译者注

前　言

　　早至 1924 年 4 月，《国家文艺杂志》即已开辟专栏讨论战后英国的经济形势达数月之久，所涉正是本文的主旨。一干卓越的经济学家和工业家参与其中，各抒己见，其中包括诸如威廉·贝弗利奇爵士、鲍利教授、R.H.布兰德先生、阿尔弗雷德·芒德爵士、威尔勋爵、比尤利已故的蒙塔古勋爵和已故的威廉·艾克沃思爵士等人。这一讨论的起点，是我们长期以来形成的固有观念，即认为英国战后的经济困境某种程度上要比——而这也是比较流行的观点——这场战争留给我们的这个满目疮痍、土崩瓦解的世界还要深重，因此，当务之急是要以积极的、促成国家发展的政策来应对战后的失业。

　　在我们的极力鼓动之下，劳合·乔治先生首先开启了这场讨论，因为劳合·乔治先生是彼时同持此一观点的杰出公众人物，他公然嘲弄这样一种乐观主义的主观臆想，即那种认为我们战后的失业很快即可自我愈合，无须任何人对之采取任何具体措施的论调，当然，他也因此遭受到了一些荒谬不堪的批评，认为他过于悲观，是一个"失败主义者"。劳合·乔治先生投稿给《国家文艺杂志》的那封信（发表于 1924 年 4 月 12 日），非常好地经受住了时间的检验，这封信向我们证明，当下甚嚣尘上的谴责，认为劳合·乔治先生对国家发展计划的关注不过是拉选票的过时手段，是多么缺乏根据。

《国家文艺杂志》上的讨论，与自由党夏令学校（Liberal Summer School）[1]委员会所着手解决的问题是一样的。这个夏令学校与劳合·乔治先生一道发起设立了自由党工业调查组（Liberal Industrial Inquiry）。这个机构花费了两年时间，在这个国家的一些优秀的经济学家和企业界人士帮助之下，对所关心的这一问题，进行了尽可能详尽的调查。调查结果于1928年初发表在著名的黄皮书上（《英国的工业前景》（*Britain's Industrial Future*））。1928年3月底，国家自由联盟（National Liberal Federation）召开了一次特别会议，吁请各方对这些调查结果进行研讨，与此同时，自由党也在一系列决议中吸收了这些调查结果。

《英国的工业前景》是对自由党施政纲领最为详备的阐述。最近，自由党发布的小册子——《我们能够战胜失业》，以若干简明扼要的提议将问题的本质展露无遗，在这方面取得了相当大的成功。我们在这里无非是略加深化，对它做出补充，意在对近期的一些批评做出具体的回应。

劳合·乔治先生的承诺背后，是长达四年巨细无遗的准备工作，因此我们有充分的理由相信，这一承诺是本着严肃而详备的思考与研究而郑重做出的。

J. M.凯恩斯

H. D.亨德森

1929年5月1日

1　自由党夏令学校（Liberal Summer School）成立于1921年，实行每年一周寄宿学校制，来探讨战后具有革新精神的自由党国内外政策，自由党夏令学校是自由党"黄皮书"的发源地，对日后关于社会保障改革的贝弗利奇报告，有着潜在的思想影响。2004年，它被更名为"凯恩斯论坛"，每年举行为期一天的报告会。——译者注

承　诺

如果在接下来的大选中国家将政府之责交托给自由党，那么，我们已经做好了一系列以公共工程为主要内容的施政计划，随时可以付诸实施。这类公共工程不仅自身极有价值，而且对于这个国家的福祉而言也是必不可少的。要上马的公共工程可以在一年之内就把失业的天文数字降到正常的水平上，而且在公共工程计划完成之际，我们的国家将会变得更加富庶，在世界范围的商业竞争中可与其对手相匹敌而毫不逊色。另外还要提及的是，这些计划，不会给国家或地方的税收增加分毫负担。

要践行这一承诺，需要巨大而持久的努力，而在座的各位，其中有一些人，为了国家利益，甚至在一些更为艰巨的任务上，也曾出色地完成了他们的工作。

——摘自劳合·乔治先生在 1929 年 3 月 1 日的自由党候选人竞选演说

Ⅰ 劳合·乔治先生的承诺

劳合·乔治先生削减失业的承诺，广大公众对此表示非常支持，充满着热切的期待。当然，也有一些人对此持怀疑态度，认为这一承诺是在夸下海口，有些不切实际。但是，几乎所有人，包括其他的政治党派，都不禁翘首以望，认为其中终究会有些实质性的内容在。

因此，即便是那些曾犹豫要不要接受这种乐观主义论调的人们，其中很大一部分，现在也开始衷心拥护自由党的政策。他们认为，即使完成这样的计划需要不止一年之久，即使要纳税人略有花销，即使它能够带来的就业岗位不过四十或五十万，那又有什么关系？毕竟，这是走在了正确的方向上。它总比其他两个政党"雷声大、雨点小的政策"要高明得多。没有人能比格雷勋爵对这一观点表达得更为清楚的了，他说："即便这一政策在所期待它达到的目的上未能尽如人意，即便这个承诺最后被证明是过于乐观了，即便要完成我们所期待的那些结果，该政策需要花费两年、三年，或者四年的光阴，不管怎么样，它都不是一项失败的举措；它仍然不失为一项正确的政策。"

在这本小册子里，我们打算就最近几周产生疑虑、困惑以及批评的各种原因逐一进行考察；同时还准备对那些富有理智的人们生出的疑问进行解答。我们不会回避任何困难，即便有些困难无法轻易地使用当下流行的语言进行回答，也仍然坚持给出答复。

我们希望表达的是，自由党的政策方针不仅是基于常识得出的，而且作为一种适宜的补救措施，它还来自对我们当前形势的基本情况所做的富有远见的分析。

这一承诺是不是太乐观了呢？劳合·乔治能够做到吗？

没有人在事前可以完全说得清楚，在做成这样一件需要若干立法的事业过程中，会有多少精心设计的障碍横亘其中，造成拖延。但是，只要劳合·乔治先生能够在毫无耽搁与阻碍的条件下开展他的工作，也就是说，劳合·乔治先生在限定的时间内履行其承诺的一切条件均已具备的话，那么，我们的看法是，他的这种乐观主义做派是有他的道理在的。

我们认为，经济复苏的累积效应将会超出预期。实际上极有可能会出现这样的情况，甚至一项比《我们能够战胜失业》提出的框架性计划规模还要小一些的公共工程计划，已经足可启动复苏的态势，将国家整个面貌从萧条一变而为繁荣。这就像一个病势沉重的人，一旦转危为安，康复之速甚至会让治愈他的医生也为之惊叹不已。

的确，人们确实对是否能在所宣称的时间段内实现承诺的内容有所疑虑，我们发现，他们认为其中最大的困难，既不在于怎样才能找到要上马的公共工程项目，也不在于为之融资存在的难题，而是在于劳动力的"转移"问题——即将人们从那些劳动力长期过剩的产业中转移出来，并把他们安排到新的工作岗位上去这一问题。

但是，即便这种困难真的存在，它也不应当成为拖延其事、裹足不前，抑或瞻前顾后的理由，而应该是鞭策我们加倍努力前进的动力。因为我们拖延越久，解决这一问题就越发困难，而且对于那些由于长期被迫失业而习惯了这种状态的人来说，要雇佣他们也就更加艰难。

除非能够在别的什么地方创造出工作岗位，让雇主对劳动力有着迫切的需求，否则要试图解决"转移"问题是毫无用处的。而这正是现任政府在处理"转移"问题上徒劳无功的原因所在。除非能找到可以安置他们的其他去处，否则这种转移劳动力的企图是毫无意义的。而对于雇主来说，除非劳动力变得极易于吸收——比如说——大量效率低下的矿工可以在他们不熟悉的地区都能找到新的工作，否则的话，他们是不会默然接受劳动力的流入，一定是大呼小叫地加以抵制。

故此，我们应该可以这样做一预测，在自由党政策实施的最初阶段，很多产业都会明显出现劳动力短缺的现象。紧接着，当雇主们强烈要求吸纳劳动力时，这个阶段正是我们全力解决"转移"问题的大好时机。劳合·乔治先生能否在所宣称的时间期限内履行承诺，将主要取决于这第二阶段的问题是否能够得到迅速解决。

有人认为，推迟实施这项宏大的国家发展计划的第一个阶段，等到彻底明了这项计划是否真正值得，以及是否有充足的财力这样做之后，再做决定，这种想法实是大谬不然。有关此点，我们希望能够最大限度地予以说明。

因此，我们应该发扬战争时期那种克服重重艰险时满怀必胜的信念、大无畏的乐观主义精神，奋发向上、勇往直前地来面对这项艰巨的任务，争取在规定期限内，不负众望，实现预定的目标。

II　问题的常识

　　自由党的政策是一个平常而又简单的常识。而保守党则认为，是某种自然规律使得一部分人必然遭临失业，为这些失业人员提供工作的举动是"鲁莽而不计后果的行为"；在大多数时期里，将失业人数维持在人口总数的十分之一，从财政上讲是"比较合理的"。这样的认识何其荒谬！一个人如果不是年复一年满脑子尽是些荒唐的想法，是不可能相信这种鬼话的。

　　这些反对的意见，主要并不是由那些有实际经验、精通世务的人所提出来的。这些人是根据一些高度抽象的理论以及与事实相悖的假设而提出他们的反对意见的，而他们对这些受人尊崇、向壁虚构的学术思想却也只是一知半解、半懂不懂而已。

　　鲍德温先生有关这个问题的讲话，简直是一派胡言，只要对之稍加清醒地、不加偏见地思考，就会看出他的讲话实在是荒谬不堪。如果有工作可让人做，而且也有人愿意工作，那么，为什么不把这两者结合在一起呢？而鲍德温先生却认为，两者不能结合。高级的财政和经济理论给出了一大堆神秘微奥、难以索解的原因，告诉我们为什么这二者无法结合在一起。如若非要使它们相结合，那会是非常鲁莽、轻率之举，结果可能会导致整个国家的覆灭。收之桑榆，失之东隅。得到一点好处，反而要付出更加高昂的代价。如果人人皆有工作，那么，一切是会重新恢复到战前的光景。然而，即便现在人人皆有工作，又有谁能够完全确保他们此后三年之内不再有失业之虞呢？如果我们修建房屋、发展交通、灌溉土地、保卫我们的海岸线，那么，还有什么可以留给我们的子孙后代去做的呢？不能这样！鲍德温先生大声疾呼：这样做太不公平了！我们现在工作得越多，将来留给后人所能做的事情就越少。失业问题是人类冥冥中注定的、无可避免的命运。这代人应该安分守己地做自己该做的那些工作，而不该牢骚太盛。要知道，适可而止方才是中庸之道。

然而，鲍德温先生和他的同僚们在对这个问题进行真正的经济学阐释上，比之于他们向你解释爱因斯坦新近的几个定理这方面的能力，实际上并好不到哪里去。如果他们能够像劳合·乔治先生那样立足于常识，他们或可少犯些错误，而这些常识则是有相当的经济科学的意涵在的。

因此，我们的主要任务，就是证实读者自己的直觉：那些**看起来**合理的，其实**就是**合理的，而那些**看起来**荒诞不经的，其实**就是**荒诞不经的。我们希望能够向读者表明以下几点：第一，我们的结论——即如果提供新的就业形式，就会有更多人可以找到工作——如此一目了然，其间并不存在什么隐含着的障碍；第二，失业人员重新回到有用的工作岗位，是在增加国民财富；第三，那种认为用这种方式来提高我们福利的做法，必然在财政上陷于万劫不复之境的莫名其妙的观点，简直是不知所以的奇谈怪论。

Ⅲ　失业的事实

　　这个国家至少十分之一的劳动人口，除了恢复金本位前夕在1924年有一个短暂的复苏时期之外，八年以来，鲜能获得就业的机会。这在我们的历史上，是绝无仅有的现象。自1923年劳工部开始进行统计以来，获得失业保险而列入失业一项的人数，迄未低于百万之数。今天（1929年4月），失业总人口更是可达1 140 000人之多。

　　如此失业水平之下，我们每年必须在失业基金项下支出现金约5 000万英镑。这还不包括对于贫困人口发放的救济。从1921年至今，我们对失业者所支付的现款，总计已不低于5亿英镑，而虽然付出如此大的代价，实际上却几乎一无所得。这么大的款项，如果用来建造房屋，则可达百万间之多；差不多相当于邮政储蓄银行全部储蓄额的一倍；可以建成全国公路的三分之一；远远超过我们所有各种矿产资源的总值；足以用来彻底更新我们国家的工业设备；或者，如果我们把核算的对象转向比较轻松的那些方面，可以这样说，这笔款项足可以为全国每三户供应一台汽车，足以让全国人民终日免费看电影，而毋须花费分文。

　　但是，这里说的还绝对不是所白白耗去的全部资财。就失业者自身而言，损失还要大得多，这种损失体现在足额的工资和失业救济金之间的差额，此外还包括失业者们在体格和精神上的双重消磨。雇主的利润、财政大臣所掌管的税收进项，皆不免要受到损失。持续达十年之久的失业，使得整个国家的经济进步延缓了十年，这种损失是难以计算的。

1924 年的生产调查告诉我们，一个英国工人一年净产出的平均价值约为 220 英镑。以此为基础进行推算，从 1921 年起，因失业造成的损失差不多近 20 亿英镑。这笔资金几乎可以把全英国的铁路重新铺设两遍；用它可以偿还我们欠美国的全部债款；协约国对德国索取的全部赔款，加在一起也不到这个数。

认识并且认真地感受一下这些数字，是很有必要的，因为从这里我们可以对劳合·乔治先生计划中所涉的那些估计数字，有一个更为真切的看法。他预计，扩张计划每年支出 1 亿英镑，就可以使 50 万人重新回到工作岗位。**从比例上看，这笔支出与因失业而年复一年累积起来的损失和耗费相比，并不是那么大**，这可以从上面提到的那些数字对比上看出来。这笔支出只占自 1921 年以来因失业造成的已有损失的 5%；大体上相当于国民收入的 2.5%。如果这项扩张计划能够继续试行三年，在三年内每年按计划支出 1 亿英镑，而且假定这些支出完全被消耗，那么，这项支出此后每年应付的利息，也只是使预算增加约 2% 不到一点而已。总而言之，这是一个**非常谨慎的计划**。有人认为，这个计划杀鸡用了牛刀，需要医治的创伤并不怎么严重，而所用的手段，却牵涉到了极大的危险。事实恰恰相反，所需要担负的风险是微不足道的，而所要挽救的却是一场极为可怕的灾难。

这个计划内容切实可行，即就其本身而言，也值得一试。即便试行之结果中支出有一半都被虚耗，我们**也仍有好处可得**。即便在实施过程中我们不免要稍冒些风险，也应当拿出勇气来尝试一番，得失相较，难道还有比这件事更值得一做的吗？

　　如果我们坐视不管，只来评头论足，这种态度似乎显得很聪明。但是，就在我们袖手旁观的时候，失业者那没能获得使用的劳动力资源，却无法蓄积起来存到银行的户头上，供我们日后随时支取。这些劳动力资源给无可挽回地浪费了，如东逝的流水，一去不返。鲍德温先生每吸一口烟的工夫，数以千计英镑的代价就跟着也化成烟雾散去了。

IV 自由党的计划

自由党的政策意在通过强有力的国家发展计划来解决当前的失业问题，一方面是要及时地为大量失业人员提供工作岗位，另一方面则要使工商业能够从它们因袭旧习的处境中摆脱出来，重新回到高速发展的轨道上来，使它们以后能够借助自身的力量继续向前发展。

国家发展所需要开展的各项工作，由于迟迟未能落实而堆积如山，如此一来，要使这整个发展计划能够实施，还需要经过相当长的时间，做大量的工作。在这一时期，完成劳动力从旧产业转到新产业的转移过程，以及使得这个国家的工业生产方式渐趋合理化，在时间上是绰绰有余了。政府所持的观点是：我们现在面临的困难不会永久存在下去，或许两到五年即可得到解决。劳工部还特别指出，在下一个五年内，新生代的年轻人对于工业就业所产生的压力将会大大减小。有人反对这一政策，其理由是以我们现有的能力，永远也不可能维持得了规模如此庞大的公共支出计划，据今日之势而观之，这是实在难以站得住脚的。

自由党的计划，《英国的工业前景》一书已经给出了全面的阐述；在《我们能够战胜失业》一书里，又对其中某些部分进行了详尽无遗的阐发。

这两本书已经向我们表明，目前我们并非无可作为。如果一个积极有为的政府能够深入细致地对问题做出分析，无疑它会有很多机会，做出明智的选择。当然，事前要确定哪一项计划是最亟待解决、最切合实际的，而且在施行过程中遇到阻碍又是最少的，倒不是一件容易的事。为了尽可能减少需要"转移"的劳动力数量，选择一个各个方面均相宜（well-balanced）的计划，是重中之重。

如果读者想了解更为详细的内容，可以参考我们上面提到的这些出版物。但这里会给出一个扼要的梗概来。

1　全国交通系统

这一计划最大的部分，是对我们的公路和铁路进行更新改造，把它们所能提供的最为优质的服务，与其他方面提供的最为优质的服务，适当地结合起来。

公路完全是国家所有，而铁路则是半私有的。在外界看来，前者的现代化所提供的就业机会，相比于后者来说，在数量上更容易加以计算。也正是基于这样的原因，在《我们能够战胜失业》一书给出的各类具体项目中，公路项目是居于首要地位的。

这一点使一部分人错误地认为，自由党计划实际上仅限于公路建设，而铁路（以及其他大部分的发展项目）却未在考虑之列。这种认识是不确的，他们可以在以上所推荐的那两本书里对计划的解释当中体会到这一点。譬如，在《英国的工业前景》一书当中，就曾强调指出，那种以牺牲铁路为代价来发展公路交通的想法，从根本上就是错误的。

因此，我们完全同意这样一种意见，即有些人极力主张的铁路的现代化应与公路计划享有同等的重要地位，彼此协调一致，齐头并进。在这样的宗旨之下，实施一项大规模的公共工程计划可能会大大有利，它可以改善铁路站场的设施，可以促进某些线路的电气化，更为重要的是，它还可以改造当今的铁路系统，用目前国外铁路系统已经普遍使用的大型货车取代我们的小型货车。在今年的预算中，政府已经意识到改造这类公共设施的必要性所在。他们已经废止了铁路旅客税（Railway Passenger Duty），他们认识到，铁路公司会把与这一税收等额的资金用于铁路基本设施的改造上来。这是极其值得称赞的一个举措，遗憾的是，它所发挥的作用却微乎其微。因为所涉及的这笔资金总额（650 万英镑）显然不足以为铁路系统配置载重 20 吨的大型货车。

自由党黄皮书给出的建议是这样的，根据贸易服务计划（Trade Facilities Scheme），可以通过抵押贷款的方式来资助这类公共工程。正如工业事务联席会议所曾建议的那样，同样的方法还可以用来为萧条行业的合并和重组方案提供所需要的资金。

我们认为，这类对国家发展有益的公共工程所涉及的范围是非常广泛的。当然，现在仍然不可能确切地说出这类工程具体实施起来其规模的大小该当如何，因为这取决于国家和其他利益主体之间的合作关系。就拿铁路这个例子来看，政府可以鼓励、襄助以及敦促铁路公司，但是具体的工作仍然要在铁路公司自己的控制之下予以完成。因此，很显然，这类公共工程对于支出和就业方面的详细数据，提供起来颇有不利之处，《我们能够战胜失业》一书中提到的其他计划也有类似的问题。但是，对铁路的改造不能作为实践承诺的坚实基础这一事实，并不构成对这一承诺的可取性和迫切性进行非难的理由。实际上，实践将会表明，这类公共工程的实施规模会极为宏大，对此我们深信不疑。

至于公路和桥梁建设，计划打算在今后两年内支出资金总额为 1.45 亿英镑。我们感到满意的是，在公路的改造方面，这笔资金基本上并不会造成多余，其用度是适中的。对我们现有的公路系统进行更新改造，可能最低花销也要达到 15 亿英镑，而计划所建议的公路扩建和重建规模只需要开销这一数字的 10%。故而，就公路交通的迅猛发展和巨大增长潜力而言，这项公路改造计划确实并无夸大其实之处。根据某些高层决策者们——如亨利·梅柏瑞（Henry Maybury）爵士和比尤利已故的蒙塔古勋爵——的说法，近年来我们一直没有跟得上时代对交通系统发展的要求，因此也就需要我们利用一切力量积极推进这一事业的发展。

不过，我们认为，要实现劳合·乔治先生的承诺，并没有必要把全部的力量都投入到公路计划上，即便如果有需要这样做也是可行的，实际上一定程度的公路计划即已可以实现他的这一承诺。

2　国家住房供给计划

有关这一标题下的自由党计划的详尽细节，我们建议读者除参阅上面推荐的那两本书之外，还应辅之以 E.D.西蒙斯（E.D.Simons）先生所著的《如何消除贫民窟》（*How to Abolish the Slums*）一书。

保守党削减补贴的政策，势必会导致对建筑业发展的限制，要想每年建造超过 100 000 间左右的房屋（战前的数字），这种希望已然化为泡影。自由党则打算今后每年建造 200 000 间房屋，并发放必要的津贴。

保守党的政策勉强可以满足新增人口对住房的需求，以及重建那些由于工业的需要或其他原因所必须拆除的房屋。但是，对于贫民窟拥挤状况的缓解，或者为贫民窟留出一定的空间，这一政策几乎没有提供任何的住房来对之进行改善。尽管通过修整，也可以做些工作，但是贫民窟的状况却只会日趋恶化，而不可能有所好转。

而另一方面，自由党政策为了解决贫民窟的住房问题，在未来十年，每年打算修建 100 万间住房，专门用来满足贫民窟的住房需要。这些措施在缓解贫民窟的拥挤状况，以及将很大一部分最易于出现疫情的贫民居住点清理出去这些方面，将会起到极大的作用。同时，这项政策还可以持续地提供 150 000 个新的就业岗位。在这十年期间，由此节约的失业救济金，其总数将不低于 7 500 万英镑。如若不然，这笔救济金将会在十年之中每年给国家财政带来 1 200 万英镑的负担，十年之后，这一负担还会进一步加剧，每年要再增加 600 万英镑。

此外，建筑行业是目前失业现象最为普遍的行业之一。

在实施全国交通和住房计划的过程中，一定要特别注意保护乡村的现有面貌。现在已经到了要由国家来采取措施的时候，由国家来保护我们的草原、田野、湖泊、森林、丘陵以及乡村的公用土地，为子孙后代保护好这片美丽而又宜人的自然景观。当然，我们对于私人的慷慨之举深怀感激，感谢诸如国家名胜古迹信托（National Trust）[1]以及公地与步行道路保护协会（the Commons and Footpaths Preservation Society）等民间团体的善行义举。但是，随着人口的增长，在全国范围内人们的居处分布得越来越均匀，伴随着公路交通、动力运输和电力供应方面的改善，工业和人口分布渐趋合理，个人或者私人团体参与社会公共福利的能力和范围，已经不能适应时代的发展，因之就需要国家来管理全国公共地区的保护工作。有鉴于此，自由党的政策是打算逐步采取措施，把全国的公共区域——如萨里公地（Surrey Commons）、南部丘陵（South Downs）、萨里斯伯利平原（Salisbury Plain）、达特穆尔高原、埃克斯穆尔高地、皮克山区和湖区的部分地带等地区——的管理权控制在政府手中。这项措施所需的花费并不是很大，但是，由此而产生的未来收益却

1　国家名胜古迹信托，英文全名为 National Trust for Places of Historic Interest or Natural Beauty，成立于 1895 年，是英格兰、威尔士和北爱尔兰的一家私人保护组织，并在 1993 年正式注册为慈善团体，成立之初的目标是"永久保护全国具历史价值和自然美的土地与建筑"。早期协会主要是关心如何保护公地和若干受到危害的建筑物。苏格兰没有该协会，它另有自己独立的苏格兰国家信托。——译者注

是无法估量的。

3　其他发展项目

虽然全国交通和住房项目是自由党计划当中两个最大的单项，但是我们却不能由此而忽视其他为数众多的小的项目，这些小项目汇集起来也不容小觑。和以上两个项目一样，这些小项目也因最近的消极政策的延误而迟迟未能上马。

过去几年来，皇家委员会、部门委员会、政府各部、公众委员会、地方当局以及某些半官方的机构，都曾提出过他们自己认为较为满意的方案雏形，但都被财政部扼杀于摇篮之中。在政府机关内，大量的计划方案被束之高阁，搁置起来，无人问津，而这个国家很多头脑灵活、思想活跃的人才，广泛地分布在各个阶层和地区，我们只有通过为他们提供就业机会这种方式，才能够把这些人才给发掘出来。

一俟我们有了**踏实做事**的新的氛围，对待不同的意见也不再是一味地消极回避、拖延，甚至欲扼杀之而后快这样的态度，那么，每个人的大脑都会高速运转，发挥出聪明才智来，有识之士会主动提出各种各样的权利要求，这种一丝不苟的作风在事前是不可能表现出来的。

然而，很多这类计划在以前出版过的各种自由党出版物中即已得到概略性的说明。根据其规模进行排列，依次为：电讯发展项目、电力发展项目和土地灌溉系统项目，据估计这三个项目可以为我们提供150 000个就业岗位。

这各种各样的项目，就个体而言的确很小，但是架不住数量众多，总体来看则具有相当大的规模，推行这些项目将会给国家带来有益的影响，对此我们抱有极大的信心。前已提及，为了帮助私人企业，有必要扩大贸易服务法案实施的范围。

很显然，我们应当积蓄一切力量，努力推进国家的发展和重建工作，其中影响范围最广、效果最大的是公共工程建设项目，如铁路、码头、港口，以及公路、住房、电力、电讯等。

我们认为，自由党的这本小册子——《我们能够战胜失业》——低估而非高估了现在需待完成的工作量，而且还低估了计划所需的既定规模的支出对就业产生的影响。自这本小册子问世以来，评论家们对于铁路改造计划的规模非常关注，这也反映了这项当前具有发展性质的可行的公共工程，其影响范围是多么广泛、涉及的行业种类是多么繁多。

V　政府的理由

在劳合·乔治先生于 3 月 1 日在自由党候选人的午餐会上宣布其承诺之前，对国家发展计划持反对意见的人使出了他们最喜欢使用的伎俩，不是直接攻击这一计划，而是对它表现出一副漠不关心、不屑一顾的样子，企图通过这种漠然置之的方式使这一计划实施的可能性降到最低。当此极端严重的失业情况之下，推行众所期待的公共工程建设计划，从其原则上来讲自是正确合理无疑的，但是，也有人认为（或暗示），政府曾如此热衷按照这一原则来实施国家发展计划，可这种原则实现的可能性现如今已经完全没有了。有关这一原则，最为权威、时间上也最为切近的著名表述，当数贝尔福委员会关于工业与贸易的最终报告。贝尔福委员会在表示了"相关论据一致赞同"在极端严重的失业情况下应尽可能快地实施"必要的公共工程计划"之后，接着这样说道：

> 尽管如此，如果我们指望这类行动方案能够产生巨大的效果，那也是错误的。公共工程的很大一部分建设项目并不能在特定的行业内为数量庞大的失业者们提供应有的就业机会，这就使得这类公共工程建设可以推迟上马，也可以加快实施。除此之外，在战后萧条时期，当时政府为了尽快解决失业问题，也曾年复一年使用了

诸多劝诱的手段和其他措施来加速完成必要的公共工程建设，然而这些经历却表明，在长期持续萧条的情况下，我们在解决失业问题上的真诚愿望，是不可能很快就得以实现的。如此情势之下，以这种方式来提供的就业，会逐渐丧失其经济上的特性，而很难不沦落到与普通的救济工作毫无分别的地步。

最近，又有人企图从另外一个角度来证明国家发展政策"乏善可陈"，他们认为，这一政策将会使既定的资本支出所能提供的就业数量降到了最低的程度。于是，丘吉尔先生在去年 11 月 8 日的国会下议院的发言中宣称：

> 最近几个月，公共部门对各类有可能实施的救济工作进行了极为细致周密的研究……

（这里所使用的"救济工作"一词，是用来描述资本支出项目的，这是内阁大臣们易于混淆问题的一贯表现。）

> 基于一般性的立场，对于这样的计划，尤其是要直接由国家来予以实施的时候，我们是持反对态度的。在我们最近所做的实例研究当中，我们惊讶地发现，与其他情况下的支出效果相较，我们为切实解决失业这个突出的问题而实施的公共工程建设，其结果却是收效甚微，令人大失所望。

在这场争论中，内阁的大臣们也已经表态支持进行一场官方的调查。因此，工业运输委员会在他们的报告中探讨了"人为地创造就业"这一问题，但是这一部分论据不足、内容枯燥，使整个报告失色不少，现将部分内容援引如下：

鉴于目前所牵涉的成本状况，我们可以这样说，根据估计，1 350个非熟练工人在公路主干道上从事一年的改造工作，将耗资100万英镑。同样一笔资金，若用于土地灌溉系统的改良，可以为大约1 000名非熟练工人提供两到三年的工作机会。国家为了解决摆在我们面前的失业问题，试图通过创设一个替代性就业市场来达到目的，但这些数字清楚地表明，从成本上来看，高得让人望而却步。

官方委员会所给出的这些观点和数字，都是利用官方的信息而得来的，容易引起英国公众的重视。头脑开明的有识之士，原本是不会听信这类言辞的，直到几个星期之前，在贝尔福委员会和工业运输委员会等权威机构的灌输之下，他们开始逐渐认可了政府的结论，理所当然地认为，国家发展政策虽则在原则上是正确的，但是实际上对就业产生的影响却微不足道。内阁的大臣们为散播这一观点，可谓是无所不用其极。"你们总是振振有辞，要求我们干点实事，那么请告诉我们，你们究竟想让我们做些什么"——这就是内阁大臣们多年来颇为自得的反驳之语。比如说，在前面所引述的丘吉尔先生的发言词中，他就曾这样质问那些批评人士：

> 这位尊贵的绅士曾言，要么支付失业救济金，要么投资于公共工程建设，我们必须要做出选择。如果他能向我们解释清楚，到底根据什么方法才能选择这个而不是另外一个，那么，我们来做这样的选择时就可以不费吹灰之力了。

有人认为，公共工程所能提供的工作岗位不仅数量不足，而且种类也不相宜，在下文第Ⅵ章，我们将会对这样的观点进行讨论。而自由党人在《我们能够战胜失业》一书中对这一质疑所做的回应颇为新颖别致，他们把自由党计划所依据的理由，逐步拆解，化为若干具体的条件。自由党国家发展计划最早来源于"自由党黄皮书"（即《英国的工业前景》)，后来于 1928 年 3 月被正式确定为自由党的行动纲领，现如今内阁大臣们若再想把自由党的政策当作是一个含混不清的方案，恐怕已经万难如愿了。

因此，内阁大臣们也就相应地改变了反对自由党计划的策略。现在，他们已经不再坚持认为没有什么事情要干，但仍然认为，我们所做的任何事情都只是把就业从某个行业转移到另外一个行业而已，总体上对就业的影响微乎其微。在本文第Ⅸ章，我们将详细讨论这一问题。

同时，政府一如旧贯，仍然坚持按照他们的既定原则行事。在 1927 年 9 月之前的一年中，新建房屋数量达到近年来的最高点，总计 212 000 间，但是，由于政府削减了津贴，按照国家计划，下一年要新建的房屋数量要下降到仅仅 101 000 间。公路改造工程也同样受到了限制，蒙塔古勋爵生前曾说："在过去两年时间里，几乎没有任何关于新建主干公路的计划或行动。"从这两件事实当中，我们已经明白，为什么这一时期的就业形势如此严峻，令人备感沮丧了。然而，丘吉尔先生却还这样宣称："这是我自 1914 年以来记忆当中头脑清晰时间最长的一段时期。"

VI　自由党计划能够提供多少就业机会

在对自由党的宣言进行分析的过程中，我们自然会想到这样两个不同的问题，那就是：(1) 支出既定，有多少就业机会会被提供出来；(2) 所提供的工作对当前的失业人员来说是否适合。

关于第一点，《我们能够战胜失业》一书中的计算结果一直是人们争论的主题，为此，自由党给出了他们的辩解。因此，为了方便起见，我们先来看这第一个问题。

1　每百万英镑支出能够提供的就业数量

在这本自由党的小册子里，该党宣称，每年在公路改造上投入 100 万英镑，将直接或间接地创造 5 000 个就业岗位。我们把这一段援引如下：

> 专家的看法是这样的，总支出当中大约有 80% 的部分，是直接或间接地以工资的形式支付给工人的。这将意味着总支出每用去 100 万英镑，就会增加约 5 500 个就业岗位。这里面，大约 2 000—2 500 个就业岗位是直接可以提供出来的，剩下的则由材料的生产及其运输所间接地得到提供的。应该说，每支出 100 万英镑，增加

5 000 个就业岗位是比较保险的一个数字。

现在，我们可以看到，这个数字差不多是我们所曾引述过的工业运输委员会报告中那一段所提到的数字的四倍。我们可以回忆一下，他们的估计是"1 350 个非熟练工人在公路主干道上从事一年的改造工作，将耗资 100 万英镑。"诚然，他们在报告中说的是"非熟练工人"。事实上，要解释这两个估计数值之间的偏差是非常容易的。可他们忽略了两点：(1) 直接受雇于公路建设的，是熟练工人；(2) 则是生产用于公路建设的材料而间接创造的就业数量。但是，问题的关键在于，工业运输委员会却一直沿用 1 350 这个数字，仿佛这个数字是用于公路改造工程的支出所创造的最大就业量一样。对于间接创造出来的就业数量，他们丝毫不加以考虑；然后继续以 1 350 这个数字为据，得出了国家发展政策对失业不可能起到实质性效果这样的结论。

幸运的是，这个问题目前已经得到澄清。内阁大臣们实在是太鲁莽、太轻率了，竟至于武断地认定自由党的估计数字显然是夸大了的。在 3 月 4 日，也即劳合·乔治先生宣布其承诺几天之后，贸易大臣菲利普·坎利夫-李斯特尔（Philip Cunliffe-Lister）爵士说出了一番这样的话：

> 我曾询问过交通部，要实施一项公路改造计划可以雇佣多少工人，使他们不再失业。他们告诉我，如果你花去 100 万英镑，那也只能为 2 000 人提供一年的工作机会。

当然，菲利普·坎利夫-李斯特尔爵士也同样忽略了间接创造出来的就业岗位。在此之后，有关这些问题的议案提交给了下院进行审议，这就使得交通大臣阿什利（Ashley）上校不得不道出实情：

如果这些公共工程主要在城市地区予以实施，那么在最大限度厉行节约的情况下，每一百万英镑的支出，可以**直接**为2 000名工人提供一年的工作机会，这可能会是一个比较合理的估计。如果这些公共工程所囊括的大部分计划项目在农村地区来实施，那么这个数字也许会增至2 500左右。

至于这些工程项目在其实施地区之外所能提供的就业数量，到目前为止，尚且没有充分的数据可以给出一个比较合适的估计数字。但是，一般可以这样假定，对于受雇于实际工程的每一个人而言，其他人会间接地通过生产和运输工程所需的材料以及其他的途径获得就业机会，而这种假定可能并不是没有道理的。

因此，我们现在知道，官方事实上也承认自由党的估计并非是无中生有、凭空捏造的。根据实际调查的结果，直接产生的就业数量在2 000到2 500之间，阿什利上校据此证实了自由党小册子里给出的数字的准确性，他还承认，如果考虑到间接创造出来的就业机会，那么这些数字提高一倍也"可能并不是没有道理的"。但是鉴于内阁大臣们之前对此已有成论，阿什利上校自然希望采取低调处理的方式，对实际上具有决定意义的间接创造的就业数量，只是轻描淡写地提到一下罢了。所以，我们认为，自由党小册子对于公共工程所能提供的就业数量并未夸大，应该说，5 000个就业岗位是"一个非常可靠的总体估计"。阿什利上校目今在下院的陈述，足以表明自由党的小册子对公路建设将会提供的就业岗位之估计完全正确，而内阁大臣们和工业运输委员会所竭力散播的结论则是完全错误的。

一般来说，我们认为，每100万英镑的资本支出可以提供5 000个就业岗位左右。考虑到自由党计划中有着各类不同的项目，所以，从总体上讲，这的确是一个比较可靠的平均估计数字。

2　间接创造的就业之重要性

间接创造的就业在多个方面都是有益的。一直以来，《我们能够战胜失业》一书中所支持的计算结果，都是那些质疑自由党计划的人士们关注的焦点。这一质疑有助于对问题的澄清，结果表明，这本小册子里的计算数字完全是基于可靠的专业技术分析而得出来的。这样的事实让我们有充分的理由相信自由党关于住房建设、电讯等方面的资本支出对就业影响的估计。但是，公共工程的资本支出对就业的影响还不止于此。官方对公路工程支出影响就业情况的承认，让我们看到，他们反对国家发展计划的理由，是多么地轻率、多么地随便。工业运输委员会要么是忘记了与公路建设相关的整个间接创造就业的因素，要么就是他们认为忽略这一因素本身就是合理的；而且很显然，这个因素在所有那些更一般地认为国家发展支出效果"不佳"的断言中，同样都被它们忽略了。那么，为什么这么多人都忽略了这一因素呢？其实，自由党的提议并没有什么奇异、微妙之处，公路建设必然对原材料形成需求，而原材料的生产则需要劳动力和其他一些商品，同样，生产这些商品也需要劳动力。诸如此类的联动反应，正是工业活动过程的本质所在。所以说，正确理解经济世界的第一步，应当是认识这类联动反应的范围有多深远，应当是领会对最普通的商品之生产有所贡献的那些贸易和职业的范围有多广大。对一套服装的需求，也就意味着对织物有了需求；对织物的需求，也就意味着对纱线和毛条的需求；然后由此又产生了对羊毛的需求；在这个过程中，农民、商人、工程师、矿工、运输工人、店员所提供的劳务互为因果，有机地形成了一个整体——这就是经济学的基本常识。然而，我们的内阁大臣们和工业运输委员会却孤立地看待服装制作这件事，就好像在这个过程里所有的一切都只是在裁缝店里发生的一样，和外界其他任何行业都没有一丝一毫的关联。很显然，近年来，正是这类低级的错误在支配着我们的政策方针。

一般来说，资本支出计划所提供的间接就业数量，是要远远大于其直接创造的就业数量的。这一事实，是极力推行这类资本支出计划的最强有力的理由；因为它意味着随着这类计划的不断推进，将会引起一系列的联动反应，最终由此提供的就业机会将广泛地分布在整个国家各个行业，范围极广，无远弗届。但是，间接创造的就业机会在分布上的这种范围极广、无远弗届的特征，并不意味着其数量是完全不可预测、虚无缥缈的凭空想象。恰恰相反，它是可以在一个相当精确的范围内加以计算的。在这点上，我们对《我们能够战胜失业》一书给出的谨慎、保守的估计表示满意，毕竟从总体上来看，低估要比高估更可靠一些。

3 商业活动的累积效应

但是，这还不是资本支出计划对就业的全部影响。除了我们已经讨论过的间接创造的就业之外，国家发展政策还将以其他方式促进就业。那么多现在处在失业状态的闲置人员一旦重新找到了工作，领到了工资收入，而不再是领取失业津贴，这一事实将意味着有效购买力的增加，对于商业而言，这不啻是一剂强心针。不仅如此，商业活动还具有自我促进的特性；在商业走向繁荣的过程中，存在着多种能够产生累积效应的力量，这和在商业萧条时期的情形是一样的，只不过于后者这种力量发挥作用的方向不同罢了。一旦商业处于萧条时期，就会出现延迟发出订单的趋势，人们不愿保有存货，普遍对未来充满疑惑，在风险面前踌躇不前。而另一方面，待到商业开始复苏之时，这些力量又会反过头来，发挥积极的作用，此时，整个商界普遍弥漫着热衷实业、扩张资本的乐观情绪，于是，商业风生水起，势力大张，逐渐累积，最终又将达至繁荣的顶峰。

现在还没有什么办法可以精确地测量出这些效应的大小，因此，在《我们能够战胜失业》一书中对它们几乎没有给出说明。但是，据我们看来，这些效应对就业有着极为重大的意义在。出于这一原因，我们认为，既定资本支出对就业产生的实际效果要远远大于自由党小册子中所做的估计。从劳合·乔治的承诺中应该可以看出，他所考虑的那些事项都和时间因素有关。从公路建设工程上马，到这项工程对就业发挥出其全部影响为止，中间有一段很长的间隔时期，有人认为，这一时期将白白流逝，毫无意义。对此，我们认为这是一种极端错误的看法。在经济世界，有道是"山雨欲来风满楼"，一旦知闻大批公共建设工程将要上马，那就会对这个国家的整个商业和工业立刻产生刺激效应。

4　就业岗位的匹配性问题

对于国家发展计划，有一种最最常见的反对意见，那就是认为它所提供的就业在工作岗位上与绝大多数失业人员并不相匹配。

只有我们完全不去顾及间接创造就业的那些因素时，这种反对意见才能站得住脚。如果认为国家发展政策的目的好像是在使大量的失业人员都去从事诸如公路建设这类户外工作罢了，那么，这种看法纯粹不过是对自由党计划的一种讥讽而已。正如劳合·乔治先生早已表明的那样，公路建设将会涉及至少 47 个不同的行业，而且由此创造的就业数量，其中绝大部分并不在本行业之内，而是广泛分布于其他 47 个相关行业里。因此，以只有一部分人才适于做重体力工作来作为自由党计划的反对理由，实在并不切题。

有些人认为，总失业人数当中只有一小部分可以称之为永久性失业人员，而绝大部分只是暂时脱离了工作的人员或短期失业者，有理由相信他们是可以在本行业内重新找到就业机会的，但是，他们所指出的这一事实同样与这里讨论的主题不相干。这一事实不但没有使得国家发展计划的任务变得更困难，恰恰相反，它还使之变得更加简单了。国家发展计划的资本支出，将会对工业带来广泛而深远的促进作用，可以使得许多产业重新吸收熟悉本产业的失业者或临时下岗人员。这将意味着，随着人们被新的工作岗位所吸纳，失业人数的减少将会是一个不争的事实。

譬如说，国家发展计划将会对钢铁形成较大的需求。为满足这一需求，钢铁工业需要吸收一定数量的劳动力来扩大生产，但它没有必要雇佣那些不熟悉本行业的工人，因为它可以先来雇佣那些对本行业有经验的失业者或临时下岗人员，这些新增的就业岗位数量之多，足可满足这部分失业人员，使他们找到工作。而且，新增就业岗位对这部分失业人员的吸纳，将意味着真正降低了失业的人数。因此，有些人认为，只是短期下岗的人员无法被国家发展计划所"吸纳"，这种看法是不符合实际情况的。钢铁工业中那些临时下岗人员是完全可以被吸纳到新的工作岗位上来的。此外，全日制工作对非全日制工作的替代，无论在事实上还是统计上，都意味着失业人员的减少。

我们在分析失业问题时，总是把过去 8 年的总失业数字进行一番比较，这样的做法常常使我们忽略了失业人数在各产业之间分布的最为重要的变化。在 1924 年，煤矿公司的注册员工约为 1 200 000 人；到 1928 年 8 月，这个数字已不足 900 000。失业矿工的人数在前一时期只有 26 000 人，而在后一时期则几乎可达 300 000 人之多。截止到目前，失业矿工的人数已经减少到了 145 000 人，这一部分是由于煤矿业的复苏，但是主要还是因为失业矿工向其他行业进行了转移造成的。另一方面，建筑业方面的失业人数从 1926 年 3 月的 64 000 人增至 1929 年 3 月的 104 000 人；在同一时期内，诸如公路改造等等之类的建设工程行业的失业人数则从 26 000 人增加到了 37 000 人。

有这样一种观点，认为普遍的行业刺激计划并不是一项适宜的补救措施，这种首先集中于建筑业以及衰退行业的计划是无法解决失业问题的，在我们看来，这种观点缺乏应有的依据，并没有体察到现存失业问题的特征。在某种程度上，失业是广泛地存在于各个行业之中的，当某些行业的就业形势持续恶化时，劳动力的转移就会适时地发生，他们会自然地流向那些就业机会较多的行业。如果总体失业水平一直居高不下，这就说明，整个工业系统在吸纳劳动力的能力上，普遍存在着不足。

5　实现目标需要多长时间

现任政府的官员们认为，即便实施充分有力的政策，在一年之内把失业数字降低到正常水平，也是不可能的。这的确极具讽刺意味。因为就在最近的几个星期，他们还毫不犹豫地把法律的制定建立在这样的假设之上，即失业将会在一年之内降低到正常水平，言行竟然相悖如斯。1927 年年底，根据布兰斯堡委员会（Blanesburgh Committee）的建议，政府审议并通过了一项失业保险法案，其中包括众所周知的"三十项贡献条例"。这一条例规定，那些在过去两年中没有做到这三十项贡献的人——亦即那些已经持续失业很长一段时间的人——是没有资格享受失业津贴的。一旦这一条例开始实施，那么，绝大多数的失业矿工们就将失去领取失业津贴的权利。但是，法案规定，这一条例在未来 18 个月内暂不生效。为平息舆论压力，下院政府发言人宣称，他们相信失业会在这一条例生效之前降低到正常水平，以此来对这一条例的具体条款和生效日期的推迟进行了辩护。

到今年年初，情势已经变得非常明朗，政府的这一良好预期是决计不会实现的了。因此，政府在3月份审议了一项修正法案，规定"三十项贡献条例"的实施再行延期，但是期限仅为一年。而劳工大臣虽依然重复着其乐观主义的信心，到底已有些底气不足。同样，内阁大臣们也仍然保持着其原来的立场，相信在这一时期之内，无需他们做出任何积极的努力，失业即可回落到正常水平。这些人相信的是劳合·乔治先生承诺的目标，而不是他所打算使用的政策，这一点与格雷勋爵形成了对比。自由党计划的目标和手段是统一而不可分割的有机整体，既然政府对失业将会降低到正常水平这一目标假定深信不疑，并以之作为议会法案的依据，那么缘何还要拒不使用这一计划所建议的政策手段呢？这种做法实在令人感到不可思议。实际上，只有借助于充分有力、具有决定性意义的政策，才能实现既定的目标。

VII　自由党计划的成本

劳合·乔治先生在承诺中表示，自由党计划方案的实施，不会增加额外的税收负担。当然，他对此又做了补充说明，在补充说明中也承认，实施这一计划并不意味着毫无代价可言，而是说该计划方案的未来收益非常可观，与之相比，所付出的成本要相对低得多，仅其中三项收益——在其他一些方面的费用节省、由该计划方案而带来的收益的增加以及诸如军备之类支出的减少——即已足够补偿该计划方案所需要耗费的资金。

可能正是承诺中的这一部分，引起了那些怯懦分子的猛烈攻击。但是，这恰好说明，那些批评者们根本就没有搞清楚这个计划方案的成本到底是怎么一回事。我们认为，劳合·乔治先生原本还可以很有把握地承诺一个更低的成本支出的，他现在这样的做法无非是要留出更大的余地罢了。

下面我们从一组对劳合·乔治先生非常不利的假定出发，来看看即便在最糟糕的情况下，该方案所需的成本是多少。我们假定：(1) 在该计划实施完毕之前，需耗资 3 亿英镑；(2) 该计划中没有一个项目能够取得哪怕一个子儿的收益；(3) 我们仅从最狭义的方面来考虑由此造成的预算得失，而不考虑国民收入或福利的得失。此外，我们还进一步假定，在计划所需贷款的利息和偿债基金方面，每年必须支付本金的6%。

上述假定实际上是过于严苛了，因为3年之内在这个国家我们可以想到的最好的发展计划上，投入3亿英镑的支出，竟然一个子儿都赚不到，天下哪有这样荒诞的事情？不过，我们还是暂且这样来假定。而根据这些假定，每年给预算带来的费用是1800万英镑。

这笔费用大约占目前政府岁入的2.5%。如果就业增加5%，当前的税收收入即可增加1.5%，如果军备支出能够削减7.5%，那么，这一增一减之间，该计划的这笔费用支出就已经可以获得补偿了。

当然，根据这些假定而估算出来的费用，定然大大超出了劳合·乔治先生承诺的计划成本。事实上，他的计划所要耗费的资金是远低于1800万英镑的。

首先，公路发展计划的必需资金完全可以由改造后公路之"增值"和现有公路基金的专项拨款提供，因此它不会给预算造成任何负担。

其次，住房建设计划，作为自由党计划中耗资最大的一个项目，的确需要资金支持，但是，它将来可以以租金的形式逐步收回投资。E.D.西蒙先生推算，虽然相比于保守党每年新建10间住房的计划，自由党的20万间在规模上比较大，但是其所需的资金则主要可由住房出租的形式来自我筹得，因此，它给预算带来的费用每年仅为120万英镑，3年累计不过360万英镑。这一计划每年还另须支付利息60万英镑，3年累计为180万英镑，前后相加，所需费用共计540万英镑。另一方面，住房计划还将会提供15万个就业岗位出来。

第三，自由党计划中众多五花八门的项目，譬如电讯和商业辅助贷款，基本上皆可做到自给自足。

另据失业部的统计，为满足计划中需要财政支持项目的资金要求，预算每年要增加250万英镑的支出，由于计划的实施期限是3年，所以，总计而言，有 750 万英镑（当然是可收回的）应当是足够了的。

另一方面，政府并不需要为每年 250 万英镑的预算支出感到担忧，由这一计划所带来的政府岁入的增加，以及军备支出的削减，足可为财政带来相应的收入，与这一计划的未来收益相比，这笔费用实在是微不足道。当然，我们希望自由党上台之后，它所组阁的政府能够在这一基础上更进一步。毕竟，250 万英镑只不过相当于政府岁入的 0.33% 和军备支出的 3% 还要弱一些。

但是这一计划的收益我们还没有予以全部加以估算。到目前为止，我们尚没有考虑由于失业减少而带来的失业基金方面的收益。严格说来，失业基金是独立于预算的国家专项基金，因此这方面的收益并不会直接反映在预算状况的好转上。但是，它们对预算会有间接的帮助；因为失业基金的现有赤字迟早要落在预算的名下。

如果失业减少 50 万人，那么，失业基金每年即可节省近 2 500 万英镑。读者们很容易就能看出来，相比于以上估计的自由党计划每年给预算带来的费用，这一数字非常之大，具体来说，后者是前者的 10 倍有余。而且即便是这样，我们都还没有考虑由此节省的济贫法规定的救济支出，当然，还有各项基金的利息支付。

由是观之，这一计划每年所需**资本费用的四分之一**，即可以由失业基金方面的收益于**当年之内**予以弥补。

此外，由于国民收入增加而带来的政府岁入的提高部门，或许可于当年或下一年内抵补其中的**八分之一**。

因此，这一计划所需**资本费用**中将近一半完全可以**即时**得到补偿。相应而言，我们可以这么说，即使平均每年耗费 5%，而只获得 2.5% 的收益，该计划也不会给国家造成任何明显的损失。

到目前为止，我们虑及的仅仅局限于国家财政方面，丝毫没有涉及整体的国民福利这个层面。如果我们试图进一步估算失业人员由于重新就业而获得的收入以及整个国家因此而获得的利益，当然衡量的标准不是直接的现金收入，而是诸如运输系统改造之后实现的更高的效率，以及国民住房的健康舒适等方面的自然增殖，那么，可以肯定的是，这一计划的未来总收益之高，是难以进行估量的。

有些人未免过于悲观，在他们看来，自由党计划的成本之高、风险之大，无论如何都让人难以接受，而且他们认为由这一计划所能得到的收益相对而言则又殊不足道。据今观之，他们确有杞人忧天之嫌。

VIII　自由党计划是社会主义吗

　　面对这样的经济局势，政府为什么必须要对经济事务进行干预、发挥重要作用？为什么给私人企业提供的鼓励和支持总是那么不够充分呢？

　　有关这些问题的答案，人们尽可以在自由党黄皮书（即《英国的工业前景》一书）中找到。那些吸纳大量资本的经济实体，其中绝大部分已经完全处于政府部门的影响和控制之下。这已经成为一种不可避免的趋势，无论哪个政治党派上台执政，都是无法改变的。

　　无论我们喜欢与否，这都是一个无可回避的事实：在这个国家的交通运输系统、公用事业和国家住房建设方面，资本扩张的速度主要取决于财政部和当今执政者的政策。

　　如果政府和其他相关的部门对之进行政策上的限制和缩减，那么，我们将一事无成。如果政府部门熟视无睹、隆然高卧，对之放任自流，那么，我们将被时代的步伐抛在后面。相反，如果他们采取鼓励和扶持的政策，那么，国家实力将会迅速得到提高。要不要选择一个装备精良、紧跟时代潮流的领先和高效的国有工厂，完全取决于政府的态度和政策。

　　因此，在这些事务上，是选择私营企业还是公共企业来完成，并不是什么问题。而这一选择已经做出来了。在很多方面——尽管不是全部——真正的问题在于政府是亲身介入这些领域还是选择袖手旁观、放任自流。

公路、造林、垦荒和灌溉、电气化、清除贫民窟以及城镇规划，还有运河、码头与海港的建设，目前均需要注入大量的资本，在每种情况下，主动权都必然掌握在政府当局的手中。

在自由党意在为私营企业提供服务的计划里，还有另外一些同样重要的项目有待开展。其中包括：重振农业；资助铁路系统实现其设备和机车车辆的现代化；扩大贸易服务法案中某些规则适用的范围，以保证私营企业能够获得必要的贷款；这些项目的重要性不亚于政府当局必须要着手实施的那些方案。

自由党计划的目的，并非是要发展国有企业，而是借助于已经存在和易于控制的这类组织形式的媒介作用，来发展和增强国家的实力。

因此，自由党的计划并不具有社会主义的特征，这一点曾为一个公正无偏的强大的反社会主义机构所着重地指出来过，他们的机关刊物《投资者纪事与货币市场评论》（*The Investor's Chronicle and Money Market Review*）曾刊发过这方面的文章，这份刊物在本国中产阶级投资者当中发行量是最大的。在其 1929 年 4 月 13 日的那一期中，他们这样写道：

选举策略

大选进行当中，有关政治纲领，我们很难指望能够听到高水准的公正的批评意见，这一点本已是大家的共识。但是，像《泰晤士报》所发表的题为《失业的解救方法》一文中那样，表现出如此明显的倾向性，仍然让人颇感惊诧。该文刻意强调指出，自由党的计划与社会主义劳工团体的政策如出一辙，因为他们都建议"通过政府机构来为失业者寻找工作"。有时候有着一定道理的观点，在外来的压力之下，会变得满篇皆误，这篇文章不正是有关这一点的一个绝佳的例子吗？社会主义劳工团体主张放弃由私营企业来安排"生产、分配和交换"，而代之以国家控制，从而为每个人都提供（或维持）就业的机会；而自由党计划则是在紧急的情况下，政府从旁加以协助，国有企业的经营范围也仅仅限于那些在性质上不可能由私营企业来经营的行业。比如，公路的建设和维护若不由公共当局使用公共基金来承担，谁又会来承担呢？私营企业当然无法胜任这个任务，因为我们设立收费站来管理公路的时代早已是明日黄花。

IX　自由党计划难道仅仅是转移就业吗

有这样一种反对的声音，提出的人可能要比其他的反对意见还要多一些，这种声音认为，由政府筹措资金用于生产计划时，就必然会在一定程度上降低为一般的工业所供给的资本额度。如果情况真的是这样，那么，国家的扩张政策就不会真正增加就业机会。它只不过是用国家计划下的就业来代替通常的就业罢了。持这种观点的人还常常会这样说，要么出现的是这种情况，要么就是必然导致通货膨胀。因此，这就等于说，政府在这个问题上可以出力的地方要么是很少，要么就是根本没有任何可能。这是毫无希望的顽疾，我们只能听天由命。

这就是财政大臣在他的预算报告中所持有的观点。

他这样向下院说："这是财政部一贯的信条，也是要始终不渝地要予以坚守的，一般来说，无论在政治上或社会上有些什么样的利益，要想通过政府举债与政府支出来增加就业，其实现的希望都是非常渺茫的，即便能够扩大就业，这种现象在事实上也必然不可持久。"由此他得出结论，认为有些支出虽然无法避免，但是这类支出即使本身使用得恰到好处、无可非议，对于失业问题也是于事无补。

联系到我们今天的现实情况，可以断言，这种论调实在是毫无根据可言。

　　首先，这种论调就其本身而言，说它只适用于政府举办的事业，是没有任何理由的。如果这个论调果有确切的依据，那么，对国有事业如此，则对于莫里斯或考陶尔德所开启的任何新的事业或开办的任何新企业，只要涉及资本支出的，就必然同样适用。如果有消息告诉我们，我们工业的某些巨头决定大胆地发起一个新的创业计划，准备投入大量资本建设新的工厂，要投放的资金，比如说为数高达1亿英镑之多，那么，我们一定会预期到就业必然有一个大幅的增进。当然，这种预期应该是绝无问题的。但是，如果上述这位财政大臣的观点是正确无误的话，那么，我们必然错得一塌糊涂。如果这位财政大臣的观点是正确的，那么我们就不得不断言，在这些企业家的庞大计划之下，只是把资本从别的用途转向到他们所欲意开启的事业，结果对就业并没有什么实际上的贡献。事实上，我们甚至还会得到更加荒诞离奇的结论。我们由此还不得不断言，要吸纳失业的劳动人民，无论使用什么样的办法最终都是于事无补（除非是出现高得不可思议的通货膨胀），在我们前进的道路上，横亘着的唯一障碍，只能是资本上的不足。然而，你看这是多么奇怪的现象，在英国存在着巨额的剩余资金，但它却习惯于把这笔资金投放到国外，投放的金额，每年都在1亿英镑以上。

　　上述的这一论点，当然不是从常识中得到的。近年来通过住房建设计划，已经使很多人找到了就业的机会，这是一个不争的事实；没有哪个普通人会认为，假如没有这样的计划，社会上还会存在着一样多的就业机会。同样的道理，如果实施了劳合·乔治先生的就业计划，就会有更多的人找到工作，这一点对大多数普通人来说，是一听就明白的。

　　但是，上述的这一论点，不仅不合理，也是不真实的。能够使新的投资提供实际上的就业增量的，有三种来源。

　　第一个来源是储蓄，我们现在就是从这里支出失业者的津贴的。

第二个来源还是储蓄，由于缺乏充足的信贷，这部分现在被消耗殆尽了。

第三个来源则来自对外出借资金**净额**的减少量。

让我们逐个对这些根源进行考察，先从第一个说起。所谓个人储蓄，意思是说，某些人所**生产**的超过了他们所**消费**的。这个剩余额可以用来、也应当用来改进资本设备。但是，不幸的是，这并不是储蓄可以被使用的唯一方式。储蓄也可以用来使别的一些人的**消费**超过他们的**生产**。

当经济中出现失业现象时，情况就是这样。此时，我们是把储蓄用来救济失业者，而不是拿来为国家增加设备。劳合·乔治先生计划下所要使用的储蓄，并不是从别的资本设备项下挪用过来的，而是部分地取之于救济失业项下的。仅就失业津贴这一项来说，我们现在就得支出5 000万英镑，而这还不是用以援助失业者的全部费用。

我们再来看第二个来源，个人的储蓄并不一定会转化为投资。关系到资本改良的投资量，一方面取决于英格兰银行信贷创造的规模大小，另一方面取决于企业家对投资的欲望强弱，而其间政府本身——正如我们所看到的那样——在今天就是一个居于最重要地位的投资者。在这些因素的支配之下，总投资并不一定与总储蓄相平衡，两者实际上往往相差甚远，正是这两者之间的不平衡，造就了许多困扰我们的时代难题。

当投资高于储蓄时，我们就取得经济上的繁荣、较高的就业率，同时也会伴随着通货膨胀；投资小于储蓄时，我们就会陷入经济上的萧条状态，失业率高企，而这正是我们当下所面临的处境。

关于信贷扩张，往往有一种常见的反对意见，认为由此势必会造成通货膨胀。但并不是**所有的**信贷创造都意味着通货膨胀。只有当我们每个人都有工作可做，储蓄已经完全耗尽，而我们仍然不断地扩大我们的经济活动范围时，就像战时和战后一个时期我们所做的那样，才会发生通货膨胀。

有人认为，在资本支出政策下，如果不同时在一般的工业中减去一些资本，结果将导致通货膨胀；如果所处的是繁荣时期，那么，这个说法当然是完全正确的。资本支出政策如果有了不恰当的过度推进，以致对储蓄求大于供时，这个说法也是符合实际的。但是，就目前的情况而言，我们离这样的局面实际上还远得很。我们现在首先需要克服的，是严重的通货紧缩，是经济上的萧条状态；至于由国家发展政策所引发的通货膨胀，其危险性尚且微乎其微，几可忽略。在当前情况下，把通货膨胀这个可怕的恶魔作为反对资本支出的理由，就仿佛是对一个精力已经消耗殆尽、骨瘦如柴的病入膏肓之人发出这样的警告，说过度肥胖是危险的。

一直到现在，英格兰银行都不敢大胆采取进一步的信用扩张政策，究其原因，可能是害怕因信用扩张而引发黄金的流失，而该行认为，他们尚且不具备充足的黄金储备来应对这一局面。

当此之时，如果英格兰银行因为看到国内企业不振而扩大信贷量，这项新增的信贷，是不是会由国内的企业家按当时的利息率予以吸收，对此是没有确切的把握的。这时市场利率将会下跌，新增的信贷，也许有很大一部分会流到**国外的**借入者手中，结果银行的黄金储备将会外流。因此，在银行方面，除非能够事先确定，在当时的利率水平下**国内的**借入者愿意吸纳贷款，否则银行贸然扩大信贷是有一定的危险在的。

自由党的计划之所以能与目前形势下的基本情况相因应，原因就在这里。它提供了使银行得以安全地扩大信贷的必要条件。

当然，英格兰银行对政府的资本支出计划必须抱有忠实合作的态度，奋其全力，使政策能够得到贯彻执行、顺利实施。因为不幸的是，假如英格兰银行要推行通货紧缩政策，目的在于防止信贷的扩张，从而破坏筹划得极其周密的政府计划，使通过财政部支出的资金，**的确是**以牺牲其他企业为代价得来的，这一点英格兰银行方面是可以做得到的。

因此，我们同意麦肯纳先生的观点，认为关键问题在于信贷的扩张。但是，我们如果只顾扩大信贷，而不顾及为国内开辟信贷的具体用途提供条件，那么我们难免会疑虑满怀，担心新增信贷量的绝大部分都会流入外国借入者手中，从而造成我们的黄金储备流入他们之手。由此，我们可以得出这样的结论：银行信贷量的扩张，也许是扩大就业的一个必要条件（*sine qua non*），但积极发展国内投资计划，从而使增加的信贷得以在国内被吸收，却是安全扩张信贷的一个必要条件。

自由党政策所需资金的第三个来源，在于对外净投资量的减少。

我们储蓄中有很大一部分，现在的出路是对外投资。假如说，当国家决定推行规模庞大的发展政策时，其所需的资金全部取之于对失业救济的现有支出和现在被消耗掉的储蓄这两个部分还不够，再假如，为了满足这一国家发展政策所需的资金，势必会有其他借入者无法获得贷款。在此种情况下，我们有什么理由认为此时的这些借入者就一定会是英国的企业家呢？鉴于资本市场在现代技术上的发展，这部分无法获得贷款的借入者更可能是国外的政府或国外的地方当局，因为伦敦目前在这些方面的资金融通在规模上是极为庞大的。因此，英国政府的贷款行为主要影响所及乃在于债券市场。

目前，英格兰银行由于自身的原因，对于凡是能够减低对外投资额的任何事物，总是会表示欢迎的。现在外汇的形势总体上颇不稳定，最近银行贴现率的提高就是一个明证。但是，对外投资额如果能有所缩减，外汇的不稳定局面就会趋于缓和。英格兰银行就是为了这个目的，故而在一两年之前，对对外投资还一直保持着半公开的禁止态度。当然，禁止是一种较为粗暴的手段，只适合做短暂的使用，我们不建议重新启动它。现在情况虽然已经不那么紧张，但是依然严峻，因此仍然存在着施行禁止之令的可能性。现在，我们的对外贸易虽然处于入超状态，但是这个时候对外投资如果有所增长，那将是十分危险的；对外投资之所以会发展到这般危险的程度，部分就是因为储蓄在国内缺少出路所致。

由是观之，如果能够充分推行资本支出政策，那么，其结果不但可以消除通货紧缩下的萧条现象，而且比这个还能更进一步，可以使现在向国外寻找出路的储蓄，大部分转回到国内发展，这样的结果当然是我们所乐见的，也是符合英格兰银行的利益的。

有人反对这种说法，认为如果减少对外投资，那么我们的出口事业必将趋于萎缩。我们实在看不出这种推测其背后的理由何在。正如我们所指出的那样，对外出借净额的减少，其直接的影响是英格兰银行黄金储备方面所受压力的减轻。但它主要的影响，最后不在于出口的减少，而是在于进口的增加。因为新计划的实施将会需要一定数量的进口原材料，一方面那些现今处于失业的劳动人民，一旦重新找到工作，获取了正式的工资收入，自然会增加对进口食品的消费。

这就是我们提供的答案。劳合·乔治先生计划下所使用的储蓄，并不是从其他的资本设备所需资金项下挪用过来的，部分乃是出于失业津贴所需资金项之下。还有一部分，其来源是储蓄，而这项储蓄现在是由于缺乏适当的信用关系而被无端消耗掉的。新政策将会带来经济繁荣，繁荣本身将会推进关于某些方面事物的供应；而由于对外投资的减少，我们仍可取得新局势下的平衡。

到那个时候，新政策的实施将会使当下陷于失业困境的全部劳动力量重新获得就业机会，从而增进国民财富。有人认为，这种做法必将造成财政上的灾难性后果，根据"安全第一"的原则，应该使一部分人处于失业状态。这种谬论简直是荒诞至极。

我们之所以进行新的投资，目的就是为了**利用那些闲置的生产资源**。

我们的观点简单明了，不容辩驳。要吸收闲置劳动力，使其从事生产活动，其间也许会出现某些现实性的困难，但无论怎样，我们都是可以设法避免占用其他形式下的资源的，这一点并不是困难问题之一。

这个结论对我们自己、对劳合·乔治先生以及他的顾问班子来说，并没有什么特别的地方；这中间所涉及的理论问题，也并不是什么新的东西。近些年来经济学家普遍争论的一个问题就是政府主导的资本发展计划能否真正促进就业。争论的结果证明本章的结论是正确的，是可以为大家所普遍接受的，而财政部的所谓信条则是无稽之谈。譬如说，我们援引某些才华横溢而经验老到的权威人士的看法，可以知道，我们前述的观点与庇古教授在他新近的著作《工业波动》（*Industrial Fluctuations*）（第二部分，第十章）里所论证出来的结果非常相近。在那里，庇古教授引述了财政部的信条，明确指出了它的谬误所在。他的这一结论也得到了乔塞亚·斯坦普爵士（Sir Josiah Stamp）的肯定，同时，麦肯纳先生也热烈支持这一观点（具体可以参阅他在 1927 年对股东们发表的演讲，后来重印于《战后的银行政策》，第 118 页），作为世界上最大银行的总裁，他毫不犹豫地坚持扩大投资于企业活动的资金量，他认为这样做并不一定会带来通货膨胀的危险。

实际上，除了财政部及其周围的那些人士之外，尚且没有哪一位富有名望或较权威的经济学家对上述论点发表过反对意见。鲍德温先生、丘吉尔先生和拉明·沃新顿-伊文思爵士（Sir Laming Worthington-Evans）

坚持认为政府举债必然会减少原本可以供私营企业使用的资源，认为劳合·乔治先生在坚持相反的观点时不过是在玩一种似是而非的伎俩，如果相信他们在谈论着一种无懈可击的经济学正统理论的话，那就大错特错了。恰恰是劳合·乔治先生的这种反对是正确的。构成自由党政策基础的这一理论，是专家们再三权衡之下才做出的一种理论。

X　现行的消极政策

　　近几年来，我们的整个经济政策处在财政部关于战债转化问题的成见支配之下的。财政部认为，政府举债越少，则把战债转化为利率较低的长期债务的希望就越大。因此，为了便于战债的转化，他们就尽力削减一切公共借款和政府方面的资本支出，而不管这类支出如何有利于生产，多么有价值。这种做法，究竟产生了多么巨大、持久而广泛的影响，恐怕公众还一无所知。

　　他们应对一切有利于发展、有利于企业的审慎周密的计划时，只要事实上做得到，就总是以否定的回答拒人于千里之外。实际上，缩减资本支出，对政府债款利率的降低，的确会产生一些作用；但同样的事实也表明，由此会增加失业，会使举国皆停留在战前装备的水平之上。

　　即便仅从预算的角度观之，这样做是否值得，也是一个问题。如果说一个有理解力的人会认为这种做法尚有可取之处而表示赞许，那真叫人难以置信。资本市场是一个国际市场。那些处于我们控制之外的诸般因素，对金边债券的利率有着决定性的影响；英国政府通过缩减或扩大资本支出这类手段，在这方面所能起到的作用是非常有限的。假如说，由此所发生的影响可以使利率降低四分之一个百分点——这已经是一个极端夸大的估计了。如果适合与转化的战债为 20 亿英镑，则这个数字所体现的每年债务负担的差额即为 500 万英镑。试将这个数目与失业基金项下的支出两相对照一下吧——后者去年我们所支出的金额已达 5 000 万英镑以上。

此外，在嗣后（比如说）十年当中，形势很有可能会发生变化——在战前这类变化经常发生——由于国际上的一些原因，利率会降到异乎寻常的低位，较之于财政部在国际市场利率非常之高的不利环境下千方百计希望达到的水平还要低得多。这个时候，才是实现战债转化计划的绝佳时机。因此，财政部即便在今天能够如愿以偿，即便能在利息上节省四分之一或二分之一个百分点，结果也许仍将证明，这样做是极端缺乏远见的。为了在利息上获得一点微不足道的便宜，而过早地实施战债转化计划，其结果必将铸成大错。我们必须要沉着、冷静，静待理想时机的到来，一旦条件成熟，财政大臣自然会大有所获。

但是，除了要考虑预算上的得失之外，还要虑及另外一种在思想上根深蒂固的混乱情况，它会阻碍我们这个国家资本的发展。有两个相对对立的原因，其中任何一个都会造成利率的下降。由于储蓄供应充裕，也即可用于投资的资金过剩，它会下降；而由于投资需求不足，也即缺乏花费储蓄的动机，它也会下降。如果利率的下降是由第一个原因造成，那显然对国家极端不利。但是若出于第二个原因，我们刻意限制了投资的出路，而造成利率的下降，那么这简直就是使我们陷入贫困的自我毁灭的举动。

如果个人不把他的收入尽数用于当前消费，这是他个人的节俭行为，单单是这样的消极行动，是绝不可能让国家富裕起来的。要使国家走向富裕，还要依靠另一方面的积极行动，要能利用这些储蓄，来提高国家的资本装备水平。

变得富裕的人不是守财奴之类，而是能够把钱财用在有效投资上的那些人。

我们劝谏人们厉行节俭，其目的是可以借此来从事住房建设、道路修缮等等。因此，凭借停止提高新资本的手段来压低利率，从而堵塞储蓄的出路，使储蓄丧失掉其意义的政策，其行为无异于自杀。这样的政策，即便尽力鼓吹，说得天花乱坠，可能也不会有几人支持。而事实上，在过去若干年里，财政部所遵行的正是这样的政策。有些情况下，来自公共舆论、或其他政府部分、又或地方当局的压力，也会使他们难以抵挡。但是，当他们的力量足以遏制反对的意见，能够压倒对方时，他们就一如既往地如此这般做下去。

这种政策，既乏健全的理论依据，也不会有什么效果，最后终于得到了证明，事实胜于雄辩，它甚至都没能做到使利率下降。因为，正如我们上面所看到的那样，如果投资在国内的出路被堵塞，从而造成储蓄外流，使其在规模上与我们的贸易顺差不相适应，那么，结果就会波及英格兰银行的黄金储备。为了对抗这一趋势，就不得不提高银行利率。

如此则最后我们这里的情况将会糟到无以复加的地步。这个国家的资本设备水平由于未能彻底地予以更新，已经处于倒退的境况之下。企业利润低下，所得税收入减少，这使财政大臣倍感失望，当此之时，我们的财政大臣既无法减轻纳税人的负担，也无法推进一切社会改革计划，失业越来越严重。繁荣的不足，实际上降低了储蓄的进度，因此我们最初要降低利率的目的也就倍受打击，难以如愿。毕竟，利率仍然处在高位之上。而我们遭受了如此之多的苦难，得到的补偿却仅仅是保守党的下野，这无疑是得不偿失，终究于事无补。

XI 生命活力的勃发

保守党政府陷我们于此种困境，并非偶然，这是他们所秉承的哲学观点的必然结果：

你一定不要过早推进电讯或电力事业，因为这将会导致利率上升。

你一定不要急于上马公路和住房建设，因为这将会耗尽我们将来也许还有需要的就业机会。

你一定不要漫无限制地雇佣工人，因为这将会造成通货膨胀。

你一定不要进行投资，因为你怎么知道它什么时候才能返本获利呢？

你一定不要轻易尝试做任何事情，因为你只要做了一件，那就只能意味着你不能再做别的了。

安全至上啊！我们对100万失业工人施以援手，这个政策已经实行了8年，结果不也没出什么问题么。为什么还要冒险做政策上的改变呢？

除非我们能够做得到，否则我们决不轻易许诺。因此，我们什么都不许诺。

这就是他们一直向我们灌输着的一些言论。

这都是些象征着萧条和腐朽的教条，体现出来的是处在消沉之中的一个行政组织的怯懦、愚陋，它已经成为时代进步的绊脚石。

消极、束缚、懈怠——这些就是政府所信守的真正格言。在他们的领导下，我们不得不勒紧裤带，过着艰苦的日子。恐惧和猜疑充斥着我们的内心，我们就像是一个疑病症的患者一般，对任何事都畏首畏尾，缩在家里不敢出头。但是，我们可不是跟跄着走向坟墓之人。我们是心智健全、精力充沛的上帝宠儿。我们需要生命活力的勃发。我们对一切都毫无畏惧。与他们所告诉我们的正好相反，未来的前途为我们准备的是更多的财富和经济上的自由，以及更多的个人生活上的可能性，这些都是过去所未曾提供过的。

我们没有任何理由不让自己放开襟怀，尽可以放心大胆、坦然直率地采取行动，积极进取，努力发挥我们的首创精神，去遍尝各种未来的可能性。而横亘在我们前进道路上的，不过是少数几个道貌岸然、顽固不化的老头子而已，对待他们也不必过于愤激，只消在平易的心情之下带着些许的轻蔑，就足以让他们像一排九柱滚球那样，齐刷刷地倒将下来。

非常可能的结果是，待到激烈的局势过去之后，他们在新的环境里冷静下来，自己也会感到愉快的。

通往繁荣之路（1933）

本篇据麦克米伦出版公司（MACMILLAN AND CO.,
LIMITED）1933 年版 *The Means to Prosperity* 译出

1933 年 3 月，《泰晤士报》发表了由四篇文章组成的一个系列，凯恩斯将之命名为《通往繁荣之路》。这些文章激起了广泛而热烈的讨论，在同一个月，它们很快就以小册子的形式重新予以出版。本篇采用的是在英国出版的版本。

Ⅰ　问题的性质

　　如果我们的贫穷源于饥馑、地震或者战争——如果我们是缺乏物质材料或自然资源来生产我们所需要的物品，那么，除了埋头苦干、节衣缩食和发明创造之外，我们是不能奢望还有什么其他的法子来让我们到达繁荣之境的。事实上，我们所处的困境，显然属于另外一种情况，这真是让人莫名尴尬。我们头脑里的无形设计，那些让我们做出决策、做出行动的意愿和动机，这些方面的活动，对于让我们所拥有的那些资源和技术手段发挥作用，是必不可少的，而正是在这些方面出现了问题，才造成了我们今天这样的困局。这就好比两个汽车驾驶员，在公路当中不期而遇，由于都不晓得道路规则，双方相持不下，最终谁也不能错身而行，顺利通过。他们那一身的力气无处可使，连汽车方面的技师也帮不了他们，路况再好亦无济于事。除了对此要有那么一点点清醒的认识之外，其他什么都不需要，也不会有任何作用。

　　因此，也可以这么说，我们的问题并不是一个有关于人的体力和耐力的问题。它也不是一个工程技术上的问题或者一个农业上的问题。它甚至也不是一个商业上的问题，如果我们之所谓商业，乃是指作为个体的企业家可以借以发家致富的那些盘算、那些安排，还有那些组织行为的话。它也不是银行业上的问题，如果我们之所谓银行业，乃是指借助于银行业，可以培养持久关系，避免不当信托的那些做出精明判断的原则和方法的话。与这些都恰恰相反，它是最严格意义上的经济问题，或者，可以这样更好地来对之加以表述，它乃是经济理论与政治家的艺术所做的混合，它是一个不折不扣的政治经济学问题。

我之所以呼吁大家来关注这个问题的性质，是因为它为我们指出了解决之道。对于这一情况，解决之道应该从我们在很大程度上可以称之为"设计"的东西中找寻，这才是比较适当的方式。然而，有很多人对于这些设计抱持着并不信任的态度，从本能上怀疑它们的功效。还有一些人，他们坚持认为，勤奋工作、持久忍耐、朴素节俭、改善经营方式、更加谨慎地从事银行业务，以及最为首要的，避免一切事先的设计，方才是走出困局的唯一通途。然而，我只怕这些人的"大货车"永远也没有办法顺利地通行了。他们可能会通宵达旦地忙碌着，雇佣更多头脑清醒的汽车司机，安装新的引擎，还要把路面拓宽；但是，他们还是将永远无法通过，除非他们能够停下来想一想，和从迎面开过来的司机一起商量一下，稍微做一点设计，让大家都同时往自己的另一边打打方向盘，事情就会轻松地得到解决。

从现在的局面当中，我们应该可以发现所存在的悖谬之处。而在下面的建议里，我们就不会找到任何自相矛盾之处，我们只需要做出某种无形的调整——可以这样说，即只做出"纸面上的"改变——就可以创造出奇迹来。这种荒悖之处在于，在英国，一方面是高达 25 万的建筑工人处于失业的境地，另一方面，建造更多的房屋却是我们最大的物质需要，真是奇哉怪也！ 有这样一个人，他告诉我们，要想既维持健全合理的财政状况，而不失政治上的睿智，又想让一个人有工作而不以另外一个人失业为代价，是没有什么办法的。对于这种判断，我们应当本能地对之加以怀疑。那些已然肩负着失业者支持的政治家告诉我们，如果让这些人去建造房屋，那么，无论是现在还是将来，都将会使他背负起沉重的债务，国家也将不堪重负；对于这类思考，我们实难苟同。这一类政治家还认为，增加用来养活失业的造船工人的国家财富，较之于用现在这些失业人员维持生计所耗费的财富的一部分比例，来让他们去从事人类最伟大的工程之一——造船业，还要更加节省、更加划算。这种看法是否明智，是颇值得怀疑的。

正好相反，在接下来的章节里，我将稍微详细地说明这样一种观点，即我认为，创造财富会带来国民收入的增加，而国民收入的任何增加中会有一个较大的比例充实到国库中去。在国库的诸种支出之中，最大的一项是支付给失业人员的生活费用，但是，这项支出的收入来源则是就业人员的收入之一部分。无论读者是否认为自己有能力对这一观点进行较为详细的评论，我都希望，他会发现这正是他所期待的答案——这个答案与他的常识在直觉上不谋而合。

同样，下面这个观点也不应该让人感到大惊小怪，我还认为，如今税收可能有些过高，以致反而损害了它所要实现的目标，而只要给予足够的时间去收获果实，那么，减免税收将会比增加预算平衡带来更好的机会。这是因为，从一个对立的角度观之，今日之情况，与一家发生了亏损而决定提高其产品价格的制造商何其相似乃尔。这家制造商在其产品的销路愈益不畅，而亏损日增之时，由于他对那种简单算术的正确性深信不疑，所以他认为再次提高价格乃是深谋远虑之举；最后，当他的账户收支两项都变成了零时，他仍然振振有词地宣称，在亏损已经发生之时进行降价，乃是一种赌徒的行为。

不管怎么样，现在重新对采取行动的可能性加以考虑，可谓正当其时。先从英国国内的事务出发，然后再利用世界经济大会带来的良机，实施一项积极的政策，对于这样做所可能带来的诸般好处，我在此重新做了一番审视。尽管这次大会可能有些姗姗来迟，但是，也许仍然还算得上是恰逢其时。因为这次大会召开的时节，与会的各国皆已饱尝了磨难，会更加愿意来考虑这样一项计划的。这个世界越来越不适应那种"坐待奇迹来临"的思维习惯，它已经不再相信，我们袖手旁观、无所作为，事态会自然而然地走上正轨。

II　国内的扩张

人们不大愿意支持把发展国内资本作为恢复繁荣之手段的那类方案，一般来说，乃是出于以下两个原因：一方面的原因是，人们认为给定总额的支出在就业岗位的创造上作用甚为有限，另一方面的原因则是因为这一类方案通常会需要大量的财政补贴，而这会引起国家和地方预算的紧张。这里头存在着一些定量方面的问题，不大容易给出较为精确的解答。但是，我还是要来尽力地阐明，为什么我们应该相信，对上述两点疑虑的回答要比人们一般认为的更容易为人所接受。

常听人道，在英国，公共工程为一名工人提供一年的工作岗位，所耗费的资本支出为 500 英镑。这是根据工作岗位上直接雇佣的劳动力的数量而计算得出的。不过，很容易可以看到，公共工程所需要的物资和交通运输条件也创造了就业岗位。如果我们将这一点考虑进来——这本来也是我们应该加以考虑的——那么，以建筑业的情况为例，新增就业的人均每年资本支出一般来说估计是 200 英镑。

但是，如果这些新的支出是追加的，而不仅仅是其他支出的替代，那么，就业的增加就不会到此即止。追加的资本所付出的新增工资和其他收入，被花费在新增的购买上，这转过来会带来更多的就业岗位。如果我们国家的资源已经得到充分利用，那么，这些新增的购买将会主要体现在物价的上涨和进口的增加上。然而，在当前的情况下，由于这个国家内部的资源目前大量处于闲置状态，供应堪称充裕，即便价格没有什么大的变动，所新增的消费其中较大的部分基本上也完全可以得到满足，所以，就只有一小部分的新增消费会切实推动物价的上涨和进口的增加。此外，就所增加的对食品的需求而言，这种需求乃是由于工人阶级的购买力提升所致，它既会推动国内外初级产品价格的上涨，也会促进其销售量的增加，对于这种情况，我们今天应该报以积极的欢迎态度。通过增加对农产品的需求而来提高它们的价格，较之于人为地限制这些产品的供给，将会更为优胜。

然而，这一过程还没有到达终点。那些被雇佣来从事新增资本生产的工人们会增加对商品的购买量，而为了满足这些新增加的商品购买量而雇佣来的新增劳动力，会进而扩大开销，购买更多商品，而这又会进一步增加其他行业的就业岗位，如此类推，以至无穷。有一些热心人士，觉察到了这些连锁性反应的事实，就极度夸大其总体的结果，甚至认为由此而创造出来的新增就业岗位的数量，仅仅受到基于收入而做出的支出所实现的收益之间那必然存在的间歇所限，换言之，也就是只是受到了货币流通速度的限制罢了。遗憾的是，事情并不是他们所认为的那般尽如人意。这是因为，可以这样来说，在这一效应发挥作用的每一个阶段上，均存在着一定比例的漏出。在每一个阶段上，新增收入中的一定比例，总是无法被传递到下一个阶段的新增就业人员手中。这种收入的漏出当中，有一部分是被收入的获得者给储蓄了起来；有一部分会造成价格的提升，从而减少了在其他地方的消费，这些地方不包括那些生产者将他们新增的利润所花费的方面；有一部分将会用于进口；有一部分只是对之前救济金、私人赈济这类形式的支出，或者从个人储蓄中而做出的支出的一种替代；而有一些则是因为没有对纳税人做同等程度的减免而缴给了国库。因此，为了将这一系列连锁性反应对就业的净效应进行加总，对于这些以各种方式而损失掉的收入之比例，我们必须要做出合理的假定。对于那些对这种加总的技术方法感兴趣的读者，我建议你们可以去参阅一下 R. F.卡恩先生[1]于 1931 年 6 月发表在《经济学刊》上的一篇文章。

很显然，假设要恰如其分，就应当根据环境条件的不同而有所变化。如果只有很少或者几乎没有什么闲置资源存在，就如同我在前面所提到的那样，那么，新增的支出将大部分会浪费在更高的价格和增加的出口之上（事实上，在新的建设所带来的景气阶段的后期，这是一个具有规律性的特征）。如果一个人在工作时所挣得的收入，与他在失业时所取得的救济金差相仿佛，而这些救济金又是以借贷的方式进行支付的，那么，压根就不会产生任何的连锁性反应。另外一方面，现在救济金是用税收而非借贷来支付的（因此，削减救济金预期也许会提高纳税人的支出能力），在这个问题上，我们就不再进行大量的推演了。

根据当前的情况，若取最为保守的数字的话，我自己的估计是，这一乘数至少应当有"2"这么多。为一个工人提供一年的工作岗位所需的贷款支出并不是我们在开始时所提到的 500 英镑这个数字，而是 100 英镑，由此可以得到我所给出的那个估计结果。然而，我并不急于夸大这个结论，要知道，不管怎么样，这都已经是一个令人完全为之动容的结论了。所以，就让我们把这个乘数取为"1.5"好了；也即，贷款支出雇

---

1 即理查德·费迪南德·卡恩（Richard Ferdinand Kahn，1905—1989 年），生于伦敦，著名经济学者。由于受到凯恩斯在《货币改革略论》中的思想启发，卡恩于 1931 年首次提出乘数效应，后来这一理论得到凯恩斯的发挥。凯恩斯所提到的这篇文章为：R. F. Kahn（June 1931）. "The Relation of Home Investment to Unemployment." *The Economic Journal*（Wiley-Blackwell）, 41（162）。——译者注

佣 2 个工人，可以间接地带来的就业量不是又增加 2 个，而是增加 1 个多一些，这只代表我自己的看法。我不认为，对此做出详细计算的人们，会得出比我所给出的乘数还要小的数值。这就意味着，在物质材料、交通运输上面追加的贷款支出为 200 英镑，再加上直接的就业，如若对整个一连串的连锁反应加以考虑的话，那就不再是为一个工人提供一年的劳动岗位，而是为一个半工人提供一年的工作岗位。现在看来，要为一个工人提供一年的工作岗位，所需要追加的贷款支出量就是 133 英镑。但是，为了让我们感到更加保险，我们姑且把这个数字定在 150 英镑上，并以此来展开我们的论证。这就极为保守地回答了我们上面所给出的那两个问题中的第一个问题。

接下来，我们就可以来考虑，对于我们的财政预算来说，这种缓解作用有多么巨大了。为了让我们的计算看起来更加一目了然，我认为，一般来说，把供养一个靠领取救济金生活的人一年所需的平均成本定为 50 英镑，是比较合宜的。因为根据上述的计算这一基础，300 万英镑的贷款支出，将会直接或间接地雇佣 2 万个工人工作一年，由此可知，它可以节省 100 万英镑的救济金。这就已经占到了支出当中的三分之一了。

而且，预算还可以取得更进一步的好处。我们今天在预算上所遇到的困难，其主要的原因，乃是由于国民收入的下降所致。现在我们把整个国家看作一个整体，将它与国外人之间发生的贸易置于一旁，那么，它的收入恰与其支出相等（其中支出包括消费支出和新增资本支出，但不包括只限于转手贸易的中介性交换）——这两者同出而异名，我的收入也即你的支出。因此，300 万英镑的新增资本支出，如果由新增贷款来支付而不是源于对消费支出或现有资本支出的削减，而且再把连锁反应考虑进来的话，那么，它将会使国民收入增加不止 300 英镑。这里对其恰切的乘数之计算，在方法上与就业的情况极为相类。不过，因为在计算国民货币收入上我们毋须对价格的上涨做同样的扣除，所以这个乘数可能还会略微大一些。但是，和之前一样，为保险起见，我们还是姑且把这个乘数的数值取为 $1\frac{1}{2}$ 好了。

这样，我们就可以得出如下结论：300 万英镑的资本支出将增加作为税源的国民收入达 450 万英镑之多。如今来看，大概平均有 20% 的国民收入会以税收的形式上缴给国库。实际的比例须视新增收入范围的高低而定。较高的收入范围是直接税的税源，而较低的收入范围则是间接税的税源。此外，还有一些税种，其收益的增减与国民收入的变化之间关系并不密切。为把这些疑虑也加以考虑进来，且让我们将新增收入中上缴国库的比例定为 10%，也即，收入增加 450 万英镑，则财政收入增加 45 万英镑。而实际上，在征收这类税款的时候，会存在某种时间上的滞后，不过，我们也没有必要为此而大费心神。尽管有人建议，对于我们关于年度预算的严格性须加以修正，并且在这种情况下，应该将预算时间延长到一年以上，从而来做出我们的估计；对于这些人来说，时间滞后性是一个颇为有力的论据。税收增加会带来国民收入的减少，而由于在这方面存在着时滞效应，所以，我们现有的预算程序就遭受到了严厉的反对，他们认为，平衡今年的预算的那些措施，将会导致明年的预算平衡被打破，反过来也是成立的。

因此，新增贷款支出 300 万英镑，为财政部所带来的全部利益，至少是 100 万英镑再加上 45 万英镑，总共接近 150 万英镑，这就近乎相当于贷款支出的一半还要稍微多一点。如果我们所取的乘数值为 2，那么，此即为贷款支出的三分之二。在这里，我们看不出来有什么自相矛盾之处。我们现在已经到了这种地步，即国民收入的每一次下降，其相当的比例都将通过救济金的增长和税收收入的减少来惩罚财政部。因此，那些增加国民收入的措施，从中获益匪浅者，应该主要非财政部莫属。

这类贷款支出计划目前正在不断地取得支持，这段时期尤为关键。如果我们将上述的这种推理施于这些计划之上，那么，我们就可以看出，那种认为在增加就业的方案和平衡预算的方案之间存在着进退两难的困境的观点，是全然错误的。该种观点认为，如若实施前面那种方案，则必须要小心谨慎，徐缓图之，否则的话，必将会损害到后者的实现。而我的看法，恰恰与之相反。要想使预算能够平衡，舍去增加国民收入这条路之外，别无他途；而增加国民收入，与增加就业，是同一回事。

我们来举一个例子，假设有人提议要花费 700 万英镑建造一艘新的丘纳德巨型邮轮（new Cunarder）。[1] 我认为，财政部可以从中取得的好处，至少可达这一总支出数额的一半，也即 350 万英镑，这远远超出了所要求财政部予以支援的最高金额。

又或者，我们来拿住房建设为例，假设将支出 1 亿英镑用于住房建设，改造贫民窟，或者在国家住房建设委员会的主持下来完成投资，这将会使预算受益良多，总额当在 5 000 万英镑——这个数额大大超过了所需要的任何补贴。如果读者对这样的结果仍然心存疑惑，认为这种情况实在好得让人难以置信，那么，可以让他细致地再回想一下得到这一结论的全部论证过程。如果他都不敢相信自己的判断，那么，就让他且等上一等，看看是不是有哪一个人真的有能力来推翻这一论证的基础。这些观点，我是在《泰晤士报》的讨论会上第一次将之公之于众、详加

1　丘纳德，源于古英语人名，含义是"王的，国王的＋勇敢的，坚强的"，此处是指彼时所建造的巨型邮轮，例如泰坦尼克号就是那个时代建造的这样的巨轮。——译者注

阐明的。

事实上，我们也可以把同样的观点运用到对税收的减除上面来；所实现的办法，是要暂时停止对偿债基金的积累，并且恢复以贷款作为融资手段的一贯做法；那些适合以这种融资方式进行筹资的公共事业，比如由公路资金来承担的新修公路的费用，以及一部分救济金的费用，若以贷款的方式来进行筹集，那么，到了我们所期待的那些好的年景到来之后，就可以两相抵消，恢复平衡。这是因为，与因贷款支出而增加的购买力一样，纳税人购买力的提高恰恰可以带来同样为我们所乐见的连锁反应；而且，这种增加支出的方法会以某种方式更加健康、更加良好地扩展到整个社会。如果财政大臣暂停积累偿债基金，并且在前述我们认为适于借贷的那些情况下进行贷款，那么，事实上，以节省救济金和在给定税收水平下取得更高收益的方式，他可以将这笔税收减免中的一半重新回到自己的手中——尽管我在前面已经指出，这笔钱不一定会在同一个预算年度回流到他的手中。因此，我强烈支持前面所给出的那个建议，也即，下一次预算应该将之分成两个部分，其中之一当包括那些适于在当前情况下作贷款支出来处理的支出项目。

我还要补充一点，这种特殊的观点并不适用于以削减同等的政府支出（例如，通过削减教师的薪水来做到这一点）来平衡的那种税收减免。因为这只是代表着国民购买力的再分配，并不是净的增长。对于所有的新增支出，不管它是由个人还是由公共机构做出，无论它是出于购买资本品还是购买消费品的目的，也无论它是由税收减免还是其他的方式获得，只要不是其他支出的替代，而是来自储蓄和借贷的资金，这一观点就完全适用。人们经常指出，作为政府鼓励下的贷款支出，其规模虽然庞大，却未能阻止失业的增长。但是，到了那个时候，我们在对外收支余额方面情况恶化的速度，会比贷款支出增长的速度更加迅猛，在这种情况下，那些贷款支出的作用就会被部分地予以抵消。一般来说，我们的贷款支出增加或减少1亿英镑所产生的效应，与对外收支余额增加或减少1亿英镑所产生的效果相等。之所以我们以前没有从贷款支出中取得明显的好处，其原因乃在于它被对外收支余额的恶化给抵消了。而最近我们之所以从对外收支余额情况的改善中得到了明显的好处，其原因就在于它被贷款支出的减少给抵消了。今天，如果我们可以来做出选择，那将是让我们第一次有了机会，可以使这两个因素一起变得对我们有利起来。

如果这些结论我们都无法拒绝的话，那么，按照它们来行事难道不是明智之举吗？那种试图通过征税、管制以及采取各种预防措施的办法来平衡预算的相反的政策，必然会遭到失败，因为它一定会带来国民购买力下降这样的效果，因之，也就会带来国民收入的减少。

Ⅲ 价格的提高

英国政府宣布的政策，是主张提高价格，而且这也是在渥太华聚集起来开会的帝国代表们所宣布的政策。那么，我们又将如何来实现这一政策目标呢？

从财政大臣的一些言论来判断，通过限制供给来提高价格的这个想法，似乎对他已经形成了某种吸引力。现在，某一类特定的商品之生产者即可从中获得很大的利益，这样，他们就会联合起来限制这类商品的产量。同样，限制那些可以加以操控的商品之供给，某一个特定的国家也可以从中渔利，但是，这却是以损害世界上其他所有国家的利益作为代价的。如果全世界范围内某一类商品的供给与其他商品的供给存在着严重的失衡现象，那么，通过对这种商品的产量有组织地加以限制，甚至可以使得整个世界获取好处，但是，这是一种极罕见的情形。不过，把限制产量作为包治百病的灵丹妙药，不但这个药方毫无效果可言，而且还会带来更大的危害。这是因为，社会乃是一个整体，限制产量的药方使得那些缩减产量的生产者自己的收入大受损失，这会带来需求的降低，而由此带来的需求下降的数量，正与它所降低的供给量一般无二。对产量加以限制，这已经远远不再是降低失业的办法，而是一种以增加某种程度的失业作为代价来更为均匀地分配失业的手段。

那么，我们要如何才能提高价格呢？ 如果我把自己之所讲概括为以下这么几个既极为简单、又非常重要的命题，可能会有助于帮助我们来更加清楚地来思考这个问题。

(1) 由于所有的商品乃是一个整体，所以，要提高它们的价格，除了使花在它们身上的那些支出的速度，快过市场供给它们的速度这一种方法之外，我们不可能再找得出其他的手段。

(2) 只有人们将他们已有的收入中更大的比例作为花销，或者只有当人们的总购买力以另外某种方式得到提升时，支出的增加才有可能得到实现。

(3) 从现有收入之中增加支出，其余地是很小的——无论是通过储蓄的减少，还是通过增加资本性质的个人支出，都是这样。今天，收入缩减得如此之厉害，而税收又猛烈地增长，以致很多人为了维持他们的生活水准不下降，已经把储蓄减少到了健康的习惯所要求的限度以下了。我们应该鼓励那些尚有余力增加开销的人们，尤其是那些有机会在新增资本或准资本性质的用途上增加开支的人们，让他们尽可能从现有的收入中增加支出。但是，若然认为我们通过这种方式可以解决问题，那就是在采取避重就轻的态度来对待这个问题了。因此，我们可以由此得出结论，那就是必须以增加总购买力来作为我们的目标所向。如果我们果能实现这一目标，那么，它将会在一定程度上提高价格，与此同时，又能在一定程度上增加就业。

(4) 有的人确实可以通过生产黄金来挣得收入，这种特殊的情况我们姑且置之不论，一般而言，如果说在一国之内总购买力可以通过以下两种途径来得到实现，应该不会有什么异议：(i) 提高社会的贷款支出；或者 (ii) 改善对外收支余额，从而使当前支出中更大的比例能够再次变成国内生产者手中的收入。在英国，工党政府通过公共工程的方式对第一种途径进行了尝试，虽非全心全意，而且与之相关的那些条件也并不有利，但它毕竟还是做出了尝试。多党联合政府已经成功地对第二种途径进行了尝试。但是，到目前为止，我们尚且没有同时对这两种途径进行过尝试。

（5）然而，这两种方法之间又存在着巨大的差异，因为只有第一种方法对于整个世界来说才是有效的。第二种方法仅仅意味着一国是在从世界上其余的国家那里抽取就业机会和购买力而已。因为当一国改善了其对外收支状况，那么，某些其他国家的对外收支余额就会减少。因此，除非是作为一种副产品，通过加强诸如英国这样的金融中心所抱持的信心，使它更愿意在国内外发放贷款，从而带来贷款支出的增加，否则的话，我们是无法通过这种方法来提高全世界的总产出或者世界价格的。

一直到最近，英国仍然把通货贬值和关税作为自我保护的武器。我们迫于形势不得不使用这些武器的那些时刻，确实也曾到来过，而且这些武器的效果还相当不错。但是，竞相进行货币贬值，竞相祭出关税这样的手段来保护自己，再加上运用诸如汇兑限制、进口禁令和配额之类的人为手段来改善单个国家的对外收支状况，如果所有国家都如此这般来行事的话，那么，最终的结果只能是各国之间彼此相互伤害，没有一个国家可以从中获益。

因此，留给我们的只是这样一个明显的结论，那就是，除了增加全世界的贷款支出，我们并没有任何其他的有效方法来提高世界价格。事实上，正是因为美国在国内外都广泛地运用贷款为其支出进行融资，带来了信用上的崩溃，才最终引发了这场大萧条。

那些流行的解决办法，之所以能够流行开来，正是因为它们为贷款支出打开了方便之门。不过，在完成增加贷款支出的这个任务上，还存在着几个不同的阶段；而且，如果其中任何一个阶段出现了问题，我们都将无法实现我们的目标。因此，我必须得要求读者诸君可以少安毋躁，能够让我尝试着进一步给出有条有理的分析来。

（1）首先一点，银行信用的获取，其成本应该足够低廉，其供应要足够充裕。只有当每一家中央银行都感觉自己拥有充足的国际货币储备，从而解除了后顾之忧时，这一点才有实现的可能。主要的金融中心对于银行信贷平衡丧失了信心，使得它们为了上述的目的而构建国际货币的努力举步维艰，这极大地恶化了储备的短缺状况。基于同样的原因，全世界大部分的黄金都集中在少数几个国家的中央银行手中。另外一方面，我们都极力欢迎提高金矿的产量，或者减少印度所囤积的那些根本不发挥任何作用的黄金，这是因为储备货币的数量将会由此而得以增加。根据黄金的价格，而使本国的通货贬值，乃是属于此一范畴的另外一种解决办法。又或者，我们放弃固定不变的黄金平价，可能也会对这种情况有所帮助，因为如果有必要，一国的中央银行完全可以通过允许用外汇来兑换黄金以缓解紧张的局势，这就只需要一个较小规模的国际货币储备就足够了。对于银行为发行纸币而必须持有的国际货币的法定比例，我们可以把这一比例加以降低，这样也可以在较小的程度上有助于实现我们的目标。

但是，这才只是第一个阶段而已。在复苏的早期阶段，可以较有把握地以短期银行信贷来进行融资的贷款支出，并不会太多。只有在企业确实有了明显的起色之后，银行信贷才会在帮助企业恢复营运资本方面发挥作用。在一般的情况下，我们是能够期待第一阶段会自动地转到第二个阶段上来的。但是，在今天的条件下，这种期待恐怕很难实现。

（2）因此，一旦长期利率对于所有那些理性、稳健的借贷者来说都比较低的时候，这就一定是到达了第二个阶段。为了让长期利率达到足够低的水平，这就要求政府和中央银行联手，其形式可以是通过银行在公开市场上的操作，可以是通过财政部来制定适时的兑换方案，可以是通过公共舆论认可的预算方案来提振对于金融的信心，也可以是其他一些方法，诸种手段多管齐下，联合起来加以运用，方可致其全功。但是，正是在这个阶段，存在着某种困境；由于心理上的原因，在向更低的长期利率上进行转变方面，暂时减少贷款支出可能确实会发挥着必不可少的作用。然而，由于该政策的整体目标是要促进贷款支出，所以，我们显然必须得谨慎从事，这种暂时的缩减行为只能以我们所需要的时间为限，一天也不能稍加延长。

有几个国家已经处在了第一个阶段上。但只有英国，目前已经到达了第二个阶段。这正是我们的财政部和英格兰银行联合取得的巨大成就，在向更低的长期利率转变方面，它们的工作完成得非常漂亮；而在这个方面，一直到最近，对于法国和美国来说，都可以说是一件更加容易的工作，但是，它们却把事情搞得一团糟。

(3) 不过，还有第三个阶段。因为即便我们已经到达了第二个阶段，单凭私人企业自己的积极性，要在足够大的规模上担负起增加贷款支出的重任，仍然是不可能的。只有在企业开始重新获得了利润*之后*，它才会寻求扩大它的规模。也只有在产出开始提高*之后*，企业才会需要增加营运资本。此外，在现代社会中，我们那些贷款支出的常规项目里有很大一部分比例乃是通过公共或准公共机构来承担起来的。工商业在一年之中所需要的新增贷款支出，即便是在景气的时候，比较起来也相对为小。建筑业、交通业以及公用事业，无论在哪一个时期，都会占据着当前贷款支出中的大头。

因此，首先要做的，必须是调动公共权力机构的积极性；随着企业接连地遭受经营失败的命运，不再近乎无望地相信坚持不懈必有所报，从而停止在亏本的情况下进行生产，当此之时，如果要打破恶性循环的怪圈，阻止进一步的衰退，那就可能不得不采取大规模的行动，下定决心进行组织，方才有实现目标的可能性。

一些愤世嫉俗之徒，根据那种一直以来都存在的偏颇之见，断定只有战争才能终止一场重大的衰退。这是因为，到目前为止，战争一直是政府大规模贷款支出的唯一目标，这个规模在政府看来是相当庞大的。而对于一切有关和平的议题，他们却从来是瞻前顾后、谨小慎微、半心半意，全无半点坚忍不拔或者果决勇毅的精神，他们把借贷看成是一项负累，而不是社会的剩余资源向有用的资产进行转化过程当中的一个纽带。如果这些社会剩余资源不能进行这样的转化，那它们就会被白白地浪费掉。

我希望英国政府将向我们表明，即便在处理有关和平的任务上，大不列颠也能够表现出充沛的活力来。认识到 10 套房屋是国家的资产，而百万之众的失业大军乃是国家的一项负债，应当并非什么难事。

(4) 然而，我们的主题是要提高世界价格水平，要实现这一点，还必须有第四个阶段。贷款支出的良好影响必须要被扩散到全世界。如何才能促进这一进程，将是下一章的主题。

IV 给世界经济大会的建议

我们已经得出结论，要想提高世界价格，除了增加全世界的贷款支出而外，并无他途。我建议应该把如何实现这一目标作为世界经济大会的中心议题。我认为，对于完成这项任务，我们有三种——而且也只有三种——可能的方式可以为此提供一些帮助。

(1) 第一种方式可能也是最显而易见的，就是由那些在外汇支出状况上较为良好，或黄金储备过剩的金融实力较强的国家，以那种我们过去曾习以为常的方式，给那些实力较弱的债务国提供直接的国外贷款。

由于时局提供了这样的机会，今日或许有可能再来恢复这种传统的政策。但是，如果想指望这种外国贷款在今天的复苏过程中发挥重要的作用，不能说不是一种空想。最有能力提供贷款的那些国家，提供贷款的可能性反而最小。而且，当那些过去已经承担了风险的私人投资者落得如此狼狈的结局之时，期待他们再来承受这类新的风险，也是没有道理的。

(2) 第二种方式也许会更有前途，那就是让金融实力较强的那些国家，按照前述第Ⅱ章所介绍的那几种办法，在**国内**增加贷款支出。因为非常有幸，这类支出有着双重的好处。就其用在国内生产的产品之上的支出而言，初始贷款支出对于就业将会产生有利的乘数效应。至于由此所引起的用在进口产品之上的支出增加，将会于国外产生类似的良好效应，并巩固其出口国的地位，不但会带来彼此互惠的贸易购买，而且还会增加它们自身的贷款支出。这样的过程一旦开启，就会像滚雪球一样越滚越大。

因此，对于由国内贷款支出的大胆政策而可能带来的进口的增加，使用我们国内的有用资源而为之提供资金，也许要比向国外告贷更好一些。此举同样有利于一国之外的世界其他国家，而且也一定会比进一步增加国际债务更加健康。

(3) 然而，一直到现在，我们所讨论的各种解决方案，它们在数量上所产生的效果，与提高世界价格这一主题相比，比例上仍然完全无法与之相称，这一点似乎也是显而易见的。除非在很多不同的国家之内几乎同时实行大规模减免税负，并增加贷款支出的政策，否则的话，在一段合理的时期之内，我仍然看不到关于世界价格能够得到充分提高这方面有什么可靠的前景。我们应该对增加支出的**同时性**予以高度的重视。因为每一个国家都会担心，增加本国的贷款支出可能会加大该国在保持良好的对外收支平衡方面的压力，而如果其他国家也同时施行相同的政策，则这种压力即可相互抵消。孤立的行动可能会是鲁莽之举。但不管怎么说，全体一致的行动却不会带来任何危险。

现在，我们的观点又被推进了一步。我们已经得出了问题的重点所在，于此，国际联合行动才是政策的核心。这就是说，我们已经进入了世界经济大会所要讨论的领域和范围之内。我认为，这次大会的任务，就是要设计出像这样的某种联合行动，来减轻中央银行的焦虑，缓解它们在储备方面的紧张局面，或者消除它们对这种紧张局面的恐惧与预期。如此，则将会使得更多的国家得以达到我在本篇第Ⅳ章所给出过的第一个阶段——在此阶段上，银行信贷充裕，而且成本低廉，易于获得。但是，我们只能通过国际行动把这些马引到水源地，却不能强按下马头让它们饮水。毕竟，这是人家的国内事务。不过，我们至少可以为它们提供水源。把千千万万条购买力的小溪流释放出来，让它们来滋润这干渴已久的世界，使之重新焕发生机与活力，乃是这次世界大会的主要任务。

如果世界大会将自己投身于制定有关降低关税、取消配额和放松外汇管制的那些出于一番好心却又无法实现的决议，那么它无疑是在浪费时间。这些措施并非是英国或英帝国深思熟虑的政策之体现，它们一直是作为一种自我保护的手段而迫不得已才予以实施的，它们并非是外汇紧张局面的病因所在，而只是其病症的症候。若然只是通过一纸空文来对这些病症临风悲悼，而丝毫不去触及疾病本身，这对大会的精神来说，代价是非常高昂的。在即将到来的这次大会上，提出具体的建议，触及病根，以使此次大会富有实际的意义，如此重任，英国政府应该当仁不让。

在积极的治疗方案能够获得一个良好的机会进行实施之前，还必须要完成某些准备性工作。首先，我们所有人对于战争债务和战争赔偿问题难以回避这一点，可谓都已经达成了共识。这是因为，正是它们在由严峻的外汇紧张局面而引起恐惧这个方面，起着主要的作用。这些问题的解决将会给我们的联合行动创造良机，但是，我们是否有了一套积极的行动计划，可以借此来把握住这一良机呢？

如果通过给各国财政部和中央银行供应更为充裕的国际货币储备，从而在世界范围内缓解这些机构的焦虑之情，那么，是不可能有什么快速见效的解决方案的。针对这一目标而设计的计划，可以有相当多种，它们彼此之间颇多相类，有很多共通之处。经过多次私下的讨论，并在借鉴了其他人的一些想法之后，我确信，下面所提出的这个计划，乃是其中最好的一个。如果还有比这个计划能够获取更多支持的，那把它们作为更为可取的选择，也是无妨的。

任何增加国际货币储备的计划，均应当满足以下这几个条件。首先，所增加的储备应该以黄金作为基础。因为当黄金很迅速地不再作为国家货币使用之时，它却正在成为最普遍持有的国际货币储备，并用来应对外汇方面的外流，而这甚至较之以前有过之而无不及。其次，它不应该是施舍性的，不仅那些特别贫困的国家能够得到这类新增储备，而且所有符合一般原则的参与国都应该可以获得。实际上，当今世界，可以安然高卧，无须对自己的地位进行任何巩固的国家，即便是有，也是少之又少。第三，尚未得到解决的那些新增储备的数量，应该具有一定的灵活性，这样的话，它们就可以不是作为世界货币供应的永久性净增加量而运营，而是作为一种平衡因素来发挥作用，一旦世界价格像眼下这般低到不正常的程度时，就把它们释放出来，而当价格上涨得过高时，还可以再把它们收回去。这些条件可以通过以下几个方面而得到满足：

(i) 应建立一个国际机构来负责金本位纸币的发行，其面值要根据美元的黄金含量进行设定。

(ii) 这些纸币的发行上限是 50 亿美元，各参与国可以使用本国政府的黄金债券来兑换等额面值的纸币，直到每个国家的最高限额用完为止。

(iii) 对每个国家的配额比例的确定，所依据的原则应当是它在最近某个标准日期——比如 1928 年年底——所持有的黄金储备数量，前提是任何一个国家的份额均不应超过 4.5 亿美元，而且不能动用管理委员会的权力来对这一原则的严格性进行变通，除非它能够给出毋须严格遵守这一原则的特殊理由。（例如，对于那些使用白银的国家，就需要再附加一些特别的条款。）这一原则所造成的影响在于它使每一个国家皆以上述附加性条款中的最高限额为约束而增加其储备，增加的份额与其在1928年所持有的黄金数量大体相当。本章的附录给出了每个国家具体的分配比例。

(iv) 每个参与国的政府都应当通过立法规定这些黄金债券将会以等价的黄金予以接受，而且不应进入实际流通，而仅由财政部或中央银行来持有，或者是作为国内纸币发行的储备。

(v) 该机构的管理委员会应当由各参与国的政府选举产生，各国政府可以自由地将其权力委托给它们的中央银行，委员会中的每一个代表取得与其份额相称的投票权。

(vi) 这些黄金债券是可以带来利息的，起初这种利息微乎其微或者非常之低，并且可以由管理委员会根据下文第（viii）条之规定，时不时地对之加以变更。这些黄金债券在任何时候都可以由为它们做出担保的政府来加以偿付；否则的话，即由管理委员会根据第（viii）条对其进行警告。

(vii) 这些利息在偿付了开支之后，应以黄金的形式作为保证基金而被留存起来。此外，每个参与国的政府均须确保承担与其最高限额在比例上相匹配的、因违约而造成的任何最终损失。

(viii) 管理委员会应审慎地使用其自由决定权，来修正纸币发行量活黄金债券的利率，尽可能地避免使进入国际贸易当中的初级产品的黄金价格水平，上升到某个约定的常规水平以上，这个常规水平当在其当前价格和1928年的价格水平——也可能是1930年的价格水平——之间；这也是管理委员会要实现的唯一目标。

附录

前文（iii）提出，在分配 50 亿美元金本位纸币的原则下，要按照各国在 1928 年底持有的黄金储备来确定比例，对此的限制是，任何一个国家的最高限额为 4.5 亿美元，由此而制定的分配如下：

表 1 单位：百万美元

意大利	266	匈牙利	35
荷兰	175	捷克斯洛伐克	34
巴西	149	罗马尼亚	30
比利时	126	奥地利	24
印度	124	哥伦比亚	24
加拿大	114	秘鲁	20
澳大利亚	108	南斯拉夫	18
瑞士	103	埃及	18
波兰	70	保加利亚	10
乌拉圭	68	葡萄牙	9
爪哇	68	芬兰	8
瑞典	63	希腊	7
丹麦	46	智利	7
挪威	39	拉脱维亚	5
南非	39	立陶宛	3
新西兰	35	爱沙尼亚	2

七个国家（英国、美国、法国、德国、西班牙、阿根廷和日本）将取得每个国家 4.5 亿美元最高限额的资格。

除了智利这个国家有其特殊情况需要另加考虑之外，以及希腊和加拿大的情况也需略加斟酌，这个特定日期的选择，应当说对于其他所有国家都不能说是不够公正的。如果我们从 1925 年到 1928 年这几年中，来把持有黄金储备数值最高的那一个年末给选出来的话，那么，上面这些国家中只有下面这几个的份额比例会发生变化：

表 2   单位：百万美元

	1928 年	1925 年到 1928 年的最高值
丹麦	46	56
希腊	7	10
荷兰	175	178
加拿大	114	158
智利	7	34
新西兰	35	38
爪哇	68	79
南非	39	44

V 国际纸币发行与金本位制度

在前面一章里，我提出了发行国际纸币的建议，借此来缓解各国中央银行的焦虑之情，从而使它们得以腾出双手来促进贷款支出，由此提高价格水平，恢复就业。这一政策的必要性所在，乃是基于我所反复强调的那个结论，即要想提高世界价格水平，舍去增加贷款支出之外，别无他途。不过，对于这一意义至为深远的建议，就其中进一步的细节问题加以填充，这样的尝试应该值得一做。

如果这一建议能够取得充分的认同，那么，接受这一建议并实行之，就可以为确保实现下面这样的承诺而提供一个绝佳的机会。这一承诺就是，因此而提供的援助要首先用于减少某些由于在恶劣的环境压力下已经成为普遍的不合理的国际通行做法。外汇管制应当予以废止。陷入停顿的协议和外汇结存的冻结应当被逐步清偿的确切计划所取代。旨在保护对外收支平衡，而非致力于长期国家政策的关税和配额，应当予以废除。那些更有实力的金融中心应当将其货币市场重新向外汇信贷开放。在延展偿债基金和降低利息和本金等手段（这种降低也许可以根据价格指数来做出）的辅助下，应当终止对国外持有的公债的拖欠现象，即便是在新的环境之下，无力偿付的国家也须在得到一个独立的专家团队的认可之后才能免于此条。就我个人的观点而言，我认为，我们应当拒绝任何不履行其国际协议和义务的国家参与到这项计划中来。

受这些外部条件的限制，让每一个参与国自由地选择最佳方式来利用其配额，将会是明智之举。这是因为，不同的国家在需要上往往千差万别，未可一概而论。有些参与国需要解除迫在眉睫的外债压力，有些需要恢复预算的平衡，有些需要重建其商业上的信用，有些则要为兑换计划做好准备，有些想的却是对国家发展大计进行组织安排，如此等等，不一而足。但是，所有这些国家同样都是在朝着我们所期待的方向行进。

然而，我还有一个基本的条件尚未提及。这种国际纸币须是金本位货币，而且，参与国也须将它们作为等价的黄金来加以接受方可。这意味着每一个参与国的国家通货将与黄金保持着某种明确的关系。也就是说，它所牵涉的乃是一种有条件的向金本位制度所做的复归。

我最近总是把黄金描绘成"野蛮时代的遗迹"，在这个国家公认的那些权威为我们恢复金本位制度制定出连他们自己也一定知道根本不可能实现的条件之时，我却成了这样一个政策的提倡者，这看起来似乎有些不可思议。情况可能是这样的，由于我一直以来对黄金从未有过迷恋之心，所以，我也就不那么容易遭受到幻想破灭之苦。不过，这主要还是因为我认为黄金在遭到如此重挫之后，对于它将来的管理，我们现在应该规定一些条件，否则的话它将再难为人们所接受。不管怎样，我所倡导的政策均须满足下述这些限制条件。

每一个参与国皆应当接受在黄金与其本国货币之间所存在的事实上的平价水平，同时黄金的买和卖在价位上不应该超过5%的幅度，这将是采纳发行国际纸币这一建议的一个必要条件。根据我的判断，因为通过新发行的纸币而使黄金及其等价物在供给上有了增加，各国承担起这样的义务，不但安全，而且也是可取的。如果有必要，那么，这种事实上的平价水平也应该和银行利率一样，根据形势的需要而不时地加以变动——尽管我们希望这种变动幅度要小一些。除非我们对国际价格未来的发展方向，以及新成立的国际权威机构的委员会能够成功对之施加影响这些方面有了更为精深的了解，否则的话，贸然实行不变的平价政策，并非明智之举。而且，这样的政策要求在国内和国际环境之间长期保持着某种能够逐步做出调整的力量。除此之外，管理委员会也须在应对紧急情况和常例之外有某种自由处置之权力。按照近来的经验，在黄金的买和卖之间，保持5%的幅度是一定要的，对于流动资金在各个国际金融中心之间的快速流转，这可以起到一种抑制和防护的作用，而且它还可以让银行利率和信贷政策取得合理的独立性，以使之适应不同国情的要求——尽管在日常的实际运作中，是并没有什么可以阻止一间中央银行，把它的本国货币的黄金平价维持在更为狭窄的幅度之内的。

在这些预防性的措施之下，随之而来的将是外汇收支状况更加稳定，由此所得到的好处是很多的，而损害则是很少的。在汇率波动方面，除了要抵消国际价格水平上有违人意的变化，或者针对哪个国家临时的或永久性的特殊国情，而以最低程度的摩擦来对之进行一定的调整之外，我们并没有其他的目的需要实现。以其他任何理由做出这种汇率上的变动，都不应允许之。

对于这个国家，我们的政府当局即便是对有限地恢复金本位制度，也规定了条件，即世界黄金储备必须要有更为平均的分布。我们于此所提出的这个计划，将可使这一条件得到满足，我认为，这堪称是本项计划一个相当可喜的附带而来的好处。事实上，我也想象不出，在一段合理的时期之内，还有什么其他的办法可以满足这一条件了。这是因为，这一条件意味着，法兰西银行和美国联邦储备系统要和这个世界上的那些一贫如洗的国家均分它们的黄金储备，这样的条件要想实现，很显然无异于痴人说梦，而且今日与往日相比，是更加不可能实现的了。同样，如果这一条件意味着这些国家要向国外提供人人超出其外汇结存的巨额贷款，以至于引起严重的黄金外流，那么，任何明白事理的人对此也都不会抱有什么期待。此外，以今日之形势观之，鉴于把外汇结余作为储备货币的做法已经完全走到了尽头，同时根据世界上最为强大的金融中心的经验而考虑到试图流转的是如此之规模的外汇结余，这就不仅仅是一个黄金分布不均的问题可以概括的了。较之于最近这场国际信贷震荡之前，为了维持一个既定的世界价格水平，我们所需要的储备货币的绝对数额，则要巨大得多。这可能并不一定是一个永久性的要求。但是，这在目前却是客观存在的要求，无可避免，而且在我们期待中央银行能够保持舒畅的心情而免于忧心忡忡之前，这个要求就必须要得到满足，因为这是中央银行可以无所顾忌地鼓励增加贷款支出以提高世界价格的一个条件。因此，诸如我在前文所提出来的这类计划，俨然已经是世界经济复苏的一个不可或缺的条件了。如果我们只是对提高世界价格之必要性，大逞口舌之劳，而对实现这一结果的这唯一的措施置之不顾，那将徒劳无益。

所有国家的通货均根据黄金而同时贬值，有时这一建议也会作为备选方案之一种而被提出来，尽管这个方案也可以带来某些好处，但是它却存在着一个极大的缺陷，那就是它只是强化了那些已经拥有大量黄金储备，从而也就相对强大的国家的地位而已。

VI 结论

我一直努力地想以寥寥数语来涵盖这样一个覆盖面比较广阔的领域。尽管覆盖面比较广阔，但是我的主题实际上却是比较简单的，因此，我希望我已经把它传达给了读者。

当下流传的很多建议，就其意旨上来说，与我们这本小册子中所提出的建议实际上是颇多相类的。有些建议处理的是这个领域中的这部分问题，而有些则处理的是另外一部分的问题。如果我们希望采取充分的行动来解决这一问题，所需要的计划就当不止一个。我们对包括那些在景气的时期也会带来失业的因素，进行通盘而必要的考虑之后，可以这样说，英国至少需要让 100 万人重新回到就业岗位。根据我在前文提出并作为我们分析前提的假设可知，让一个人回到工作岗位一年，需要初始支出 150 英镑，以此为基础来计算，我们需要的新增贷款支出**再加上**新增外汇结余，总共算起来可达 1.5 亿英镑。如果我们采取更为乐观的每人每年 100 英镑的数字——这个数字也是我倾向于赞同的数字，那么，我们所需要的初始支出将会是每年 1 亿英镑。在世界经济复苏到来之前，我们是不能指望从外汇结余中取得更进一步的支援，从而来达到这样一个总的数额的。因此，这就需要我们更为审慎地假定，我们每年须从增加的国内贷款支出中取得的新增初始支出，至少要在 1 亿英镑，如此方可解我们的燃眉之急。

要实现这样的数额，其难度是非常之大的，但是，这也不是说就完全没有这种可能。将偿债基金暂行停止运营，出于某些适当的目的而进行借贷，通过这些办法，可以使一部分税收得以减免，从中我们至少能够获得 5 000 万英镑，而这一推断或许还是比较合理的；虽然通过这些办法，并不会带来可以多达 5 000 万英镑初始支出的增加，但也毕竟有助于形势的缓解。在此基础之上，私人企业再添新增贷款支出（比如说）6 000 万英镑，这将是朝向重振就业迈出的切实一步，对此，地方政府、公共机构和中央政府可以施予援手，也可以放任不管。

因为先前的努力其效果被抵偿性的影响所遮掩，所以，我认为，对于按照这些路线而采取富有成效的行动所具备的潜在力量而言，我们是有些太过悲观了。贷款支出和外汇结余的效果是**颇为类似的**，理解这一点至关重要。与 1929 年相比，[1] 1930 年的外汇结余下降了 7 500 万英镑，1931 年则下降了 2.07 亿英镑。因此，正是外汇结余的迅速减少，才使得工党政府增加就业的努力付诸东流；他们所承担的新增贷款支出与上述外汇结余的减少相比，在规模上则要小得多。不过，话又说回来，虽然 1932 年的外汇结余比 1931 年相比增加了 7 400 万英镑，但是却同样也没有带来就业的增加，因为它所带来的影响被多党联合政府大幅度削减贷款支出的措施给抵消了。如果工党政府对外汇结余不加保护的政策，再结合多党联合政府削减贷款支出的政策，双管齐下，这将会使我们陷入何等万劫不复之困局，那就只有天知道了！企业的亏损将会升至

1　这些数字是商务部估计的结果，其中并不包括 1932 年以黄金形式向美国偿付的债务。我个人认为，在所有这些年份中，其确切的数字可能还要比商务部的估计值高出 2 500 万英镑。但这并不影响上面所给出的那些比较性数字。

与美国相比不相上下的程度，[1]我们的铁路公司将会破产，整个国家的工业将陷于近乎停滞的状态。另一方面，一直到现在，英国还从未尝试过另外一种组合起来的方案，那就是，在对外汇结余进行保护的同时，倾尽全力地去刺激贷款支出的增加。

因此，我恳请政府在制定我们的国内政策时，不妨对这项尚未被触及的组合政策加以尝试。我们的那些出席世界经济大会的代表们，也应该在会上大力宣扬根据我们在前文中提出的那些一般方式来扩张国际储备货币。

所以如此，乃是因为我们已经到了千钧一发的紧要关头。从某种意义上来说，遥看我们的前途，重重迷雾正在逐渐消散。我们至少可以清楚地看到，我们当下所走的这条道路，正在使我们走向万劫不复的深渊。几乎不会有人怀疑我们必须一刻也不能耽搁地要找寻到一种有效的方法来提高世界价格；否则的话，我们一定会看到现有的协议框架和债务合约的崩溃，伴随而来的是对在金融和政府方面的正统领导彻底的不信任，最终结果将会如何，我们谁都将无法逆料。

权力当局已经宣布赞成提高世界价格。因此，采取某种积极的政策，从而实现这一目标，乃是我们义不容辞的责任。如果他们手中已然有了这样的一种政策，我们不知道它到底是什么。我一直在试图告诉大家，如果要想使他们的政策取得成功，就必须满足一些基本条件，而且，我还给出了一类或许能够实现这些条件的计划。

1　与1932年之前一样，美国没有通过发放贷款来获取救助，而且也未能运用我们在1931年9月之后所采取的那些方法来改善外汇收支状况，我认为，美国所面临的极端困难局面，主要乃是由这方面的失误综合作用所带来的结果。

如何筹措战费（1940）

本篇据麦克米伦出版公司（MACMILLAN AND CO.，
LIMITED）1940 年版 *How to Pay for the War* 一书译出

《如何筹措战费》是由凯恩斯写给《泰晤士报》的两篇长文发展而来，它们分别发表于该报 1939 年 11 月 14 日和 15 日出版的两期之上。1940 年 2 月，凯恩斯将他的思想加以扩充，以一本小书的形式予以出版，就是这本《如何筹措战费》。在那个战火纷飞的年代，印刷条件极端恶劣，所以，在第一版《如何筹措战费》中，各种小的印刷错误随处可见，盈于篇中。在这里，译者根据后人给出的勘误表进行了订正。译毕后，偶然于因特网上查到 1941 年由殷锡琪、曾鲁两位先生翻译的译本，其译文典雅，云霞满纸，译者又对照两位前贤的珠玉之作对译文进行了修订，在此特向二位先生致敬。能以此方式接续前贤事业，译者深感荣幸！

兄弟们，朋友们，同胞们，子民们：

我现在要对你们讲的，与你们对上帝的义务，对自己灵魂拯救的关切，对你们自己以及子孙后代的顾念，一样都是紧密相关的。你们的得以果腹的食物和得以蔽体的衣物，以及每一件日常生活中的必需之物，都完全仰赖于它。因此，我以最大的热忱劝诫你们，作为**人**，**作为基督徒**，**作为父母家长**，作为**爱国之士**，切请你们聚精会神地来阅读一下这篇文章，或者请他人为你们诵读，为了尽可能让你们减少花销，我已经谕示出版商以最低的价格将这本小书卖给你们。

这篇文章写来并无他意，只是**为了你们好，如果你们不用心地读一读他所给出的建议**，那真是一个不可原谅的过错；只需要花一点点儿小钱买上一本，就可以让你们一打儿人大受其益。如果你们对谁是你们的朋友、谁是你们的敌人这样的问题没有共同的或普遍的兴趣，甚至你们当中那些最聪敏的人也对此不闻不问、毫不关切的话，那么，这真可以称得上是愚不可及了。

（摘自垂皮尔的第一封书简——1724 年）[1]

1　1723 年，英王的情妇肯德尔公爵夫人获得了在爱尔兰铸造半便士铜币的特许状，并把它卖给了英国商人威廉·伍德，赚了 1 万英镑。伍德只要用价值 6 万英镑的铜就可以铸造价值 10.08 万英镑的半便士铜币，可获暴利 4 万英镑。这对于贫困的爱尔兰人民是严重的威胁。生于爱尔兰的英国作家乔纳森·斯威夫特就化名"垂皮尔"发表了几封公开信。他号召爱尔兰人民坚持斗争，一致拒绝使用半便士铜币。英国当局在爱尔兰人民群起抵抗的压力下，被迫减少发行额 4 万英镑来缓和局势，并派出一位大臣到爱尔兰来镇压。斯威夫特对爱尔兰人民说："……你们要知道根据上帝的、自然的、各国的和你们本国的法律，你们是，也应该是和你们的英国弟兄一样的自由人民。"爱尔兰人民在斯威夫特的领导和鼓舞下终于取得了胜利，英国当局被迫收回成命。但是《垂皮尔书简》却具有更为深广的意义，它发出了爱尔兰人民争取自由独立、摆脱英国殖民统治的雄伟的呼声。斯威夫特在这一事件后受到广大人民群众的热烈爱戴，成为爱尔兰人民的英雄。乔纳森·斯威夫特（Jonathan Swift），1667 年 11 月 30 日出生于爱尔兰都柏林，英国作家、政论家，讽刺文学大师，以著名的《格列佛游记》和《一只桶的故事》等作品闻名于世。这段引文为殷、曾二先生译本所无。——译者注

前　言

本书所讨论的，乃是如何协调战争的需要与私人的消费需要方为上策这个问题。

在去年的 11 月份，我在《泰晤士报》上发表了三篇文章，第一次提出了"强制储蓄"（Compulsory Savings）的建议草案。我固然不奢望这一类的新方案能够引起大家热烈的讨论。不过，不管是专家，还是一般的国民，都未曾对这一草案提出反对意见，也没有人提出过比它更好的计划方案。到目前为止，舆论无非以这种理想之法过于新奇为由，担心一时之间不能为国民所接受。当然，这的确是显而易见的事实，无可否认。但是，战时经济之必要，必然很快就会为国民所认识到；而且，根据种种事实情况来看，我们的国民并不是像想象的那般落后和保守。

在由此引发的各种各样的评论当中，也确有一些颇有价值的建议。我在此所提出来的这个较为详尽的修正草案，受益匪浅。也正因此，这才有了现在这版在内容上更为充实详备的修正草案。在最初那个版本的草案中，我主要关注的是财政上的技术问题，而对于这种技术在充分地促进社会公平这方面的作用，我是没有加以注意并有所利用的。是故，在这次修正版草案中，乘战时军需迫切之际，我希望能够抓住机会，努力推行积极的社会改良之策。现在我所提出的这项计划，可称全备，其中包括：覆盖面广泛的家庭现金津贴制、工人阶级在自行管理下积累财富的办法、生活必需品的廉价配给制，以及在战后推行资本税制等等；这些计划，对于实现经济分配方面的公平，较之于最近其他人所提出的任何建议，将会取得更大的进步。在其间，并不存在什么自相矛盾的地方。战争所要求的牺牲，应尽量从那些在负担能力上最薄弱者身上加以豁免，今日较之于往昔，对于这一点，人们已经开始更加迫切地进行关注了。

像这样的计划，如若不将它与其他可供选择的方案进行比较，是无法做出公平的判断的。然而，迄今为止，其他方案仍然渺不可得，没有任何迹象表明有寻得的希望，这也就无从进行比较了。财政大臣今日在下议院解释道，他正在筹划如何对生活费用进行补助，从而防止工资的上涨。这个措施若能成为一项综合全面的计划之一部分，倒不失为是一项明智之举；在本书下文就将给出有关此类措施的建议。如果这仅仅是一种为了争取时间而实施的过渡性安排，也可算得上是顾虑周详、精明审慎之为。而如果想仅仅通过这项措施即求得问题之解决，则可谓适得其反。这是因为，追求金钱这一动机的力量会有时而尽，如果强欲使其去完成它所不能完成的任务，势必会使得人们手中的购买力与能够用来满足他们消费的供给之间愈发地偏离均衡状态。

财政大臣对这样的结论已经表示同意。因此，我希望他也能抱着同样的赞许态度，来看待我将他的政策衍化成一个连贯而完备的整体之企图。我曾就我的这些建议向许多方面征询意见，也收到了多方的评论。我坚定地以为，这些建议若能由权力机构所接纳并付诸实施，绝无不通之理。战争即来，覆巢之下，安有完卵，没有人可以期待侥幸脱免。我的这项方案，其缺点不在于它要求过多，恰恰相反，乃在于它要求过少；就其所欲完成的任务之重大言之，一年以后，我们也许会发现这项计划开始时步子迈得太小，也太过微弱了。

既然因循坐误或者办法止于折中这样的可能性我们无由排除，那么，我且冒险来做这样的预言。我在本书之中探讨了通货膨胀的运行机理；我料想，如果我们逃避责任，则通货膨胀的到来必是大家意料中的事情。不过，根据我的猜测，通货膨胀可能相对比较温和，是慢性的，而且仅仅只会发生于战争后期，不会立刻呈现出来。在《金枝》（*Golden Bough*）[1]这本书中，有这样一个段落，描述的是原始人类经常根据非常之少的经验来对事物加以推断，非常有趣。人类之易于形成"条件反射"，这一点与犬类极为相似，铃铛之声一旦响起，它们总是盼望能有和上一次一样的经历。不过，今天引起通货膨胀的心理已非同昔日。需求大于供给，从而导致价格上涨的自然趋势，今日不特无之，而且除了成本实际上涨这一情况之外，厂商和零售商也不愿意抬高物价，这一点竟然和消费者不愿意支付较高的价格一样。他们并不是想藐视舆论，或者有侮慢当局的意图。对于《反暴利法》（Anti-Profiteering Act）的出台，他们感到大惑不解，对自己所处的地位也存在颇多疑虑。由于在战争期间要缴纳超额利润税（Excess Profits Tax），所以，较之于往日，他们追求利润最大化的积极性就大不如之。简而言之，他们宁肯卖光存货，使后来的消费者无法得到满足，也不愿将价格提高到使供求达至均衡状态的水平上来；如此这般，既不会让他们损失过多，也能够让自己少些麻烦，良心上也可求得安宁。

因此，在最初的这第一阶段，我建议，宁可出现供给上的短缺，也

1　《金枝》是一部严肃的研究原始信仰和巫术活动的科学著作，是一部在世界范围内研究古老习俗及其有关信仰、观念的科学巨著，也是闻名遐迩的学术必读著作，由于该书搜集了丰富的人类学资料，被称为人类学的百科全书。本书作者 J. G.弗雷泽（1854—1941 年），英国著名的民族学家，宗教史学家，享有世界声誉的文化人类学家，早期进化学派人类学的代表人物之一。——译者注

不要出现物价的飞涨。通过物价飞涨来限制消费的方法，是极不公平、极其缺乏效率的办法，同时也极容易引起民怨。如果这种方法带来了定量配给制的广泛施行——而且这是极有可能的，那么，根据下面所要解释的原因，即由于人们的需要以及嗜好的多种多样，必将会进一步地使浪费更大，效率也更为低下。正确的方法，应该是先将购买力限制在适当的范围以内，然后尽量听凭消费者自由地使用他们的金钱，在尽可能多的消费选择上进行抉择。而且，久而久之，购买力形成的压力会导致通货膨胀的发生，因此，将购买力限制在适当的范围以内，乃是一种最自然的解决办法，同时也是唯一有效的备选方案。

不过，这会进一步带来更加不如人意的后果，这一点并非绝无发生之可能。相对于消费者购买力而言，商品供应上的匮乏，将会对我们的贸易平衡施加不良压力。这是因为，如果供给出现短缺，势必会使出口商品减少，并且会增加进口商品和国内生产的商品，以用于当前的消费，这样一来，可以用于战争的资源就会减少。因此，我们也就很难全力以赴地投入战争中来，而且还会更加快速地消耗掉我们的外汇储备。

我们的任务至为艰巨，若不直面这一点而正视之，并努力地去克服它，那我们就成了怯懦之辈。所幸在我们国家这种情绪尚且没有出现，我们的民众只是坐待他人为其做出指示，告诉他们什么才是必须要做的事情。然而，这样的态度，亦可算得上是愚不可及了。因为胜利的关键所在，乃取决于我们能够明确无误地显示出这种组织起自己经济力量的能力，从而将冥顽不灵的敌人无限期地摈除在国际商业及社会的大门以外。

J. M.凯恩斯

剑桥大学国王学院

1940 年 2 月

I　问题的性质

　　要把一个习尚自由的社会，改组为战时体制，实在不是一件容易的事情。我们一向不习惯轻信专家或预言家的意见。我们的优势，在于所具有的临时应变之能力。然而，对于那些未经试验的思想，保持一种开放的心态，也是至为紧要的。战争何时才能结束，对此任何人都无法预言。军事机构的人士认为，结束战争的最佳保障，莫过于预作长远的打算。经济机构如果不能按照这种认识来处理手中的经济事务，那就颇显得荒唐可笑了，但这却正是目前我们所犯的错误之所在。借用雷诺先生（Monsieur Reynaud）[1]的一句话来说，那就是，我们实际上并不缺乏物质资源，我们所缺的，乃是清楚的头脑和可嘉的勇气而已。

　　如果各党派的舆论界领袖能于战争所造成的这种疲敝与纷乱之中，保持清醒的头脑，了解国家的需要，并向国民解释清楚什么事是我们所非做不可的，那么，勇气即唾手可得了。我们既有了勇气之后，就可以进一步在社会正义的精神指导之下，建议改革方案，而这项方案应当利用目前这一大众普遍乐于做出牺牲的时期，来作为深入改变我们已经着

　　1　即保罗·雷诺（Paul Reynaud, 1878—1966年），法国政治家、律师，在两次大战之中均有突出表现，他以秉持经济自由主义和激进的反德国立场而闻名。——译者注

手处理的不公平现象之良机，不能是相反而为，把这个特殊时期作为借口，用来拖延各种亟待推行的改革事项。

因此，我们当下最为需要的，乃是要首先做到更为明确的认识。但是，要做到这一点，确实也不是一件容易的事。这是因为，经济问题的所有方面往往是相互联系，彼此盘根错节，没有任何一方面可以单独地予以解决。我们的资源，它的每一种用途都是以放弃它的另外一种用途作为代价的。而且，即便我们已经决定了可以划拨出多少资源用于居民消费品的生产，我们仍然要去解决另外一个至为棘手的问题，那就是该如何最为明智地分配这些消费品。

现在，我认为，我们应将我国的产出水平提高到我们的资源和管理水平所能容许的最高限度；将我们所能节省的物资全部用于出口，并以我们国家可资利用的船舶吨位以及我们国家所能利用的国外资产最高限额为标准，在审慎的态度之下，尽可能地进口国外的物资。从我们的总产出和进口商品的总额之中，必须剔除出口数额和所需的战略物资额度。这样一来，余下来的即国内的居民消费总额。显然，这一数量的多寡，取决于我们在其他方面的政策。我们若欲使这一数量得以增加，唯有减低我们在战争方面的努力，或者耗尽我们的外汇储备，舍此而外，别无他法。

要想确保各种不同的政策相互结合之后，对国内的居民消费总额能够产生正确无误的影响，实现这样的结果的确是异常困难之事，这有赖于我们在各项政策之间如何来权衡各种利弊得失。就拿供应部门来说吧，要使他们的举措不影响这一结果，那几乎是很难加以想象的。是让陆军部保有大量的制服库存储备，还是将这些布料用于出口，借以增加国库的外汇储备，这两者哪一个更加有利？我们应该使用我们的船坞来制造战舰，还是来制造商船，这两者哪一个更加有利？一个二十岁的农民，是任其留居乡间，躬耕力田，还是征其入伍，这两者哪一个更加有利？军队应该扩张到何种规模为宜？为了加强空袭防护措施而减少工作时间、降低效能，是否合理？诸如此类的问题，人们可以提出何止千百件，然而，对每一个问题的回答，都与留供居民消费的物资数量有着莫大的关系。

我们可以先把居民的生活标准给确定下来，然后再将居民之所得减去其消费总量，把由此得到的差额视为公务部门之所需及用于出口的数量；我们也可以将公务部门及用于出口的必需数量相加，用居民所得减去这一总和，将由此而得到的差额视为居民消费总量。把这两种方法所得之结果加以折中，就可以得到实际的数量。就目前而言，这类问题到底决于何人，倒也不是那么容易说得出来的。故而，其最终的结果，恐怕取决于偶然的成分要大于预先的计划。战争之初期阶段，战事需要与居民需要之间，堪比鱼与熊掌，难以得兼，如今看来，战争需要较之于居民需要，实应更为重要一些。

但是，无论上述问题的最后结果如何，到底是出于明智之见，还是出于愚蠢之为，是由于偶然所致，还是由于确有预先的计划，对于我们在这里所要讨论的问题而言，并没有什么重大的差别。假设我们根据我国所能组织起来的最大规模的总产出而计，那么，是必需取得一定的剩余来留作居民消费之用的。至于这一剩余在数额上的大小，则与居民总体的合理需要，显然有着密切的联系。如果某一特定方面的物资极为匮乏，且有愈演愈烈之势，那么，当此之时，居民需要就将反较战争需要为重，我们就须设法使前者更易于满足才是。但是，如果我们不打算对战争全力以赴、尽最大努力则已，否则的话，我们是不可以任由居民就其囊中所持有的货币，而对居民消费之物资数量产生重大的影响的。

这就是我们的根本问题所在。留作居民消费的物资必须有某一明确限定的数量。这一数量的大小，也许会与经过深思熟虑、考虑周详、高瞻远瞩之后所得的数量有所出入。但是，对其决定的标准，只在很小的程度上取决于居民囊中所持有的货币量，以及他们准备动用这笔储蓄的意愿。

这与和平时期的经验判若云泥。我们之所以觉得在面对战争所引起的经济上的后果方面不容易应对，其原因正在于此。我们过去一直习惯于在低于我们的生产能力的情况下生产出实际的产出水平。在这样的情形下，如果我们能够增加消费，那么，我们的生产总量就能得到提高，可供购买的商品数量也会增加。不过，在比例上，这两者则未必尽同。对直接消费品的供给增加，在比例上或许一时会不如对其需求增加的那么大，因此它的价格可能会出现一定程度的上涨。但是，如果人们更加勤奋地工作，收入增加得愈多，那么，他们的消费数量也一定能随之增加，从而消费量的增加与收入的增加基本可成比例，可以做到相去无多。

这就是说，在升平之时，蛋糕的大小取决于所完成的工作量。而在战争时期，蛋糕的大小则是固定不变的。如果我们加倍努力地投入到工作中去，那么，我们的战斗力即可得到加强。但是，我们一定不能多加浪费。

若欲国家施政贤明，则在民主国家当中，即便闾巷之人也都须明了以下这一基本的事实，即居民所能得享的蛋糕之大小，已经无可增减。

那么，从这一基本事实当中，我们又可以得到什么样的启示呢？

广义而言，这意味着一般国民是无法凭借货币收入的增加，而增加其消费量的。然而，我们大多数人总是力图增加自己的收入，也认为借此可以增加自己的消费；这种认识，在通常情况下，并没什么不对的地方。即便在今天，事实上，在某种意义上来说，这也可说是正确的。因为每一个人，如果他有更多的钱可以用来支出，那么他就确实可以增加自己的消费份额。不过，由于蛋糕大小既定，不再能够任意增减，所以，他只能是以另一个人消费份额的减少来作为代价做到这一点。

因此，就各个个体而论，凡是有益于个人的，即对社会不利。倘若全体国民皆欲增加消费，则将无人可从中获益，反受其害。明乎此，我们就有了一个绝佳的机会，来建议制定一项共同的计划，并实施一种人人皆应遵守的规章。根据这样的一项计划，我希望我能够证明，一般工薪阶层的消费量可以和以前一样，一仍其旧，除此之外，还可以有多余的钱款存入银行，以取未来之利，备不时之需；如若不然，则本可以存入银行的这笔钱款，将会归诸资本家阶层所有。如果没有这样一项计划，我们的消费不会增加，而我们之金钱所得，则会被全部用尽，直至分文不剩。这是因为，由于所要购买的商品成本上升，故而我们所用去的金钱，适足以购买市场上所可能买到的商品，除此之外再无余裕。如果任何人收入中的每 1 英镑都增加 2 先令，而用它所购买到的商品一如往昔之数量，那么，这就意味着物价也将在每 1 英镑之上上涨 2 先令；而任何人也不能多买得到一块面包或者 1 品脱的啤酒，人人之境况较之于前，并不会有什么起色。

除非利用税收来筹措全部的战费——事实上这在实际当中是不可行的——否则的话，战费当中的一部分就必须得以举债的方式来进行筹集。换言之，这无异于说必定要有某些人延缓货币之使用。如果听凭物价上涨，那么，延缓货币之使用仍然无可避免。这就意味着，物价上涨只不过是使消费者的收入落到资本家阶层手中而已。资本家得到这笔收入，其中大部分须以更高的税率上缴国库；一部分会用作自身的消费，从而使得物价更高，对其他消费者将更为不利。而所剩部分则会被国家借去，最终带来国债的额度增加，这会使得资本家阶层成为主要的债权人，其他人则无足轻重，也就是说，等到大战结束，这笔钱只有他们才有权动用，其他人则无可问津。

根据上述的理由，工会方面要求提高货币工资率，借以抵补生活费用的节节攀升，这样做非但徒劳无益，反而对工人阶级有莫大之危害，其后果将相当严重。这一举措颇类某则寓言中有犬吠影，反而失去了口中之肉。[1]那些组织得较好的部门，诚然可以以牺牲其他消费者的福利为代价而换得自身的利益，但是，这样做除了为该部门谋取一种集团利益而将他人排挤出去的手段之外，只不过是一种傻瓜才玩的游戏。工会领袖们对于这一点，也和其他人一样，是心知肚明的。他们所要求的，并非是他们之所真想要实现的，但是，在没有发现其他更好的方案之前，他们是不敢降低他们的要求的。由于一直没有什么人告诉他们一个井井有条的方案出来，所以这也算是情有可原。

曾有人这般诬我，指责我企图在一个自由主义社会中实行极权主义的方法。如此批评，真可谓牛头不对马嘴！在极权主义国家，是不会存在对这类牺牲进行分配的问题的。这是它在战争初期，能居于有利地位的原因之一。只有在自由社会当中，政府之政务，才会因为要顾全社会正义的要求，而变得错综复杂起来。在奴隶制国家，生产即其唯一的问题。老、幼、贫者，能否自存，悉由天命而定；再也没有其他的社会制度像奴隶制这样，更适宜于为统治阶级提供特权保护的了。

因此，本书的目的，即在于设计出一种方法，使自由主义社会的分配制度，能够适应战争时期的种种艰难困苦之状。为了实现这一目标，我着重考虑以下三点：第一，研究如何提高报酬，作为一种激励手段，借之以表彰国民所加倍付出的努力以及补偿其所冒之风险，这是

---

1 即《伊索寓言》中的《狗和影子》的故事。——译者注

自由之人所应该享有的权利,大不同于奴隶之身;第二,研究每一个人的收入当中被准予自由使用的那一部分,对其自由开支之用途选择,应该如何赋予他们最大的自由权利,这种自由乃是独立自由之人所固有的,绝非极权主义蚁群社会下那些蚁民可比;第三,研究如何减轻那些能力较弱者所承担的必要的牺牲,用那些独夫们不会使用的办法来使用宝贵的国力。

II　解决问题的原则

纵然货币工资水平并未曾得到提高，但是，因为已经参加保险的工人转到陆海空军者人数甚众，更兼受雇者规模扩大，工作时间延长，女工、童工、退休人员以及其他以前赋闲人员均受到了雇用，所以，工薪劳动阶层的货币收入总额，也势必会大大增加。

我们将在下一章指出，值此战事方酣之际，用于消费的商品数量将不得不加以减少，而且肯定不可能增加到和平时期的消费量之上。如此简单的事实，是我们仅凭常识也能够推想得出来的。

是故，消费者手中可以用来开支的货币数额增加了，而相应的消费品数量却没有增加。因此，除非我们建立起严格的规章制度，或者限制商品的售卖，或者规定每种消费品的最高价格，否则的话，其结果必然是一部分消费者虽然打算用钱来购买商品，但终因无商品可买，而不得不无可奈何地拿着钱回去，对此，只有两种办法可供选择。第一，设法降低市场购买力；或者是第二，任由物价抬升到某种程度，以吸收支出的增加额——换言之，这就是采取通货膨胀的办法。

所以，我们的解决方案，其性质大体上必须能使国民收入增加额中的一部分，不得用于支出。撇开商品短缺或物价上涨之外，这是我们能够确保在货币开支和可以买到的商品之间取得平衡的唯一途径。

自愿储蓄（voluntarily savings）如果能够达到充裕的地步，也可以达成上述的目标。在任何情况之下，自愿储蓄总是对我们所面临的问题之解决有所裨益的。我们不应该对那些热心鼓励增加自愿储蓄或崇尚自我节制和公益精神的人士进行打击。在下文所提出的方案中，并没有哪一项是排斥自愿的个人节约的，也没有否定其作用及必要性。我所追求的，乃是一个能够勉强实现最低限度之储蓄额目标的方案。而截至目前，实践已经证明，即使要勉强实现这最低限度的目标，单单凭借我提出的这一个方案，也犹嫌不足。个人消费如果能够按照我所给出的方案，在规定份额之外进行进一步的节约，那么，这不但会对其他的消费者大有裨益，而且也会加强我们为战争所做的努力。

不过，在接下来的两章中，通过对国家潜力和国民收入的分配之分析，我将清楚地向大家表明，充裕的自愿储蓄是如何不大可能得到实现的。那些不信斯言而宣扬其他观点的人，如非自欺欺人，即中了自己所宣传的观点之毒，而成了牺牲品。而且，我认为，很多人士都会欢迎这样一项可以为他们指明最低责任的规定计划。而积极响应号召、踊跃参加储蓄的人也可以因此而把心放回到肚子里去，因为他们的努力一定不会徒然白费。一项最低限度的计划，是不会像我们的税收制度那样，阻塞人民为公共利益及国家前途而自觉自愿地做出自我牺牲的道路的。除了这种最低限度的计划之外，国家仍然迫切需要进一步厉行个人节约所带来的果实——所需时常在心中提醒自己的是，有一些节约的方式是远远不如其他方式来得有价值的。但是，我同时也认为，前述已明文规定的办法，其优点在于减少了一般的国民长期以来在到底该节约多少这个问题上所存在的困惑，使他们不再常常感到无所适从而又饱受为之寝食难安之苦。而过度地追求节俭，虽然有用，却也终究不是那么让人感到愉快的事情。那些做出节俭这样的决定的人，并不总是真正做出牺牲之人；

国家的需要，有时候不过是一个高尚的托词，不过是借以纵容贪图私利的邪恶本性的借口罢了。

因此，在我们所提出的激进方案（见本部分的第 V 章和第 VI 章），其第一项规定即是确定在个人的收入中必须从直接消费中延缓支出的那部分收入的比例。换言之，也就是现在应该保留多少，而供战后消费之用。如果能够按照所得税税率将每一级收入群体的延付比例均予以公平地规定，那么，这种方法可以带来双重的好处。其一，这一方案较之于其他任何计划，对于战争时期消费权力之分配，更能顾及那些做出相应牺牲的当事之人的利益。其二，延期到战后的消费权力——这是国债的另外一种说法——将能够更加广泛地分布在所有那些放弃了直接消费的人们当中，不至于重蹈第一次世界大战时的覆辙，而主要集中于资本家阶层之手。

第二项规定是在战争结束以后，征收一般资本税，从而在实行延期消费之时，使国债不致增加。

第三项规定是对那些生活水平较低、极为拮据的国民予以保护，使他们不至于降低现有的消费水平。其保障此项规定的方法可以有以下几种：确定可以免于延付的最低收入水平线，规定收入等级差率迅速增大的累进税制，以及建立家庭津贴制度。这些建议的最终结果，一则使每周收入不及 75 先令的年轻家庭成员的消费会有所增加，二则使每周收入 5 英镑或者略有不及 5 英镑的低收入群体，其总的消费量能够维持与战前消费水平相去不远（同时，作为对他们额外工作的回报，给予他们在战后延期消费的权利），三则使每周超过 5 英镑的高收入群体，其总消费量平均减少约三分之一。

第四项规定（见下文第 VIII 章）是根据上述三项规定而来，连带实行，就其自身而言并非必不可少，这项规定是要限制货币工资率、退休金以及其他津贴，若他日犹有变动，应当以有限的几种定量配给的消费品——这就是一般所谓的严格定量配给制——之成本变化为准，对于这一类消费品的价格，政府部门一定要尽力想方设法来阻止它们价格的上涨。

这一方案是经过博采众议、重加深思而成，较之于去年11月份我在《泰晤士报》的专栏中所提议的收入延期支付的计划相比，更为赅备。不过，去年最初的那个建议，实际上乃是整个计划的关键部分，没有这项最初的建议，则其余部分就将无法得到施行。如若无此建议，那么家庭津贴的费用就会使一部分人的消费增加，同时另外一部分人的消费也不会减少，这必将令消费问题雪上加霜，更加难以解决，其结果只能是使通货膨胀的星火终成燎原之势，犹如野火之蔓延，更加势不可挡。而至于那些于低廉的价格之上实行的严格配给制，其情况亦复如是。我们如不能首先减少市场的额外购买力，那么，对消费者进行补助所需要的花费，必将使国库更加深陷泥沼，无法自拔。反之，我们如果赞成对收入进行延期支付，那么，整个方案也就无懈可击了。

一项人人皆应遵守的一般性方案，大体即如上述，这就像马路上的交通规则，人人均能从中受益，而不会损及他人。若然认为此类规则乃在侵犯个人自由，那么，这些人的愚昧无知实在是不可言喻。我们如果有了这套交通规则，那么，我们仍然可以通行如故。如果推行上述方案，则我们国民的消费也一样可以一如往日。交通规则可以让人们自由选择沿着哪一条马路通行，这与没有这条交通规则时并没有什么二致。而我们所建议的这一方案，则可以任由人们自由选择其消费品，也和过去没有什么分别。

明乎此，则我们的方案就好比是交通规则，这番比喻真可谓恰如其分，因为我们的这一方案用意之所在，乃是要防止人们将他们的钱款用在不恰当的歧途之上。

Ⅲ　我们的生产能力和国民收入

为了计算留作居民消费之用的蛋糕大小几何，我们应先估计以下三项：

(1) 根据我国的人力、工厂以及原料等资源，估计我国目前最大的生产能力。

(2) 我们可以动用外汇储备，使进口超过出口，而又不致危及外汇储备之安全则当保持在何种速度之上。

(3) 为用于战争目的，我们所将动用的物资财富为多少。

为了做出上述三项估计，所需要的参考统计资料，殊感缺乏。自上一次大战以降，历届内阁对于这些统计的编制工作，要么是草草了事，要么就是认为对于这些基本事实的收集，不过是徒然浪费钱财罢了，一派缺乏科学精神的蒙昧之相。所以，今天朝野之中的任何人士，在这方面无不是主要依靠科林·克拉克先生 (Mr Colin Clark) [1] 个人的卓越研究（这些资料见于他的《国民收入与支出》一书及后续的其他论文）；但是，由于缺乏那些只有政府才能收集到的统计资料，克拉克先生本人也常常因

1　即科林·格兰特·克拉克（Colin Grant Clark, 1905—1989 年），经济学家、统计学家，先后效力于联合王国和澳大利亚。他率先使用国民生产总值（gross national product，简称 GNP）作为研究国民经济的基础。——译者注

为不得已而以个人的大胆揣测为依据。下文所根据的材料，其详细内容可以参看由 E.罗斯巴特先生（Mr E.Rothbarth）[1]帮助我整理给出的附录部分（见后文"附录"）。

当然，以货币来测量我们的生产能力，势必要根据各个时期的工资和物价水平的变动而时时加以调整。为了简单起见，下面给出的数字，我们均以战前物价水平为标准得出。

1938 年度（自 1938 年 4 月 1 日到 1939 年 3 月 31 日止），我国的产值，包括无形的输出在内，以成本计约为 48 亿英镑。其中：

37.1 亿英镑	国民消费的当前费用（包括工厂的日常维修费用）；
8.5 亿英镑	政府服务的当前费用（包括日常维持费用），不包括对领取退休金人员以及国债持有者的"转移"支付，因为这些产出只是从一个人手中转移到另外一个人手中，但是包括资本支出；
2.9 亿英镑	以建筑、工厂和交通运输等形式，用于增加我们的私人基本固定资产；
48.5 亿英镑	以上三项合计总数。

但是我们可以通过以下三种方法来增加这一产出：（1）尽量吸收失业工人参加生产活动，当年已经加入社会保险的失业工人之人数，占总数的百分之十二又四分之一；（2）吸收未加入社会保险的人口，如

---

1 即欧文·罗斯巴特（Erwin Rothbarth），德国的经济学家和统计学家。他曾担任凯恩斯的研究助理，对 GDP 的度量和个人消费的建模做出了重要贡献。——译者注

儿童、妇女、退休人员、无业人员等就业；(3) 增加劳动强度，延长工作时间（例如，将工作时间延长半小时，则我国的产出总额即可增长7.5%）。另一方面，我国的生产效率也将会因为劳动人口脱离生产而加入军队（假定其产出与投入彼此可相平衡，则可以用军饷、津贴和给养的费用来估算他们本来可以创造出来的产出），原材料的短缺和船舶吨位的减少，以及空袭防护措施的实施等而受到损失。如果我们国家的生产机构如果能够运转如常，那么，产出增加 15%—20%，应该还是比较切实可行的。如果我们取 17.5% 这个折中的数值，那么，按照战前价格计算，我们国家将可以增加 8.25 亿英镑的产出额。到现在为止，我们国家的生产增加也尚未达到这样的程度，这是我特别要加以补充的一点。

此外，政府的需要也可以从其他两个来源上加以补充。在公共消费和私人消费的总额中，除用于新增资本的 3 亿英镑之外，还包括作为折旧准备的一共 4.2 亿英镑的费用。这两项加总，共计 7.1 亿英镑（4.2 亿英镑 + 2.9 亿英镑），我们可以把其中的一部分转作政府之用，以满足它的需要。从折旧基金中可以取出 1.5 亿英镑，从正常的新增投资中，可将 3 亿英镑悉数转为政府之用，我估计政府总共可以从中获得 4.5 亿英镑。

第二个来源，也是余下的最后一个来源，是出售我国的黄金储备和对外国的投资，以及举借外债。如果我们准备打上一场持久战，那就必须要严格限制我们对这种资源的使用，须得谨慎行事，以免动摇了根本。我估计，我们能从这一来源中有把握取得的最大收获，每年最多 3.5 亿英镑。[1]

上述三种来源，总计可以使政府的需要和国民的当前消费，每年增加 16.25 亿英镑（8 250 万英镑 + 4.5 亿英镑 + 3.5 亿英镑）。

1　有关这一数字的详细估算方法，可以参看后文"附录"部分。

这与当前的现实情况又有什么样的关系呢？ 根据 1939 年秋末财政大臣的报告，我国政府的支出速度已经接近每年 15 亿英镑上下。因此，如果我们果然能够实现上面所假定的产出增长速度，那么，到得那时，我们就当可以小有盈余（约 1.25 亿英镑），以供增加国民消费之用。但是，一直到目前为止，我们仍然没有将我国的生产能力提高到这种程度，关于这一点，乃是人所共知的事实。实际上，根据我的揣测，现有的政府支出速度无疑不但没有为私人消费的增长留下任何余地，而且为了勉力维持消费水平，我们动用我国的存货，以及我们所保有的外汇储备，在速度上已经快于我们在上面所设想的限度，换言之，也即这一速度已经超过了安全所允许的速度要求，达到了动摇根本的地步。

而且，我国战费支出到现在为止还没有达到最高峰，这也是确然无疑的事实。我们姑且假定政府明年的年度支出，较之于去年秋天所估计的数额，不会超出 3.5 亿英镑，若然根据更加乐观的观点来推测，预计我国的生产总额确实能够达到上述所假定的最高限度。纵使如此，整个社会的消费额，较之于战前，也要减少 2.25 亿英镑。因此，8.25 亿英镑的新增国民收入不仅要全部留用，不得用于消费，还要再从之前的消费额里找回来 2.25 亿英镑方可。

以上所论，对于这一问题而言，均非过甚其词。也许会有人以为，这种说法对于这一重大问题来说做了严重的低估，对于需要为战争所做出的努力，并没有加以充分的考虑。此言或不谬。而且，我们如果不能迅速修复道路、恢复交通，那么，上述的估计的确在相当大的程度上夸大了我们的生产速度。尽管如此，要使我现在的观点得以成立，除了这些简单明了的事实之外，其他的似乎也不必深究。如果事实证明消费额须作进一步的减少，这就更加说明我之所述，实为不谬之辞。

现在，我们可以来看一看问题的实质到底是什么，以及它是如何产生的了。即便工资率和物价并没有上涨，国民收入必然会增加到等于产出的增加额，即根据前述假设，一年增加 8.25 亿英镑。尽管收入会有所增加，但是获得这项收入增加的人们，其消费较之以前必然会有所减少。所以，个人的收入增加，其消费必然会加以减少。这个结论实在不难理解，人人自明，而无可置疑。而且，这一结论如今也逐渐深入到了一般人的意识之中。不过，由于我们一向对失业和资源闲置问题习以为常，因此，面对充分就业和资源短缺不再能充分满足对我们需要的供应时，我们须换一换脑筋，调整我们的态度以适应新的情况。在战争期间，我们已然从丰裕时代退回到了短缺时代。

此外，我们在近六个月的战争之后，仍然存在着统计上的大量失业，这一事实遮蔽了我们的眼睛，使我们看不到新问题的紧迫性所在。之所以会造成这一现象，应当归咎于组织的失败，而生产组织所以不力，一则固然是因为时间仓促而无可避免，二则是因为政府在这方面投入的精力太少、才智不足所致。任何人如果否认这类事实，而且仍然以为我国还处在供应丰裕之时代，由此而来论证他的观点，那他真是大错特错了。在今天，失业的性质总体上已与一年之前大不相同，它不再是因为需求不足造成的了。我们所需要的那些物资，也不再具有潜在的剩余供给。但是要想解决失业问题，而向充分就业阶段过渡，尚有两大障碍。第一个障碍是由于不容易把劳动力转移到它所需要的地方去而造成的。第二个障碍，这也是目前的主要障碍，则是除了劳动力不易转移故而感到匮乏之外，消费者对于物品的现有需求，难以变成有效需求所致。例如，出口商及国内消费者均需要衣料，而毛纺织业仍然没有实现充分就业，如果制造商由于种种原因——姑且不论其理由是好是坏——不能获取用以满足其需要的羊毛原料，那么这些需求就是无效需求。所以，由于运输困难以及其他原因而使主要原料缺乏，以及由于我们新近实施的管制办法效率不佳而造成的人为的原料缺乏，在许多情况下，要比劳动力缺乏这种现象在牵制生产方面更为严重。而在其他情况下，工厂本身也是缺乏的。

不过，我还要再次强调，这种情况并不意味着我们仍然处在供给丰裕的时代。恰恰相反，这反而是意味着在可资利用的劳动力被全部吸收**之前**，匮乏的时代就已然来临。我作此言，并不是说我们的产出无法超过现有的水平。如果我们在组织生产方面有所改进，那么，我们是可以进一步增加产出的，而且也一定可以做到产出的增加。但是，如何使产出的增加大于目前的情况，我们仍然要对之加以研究。而这一点则需要假以时日，方能如愿。

我们目前可以动用存货的能力，也是蒙蔽大家无从察觉我国已经由丰裕时代向匮乏时代过渡之趋势的一个因素。在战争初期的岁月里，我国国民消费率的增加大大超过了我们的剩余产出额，长此以往，断难为继。政府的需要已经是大大地增加了。没有理由认为，国民消费额不会充分地予以减少。不敷的数额，通过凭靠对存货以及我国外汇储备和周转资本的动用，是得到了一定的缓解的。因此，私人支出一定要加以调节，使它能够达到与实际的供给相适应的水平，要比表面所看起来的更为迫切一些。明乎此，我们就更加不应该因循坐误，静待全国实现充分就业，而是要在实现充分就业之前，即行未雨绸缪。

现在，这一问题的重要性，我们已经做出了说明。读者们对于我所举出的数字，或许有人会以为多出于揣测而并不正确。如果读者能够给出更加精确的数字，我必倒屣相迎，以求更正。不过，我相信，本章的结论大体上还是可靠的，纵然有在细节上更为精确的数字，也不会使其发生根本上的改观。

Ⅳ 战费是否可以由富裕阶级来承担

我们已经在上一章指出，纵使将战争所带来的工资率上升这一因素抛开不谈，仅仅因为产出和就业的增加就会使整个国民收入每年增加8.25亿英镑。同时，按照最为审慎的估计原则，国民消费在战争期间势必会减少至少2.25亿英镑。两者加总，则国民收入应当会有10亿英镑要从消费之中收回。这个数字乃是以战前的工资和价格水平计算得来的，但是现在显然是已经达到了的。由于现行的工资和价格水平已经发生了显著的提高，所以，所有数据都应该根据现行的工资和价格水平酌情予以调整。截至1940年1月底，批发价格上涨了27%，生活费用（按季度加以修正）上涨了10%，而工资大约增长了5%；这意味着我所给出的加总数字应当增加10%，这样才能与现行的工资和物价水平相适应。

我曾经听说，有一种观点认为纵使这些数字或许无不正确，但是也并不能证明工人阶级就必须要做出牺牲。而战争时期工人们较之于战前更加勤奋工作，这一点是毫无疑问的。但是，他们在战争期间越是勤奋工作，那么，他们的消费也就必须得成比例地增加才行。如果生活费用上涨了，总收入和工资率均须做同等程度的提高。因此，这种观点认为，富裕阶级应该承担起战争的全部实际费用。由于战争而增加的对劳务的需求，劳动阶层正可以趁此良机，而提高其消费到战前的水平以上。

难道说工人们真的会以为他们才是战争的唯一获利者，要利用战争增加消费，而将全部战费转嫁给他人吗？ 又或者这只不过是仅有的少数工人领袖来代表他们而作此要求的吗？ 那么，这就变成了一个政治问题，而对于这类问题，则我不但没有回答的资格，也没有回答的必要。

因为从实际的观点来看，我怀疑上述的见解似乎并非是筹措战费的替代办法之一。无论如何，这绝非那种无须出台任何政策、只管袖手旁观即可以自动产生的结果。如果我们只顾因循迁延而无周详之计划，那么，随之而来的只能是通货膨胀和物资的短缺。正如我们所知，通货膨胀是完全有利于富裕阶级的，这只会减轻而不会加重他们的负担。我现在不得不一再提醒诸君，我所建议的方案不应该和那些虚无缥缈的，想象出来的方案相比较，而应该与眼前已经发生或即将发生的实际替代办法相比较。

我们且来再看一看事实如何。我所引述的数字，只是粗略地近似于真实结果的估计值。而对于国民收入如何分配于各种不同的收入阶层，固然是一件至关重要的问题，但是我们现在仍然无法确切地予以洞悉。年收入在 250 英镑以下及 2 000 英镑以上的阶层，其所占国民收入的比例，我们是有着相当充分的证据来加以估计的；而对于其他那些重要的中间阶层，他们所拥有的国民收入资料，我们就缺乏相应的估计依据了。不过，虽然下述的许多细节或有不甚精确之处，但是，我相信该项数字当不会使人们对国民收入分配的整体情况有所误解。和之前一样，我们仍然使用战前物价及工资水平作为计算标准，原因是，如果不这样做，那么我们就会因为情况的不断变化而无所适从。

我们先以战前个人收入总额作为基数，[1]再加上预期会在战争期间增

---

1 关于这一总额的估计，参看本篇"附录"I部分内容。

加的那部分收入，然后再减去战前原有的各项费用及税款。

最后一行数字给出的是现有收入的余额，在考虑到现存的资本所能提供的支持之后，我们必须以增税或借债方式从中筹集资金以满足增加的战争支出。(这一计算方法明确显示，收入在 250 英镑到 500 英镑之间的收入阶层，目前所承担的税负极不合理。他们的实际税负在其战前收入中所占的比例，比年收入在 250 英镑以下的低收入集团还要低，后者为 13.4%，而前者仅为 7.8%。)

表 1 单位：百万英镑

收入阶层[1]	低于 £250	£250—£500	高于 £500	总计
战前	2 910	640	1 700	5 250
战时增加额	425	100	300	825
战时总收入	3 335	740	2 000	6 075
战前所缴税费	390	50	780	1 220
扣除了战前税费的战时收入	2 945	690	1 220	4 855

我们根据第Ⅲ章所引的数字，可知政府支出的增加为 18.5 亿英镑，其中 1.5 亿英镑来自在国内无法实现的那部分自然累积的折旧基金，而有 3.5 亿英镑来自出售海外资产和对外借贷。至于其不敷的数额，共计 13.5 亿英镑，我们则须以加税以及增加自愿或非自愿储蓄(包括日常储蓄)来筹集。

纵使税负水平提高到相当的程度，而如果下述延付收入的建议得到采纳，就以目前的情况来看，我们至少可以指望取得自愿储蓄 4 亿英镑。的确，我虽然认为这个数字与最有可能实现的估计值相比殊嫌过低，即使再提高 1.5 亿英镑，也不为多。但是，为求避免在计算方面犯下其他的错误，我们似乎应当稍微留出些活动的余地。这 4 亿英镑中，

1　这些阶层中的人员是按照他们战前的境况来划分的，其中因为战时收入增加而应归为更高阶层者，仍然以战前为标准，列入原来的阶层。

我把政府手中积累的失业基金（Unemployment Fund）、健康保险和养老基金（Health Insurance and Pension Funds）、战事风险基金（War Risk Funds）等等也纳入其中，这些部分庶几可达 1 亿英镑之巨。这类基金，因为它不易分派为哪一个收入阶层的私人储蓄，所以我们不妨把这一数额视为政府对人民的净需要的减少额。至于另外的 3 亿英镑，即便个人除了其他的需求之外不愿意做任何的自愿储蓄，也可全由建筑协会、寿险公司、养老基金、公司中未分配的利润（单是这一项估计在战前即可达 3 亿英镑），以及其他社会性渠道来筹集。若将此 3 亿英镑酌予分摊给各个收入阶层（因缺乏精确的资料而稍显武断），那么，我们可以得到以下结果：

表 2 单位：百万英镑

收入阶层	收入在 250 英镑以下	收入在 250—500 英镑之间	收入在 500 英镑以上	总计
扣除了战前税费的战时收入	2 945	690	1 220	4 855
最低限度的自愿储蓄额	50	75	175	300
减除第二项后的战时收入	£2 895	615	1 045	4 555

在此项数据中，我们仍然需要为政府设法取得 9.5 亿英镑资金。即便允许我们在这个计算上存在着相当大的误差，上述的数据也仍然可以表明：每年收入超过 500 英镑者，如果将其全部超出额全部拨充税款，悉数上交，也只有 6.25 亿英镑，仅占政府需要的三分之二左右。[1]

　　然而，如果真打算用这种征税办法取得这项税款，这就远远超出了我国财政制度所可望筹集的资金数额之范围。实际上，如此大规模的征税，将会带来现行合约与协议的大量违约，从而使可征税的收入急剧

---

[1] 一年收入超过五百英镑的家户人口，全国总计约有 84 万人，其战时收入所得减去战前税费及最低自愿储蓄额之后，总计约在 10.45 亿英镑。如果从这个数字中再于每人身上扣除 500 英镑，那么总共还剩下 6.25 亿英镑。

减少。这些收入中的一个重要部分，是花费在并不是用来增加个人消费的各种费用和其他用途之上，投入现存资源最有价值的用途上，以及用于交付对受赡养者的津贴的。由此，我们可以推出这样的结论：政府支出中必有相当大一部分，必须设法以各种方式从年收入不足 250 英镑的收入阶层中筹集。

如果把免税的标准定在 250 英镑又怎么样呢，这恐怕仍然不可实行。我国每年收入超过 250 英镑者，大约有 243 万人。如果将他们超过 250 英镑的收入全数供给于政府，也即从他们手中取走全部的 10.5 亿英镑，[1] 而又假定此举不会产生连锁反应，从而带来收入的减少（这与实际情况是极不相合的），那么，这样筹得的资金用来满足政府的需要，也不过是刚刚好而已。如果战费全部由年收入超过 250 英镑的阶层来承担，这就意味着要以储蓄和税收（包括原有的和新开征的）形式，从他们的战时总收入中取走约四分之三，而只留下其余的四分之一稍强的部分用于他们自己的消费。

根据上述的这些数据来观察，我们确实不能说，对于战争费用的支付，可以在每周收入在 5 英镑或 5 英镑以下的阶层所增加的战时收入分文不动的情况下，来加以完成。这样的收入阶层占总人口数的大约 88%，（由于产出增加而工资率不变，）在把战时增加的收入考虑进来并扣除战前税费后，他们的收入占英国个人收入总额的 60% 还要多，并且他们的消费量占到了目前总消费额的三分之二。而且由于战争爆发，这一阶层的收入平均可增加大约 15%。难道我们真的希望，让那些收入低于每周 5 英镑的人平均增加 15% 的消费，而那些每周收入高于 5 英镑的

1　这一阶层收入的总额，约计 16.6 亿英镑，如果将其减去 6.1 亿英镑（也即以 243 万人，每人保留 250 英镑来计算），就可以得到上面的这一数值，即 10.5 亿英镑。

人则只能把他们收入的四分之一用于消费吗？ 所以，每周收入在 5 英镑以下的阶层，其应分担战费，乃是理之固然。因此，唯一的问题在于，这一阶层应该分担多少，以及如何筹集，才能使个人牺牲最小而又能体现最大的公平。

我们如果有一套思虑周详的审慎计划，则社会正义自可顾全；若无此套计划（就像目前的情况），则社会正义问题就会被人们漠然置之。

作为讨论的基础，我在下面两章里提出一项建议，这项建议的详细办法，可加以补充和修正的地方一定不在少数，但是其中所含的原则，较之于其他计划，更能促进社会正义的实现。国人如将我的建议与眼前已经发生的实际情况加以比较，不以某些不切实际、虚无缥缈的玄想计划作为评断标准，那么，自可相信余言不谬。

V 关于延期支付、家庭津贴以及廉价定量配给之方案

我对于这一问题的探讨论证，现在已经到了要抉择出讨论方法的阶段了，是来具体探讨，还是抽象立论，二者须择其一。如果我提出一项内容详备的具体方案，那么我诚恐徒生无谓的争端，招来无数的批评，而这些批评与该方案的主要原则又没有多大的关系。如果我进一步引用数字为证，我又诚恐更多地犯下揣测的弊端，而使读者如坠五里云雾之中，故而我所引的数字，即便有不正确的地方，只要我们加以修正，是不至于对我们的方案伤筋动骨的。然而，如果我仅仅论其梗概，笼而统之地对之加以谈论，则恐不足以供我们的读者细细咀嚼；而且这还像是在刻意回避这一问题似的，这是因为各种相关的因素其大小及先后顺序，并非是无关宏旨的细节问题而已。

因此，我甘愿冒着陷入琐碎细节的危险，充分援引数字，也不愿意仅仅述其大略，语焉不详，我相信读者一定会善意地理解我所用的方法。但是，如果我只在本章先是略述其一般通则，仅仅略及于数字，而后等到下一章再来详述具体的方案，也许这会有助于读者厘清基本原则和解释性数字之间的区别所在。

我们曾得出了一个大体上的结论，认为战时产出额纵然有所增加，战前的税收额纵然可靠，而且纵使我们有把握获得我们可以指望的

那部分储蓄，所有这些因素均加以考虑之后，操控于私人手中的收入，仍然有9.5亿英镑之巨不得用于消费，而必须拨充军费。

我认为，这9.5亿英镑中约有一半，即5亿英镑，可以通过税收的形式来筹集。实际上，约翰·西蒙爵士（Sir John Simon）[1]的紧急预算中所开征的战时税，不管在征收过程中如何迟缓，但在一整年之内，我们必然可以收得4亿英镑。即便我们极力避免恶性的通货膨胀，但是，在4亿英镑税收之中，我深信，其中至少包括1亿英镑的战时超额利润税（Excess Profits Tax）。固然，通货膨胀政策是可以使此项收入大量增加，但是即便没有这类政策助一臂之力，这笔税收额度也是颇为巨大的，其原因一半是因为产出量的提高，一半则是因为利润在各个企业之间的分配与基年期相比大不相同的缘故。依靠其他的财政手段，包括征收若干种非必需品的销售税，可以再筹集到1亿英镑。但是，如果不依赖普遍的销售税（general sales tax）、工资税（wage tax）或者把通货膨胀作为一种税收手段，则在适当地考虑公平和效率之后，要想凭借我们的财政机器来筹集一笔更大的资金将是非常困难的。

除了这4亿英镑之外，我们如果完全不依靠通货膨胀的帮助，而企图通过自愿储蓄来弥补余下的4.5亿英镑的缺口，则是纯属空想。我们须铭记于心的是，除了政府基金、对外借贷以及出卖黄金等所得之收入而外，我们已经假定国人承购的公债为9亿英镑（3.5亿英镑来自出售海外资产、1.5亿英镑来自折旧基金，4亿英镑来自新增储蓄）；而政府支出

1　即约翰·奥尔斯布鲁克·西蒙，第一代西蒙子爵（John Allsebrook Simon, 1st Viscount Simon, 1873—1954年），英国政治家，在一战爆发到二战结束的时期内，多次出任内阁级职位。他先后出任内政大臣、外交大臣和财政大臣。他还担任过英国法律系统中的最高职位，大法官。初入政坛时，他是一位自由党人，后来，他脱离自由党，另立自由国家党（Liberal National Party）。——译者注

的总增加额，并不是 9.5 亿英镑，而是 18.5 亿英镑，所以，基于前述的那些理由，可知新增储蓄额，其大部分将不得不由每周收入 5 英镑或 5 英镑以下的收入阶层来承担，这就要求必须改变他们在个人开支上的习惯不可，而如何改变，我们尚不清楚。

根据相同的理由，则无论采取哪一种办法，对低收入阶层的影响差相仿佛，均会缩减低收入阶层的潜在支出。通货膨胀政策是对低收入阶层最为不利的政策，因为这样的政策必将会使企业家阶层坐收其利，而使工人收入的实际价值减少 20% 之多。而且，通货膨胀对于那些最低收入阶层最为不堪重负，这一点和普通的销售税具有一样的缺点。无论是创设新税种，例如销售税、工资税之类，还是增课旧税，若再加诸以通货膨胀，最终将会掠走工人们付出更多努力而后所得的收益，使他们无法得到实惠。他们的工作也将加重，而以其全体观之，又**决无**获得任何个人利益的可能性。如果财政部和工会领袖一仍旧贯，本着过去的办法，茫然行事，没有什么明确的政策做出而放任自流，又拒绝新的思想，只是一味地因循成例，那么，此种现象之发生，必将无可避免。

我们有更好的办法可寻吗？ 我们已经看到，社会作为一个整体，既要增加对战争的投入，又想同时增加等量的消费，在物质上是无有门径的。此理甚明，无须多言。战时的投入，是为了供应战争的需要，而不能同时满足个人消费的提高。因此，努力增加战时产出之人，只有两条道路可以选择。要么就是将其收入所得用于消费增加量的那些全然放弃，要么就只能把这一消费加以延缓。

就个人的角度而言，对于自己所生产的物品，如果不得不放弃目前的享受，而保留他日对这些果实加以享受的权利，可以说是极为有利的选择。这样一来，他的个人财富就会由此而增加。而财富之为用，亦正在于此，不过是延缓消费的权利而已。

这就为我们指明了一条解决问题的途径。也即是说，对于每个人收入的适当比例，都必须要采取**延期支付**的形式。

确立了这样一条总的原则之后，我们要实现这一任务的各种困难亦即发生。纵使我们以最粗陋的方式来规定延期支付率，比如说，假设除去战前税费之外，延期支付所有剩余收入的 20%，那么，其结果也一定远胜过采取通货膨胀的方式。然而，舆论所要求的一项深思熟虑的方案，尤其是**新的**方案，是不应当只是聊胜于无就可以的，而是要**高明得多**方可。一项新的方案，一定要准备好面对他人的反对，一如旧的方案所遭遇的情况，只不过旧的方案为时已久，我们经常淡忘这一点罢了。人们总是期待这项新的方案，能够更好地满足社会正义之崇高理想，这种满足的程度之高，要求一旦拥有这项方案，就得远胜于没有它时的情形。

我们对这样的要求，殊表欢迎。战时财政支出浩繁，亟须打破现行的办法。如果能够趁此良机，改善社会收入分配，那就实在是再好也没有了。

为了实现这一目标，我们除了确立延期支付现时收入一定比例这一原则之外，还可以再增添第二条、第三条原则。我曾经建议，政府所需的资金中，约有半数可以直接通过征收税费来加以筹集，另外一半则以延期支付收益的办法来供应之。所以，现在我们可以给出第二条原则，那就是应规定新增税收中的大部分当由年收入在 250 英镑及 250 英镑以上的收入阶层来承担，而低收入阶层对政府的贡献，则主要采取延期支付的方式而非征收税费的形式来完成，也即并不要求他们完全放弃消费，而只是推迟消费而已。

至于第三条原则，则在于维持适当的最低生活水准——至少比之于现在不应有差。因此，我们所建议的第二条原则，其作用会加重富裕阶层的负担，而我们所建议的这第三条原则，其作用乃在于对贫困阶层特加宽恤，减轻他们的负担。

为了实现第三种原则，我们需要有两种截然不同的建议。我起初在《泰晤士报》讨论这一问题时，曾经建议要解决这一问题，应该先规定最低的免税额度，然后再以家庭人口的多少来做相应的调整。然而，这一建议受到了批评，论者以为，这一建议之结果或许会使免税额不足以维持一家人的生计。这种批评是有其道理的。所以，我现在于原来的建议基础之上再进行更进一步的完善，提出一套新的方案来。

在过去数年，舆论的风向表明，赞成实施家庭津贴制度的人士渐渐多了起来。现在正值战争期间，对于生活费用的起伏涨落，较之于平日，自然更加关注。一旦生活费用出现了上涨的势头，人们就会相应地要求提高工资，而家庭津贴问题也肯定会被作为重要问题而摆上台面。这是因为，生活费用的提高，对于个人负担的影响如何，与其家庭人口的多寡关系是最为密切的。骤然观之，我们在和平时期尚且认为无力实施这种需要耗费大量钱财的社会改革计划，而今战火正盛，却要来建议施行之，似乎颇有些让人感到不可思议。但是，正是战争时期，才会如此迫切地需要此种改革，其程度远较平时为甚，事实上，这甚至可能成为进行这种改革的最为适当的时机。

在我们国家，持有上述观点的实不乏其人，我也深以为然。因此，我主张实行这样一种家庭津贴计划，对于每名年龄未满十五周岁的少年儿童，每周提供 5 先令的现金补助。这一补助计划所需支出，我以为总共也不会超过 1 亿英镑，至于其估计方法，可以参看本篇"附录"Ⅲ。

那么，是不是有了这一款就足够了呢？ 要想回答这一问题，我们就不能不虑及收入较低而又人口众多的劳苦阶层，他们的收入在战争中没有任何增长，或者即便有所增长也总是无法赶上生活费用上涨的步伐。

再说，纵使工会同意实施延期支付或类似的计划，他们也会要求采取某种保障措施，来防止价格上涨到工资水平以上。

为了应对这种情况，曾经有人建议我们应该将定量分配的消费品的最低数量，以低廉的固定价格供给于人民，即便需要政府对之加以补贴，也在所不计。这项主张曾经取得阿瑟·索尔特爵士（Sir Arthur Salter）[1]、R. H. 布兰德先生（Mr R. H. Brand）[2]以及希克斯教授及夫人（Professor and Mrs Hicks）[3]的大力支持。如果我要为财政部建言的话，我是非常担心这项建议无法单独实行的，这是因为在某种情况之下，财政部将会因此而背上难以担负的包袱。不过，这项建议如果是包括延期支付在内的全面计划的一个组成部分，并得到了工会的赞同的话，那么，我也会对之表示欢迎。

实施最低数量定量分配的消费品，应当仅限于若干战时的必需品，而不应该包括生活费用指数中所列示的一切物品。至于其未来的价格，也不当对之做出完全的绝对保证。不过，应该予以同意的是，每当最低数量定量配给品的价格有了任何的提高，工会都有权要求相应地提高工资水平。

但是，这项安排应该限于以下两种绝对条件：第一，延期支付的

1　即 Sir Arthur Clavell Salter（1859—1928 年），英国保守党政治家，最高法院大法官。1906 年到 1917 年担任议员，1917 年被任命为最高法院法官，从此直至 1928 年 11 月 30 日去世时为止。——译者注

2　即 Robert Henry Brand（1878—1963 年），第一代布兰德男爵，英国内战期间的政府官员，企业家和银行家，曾多次参与南非布尔战争、一战和二战的战时财政和战后重建问题。——译者注

3　约翰·希克斯（John Richard Hicks, 1904—1989 年），1972 年诺贝尔经济学奖获奖者，一般均衡理论的创建者之一。他为凯恩斯的《通论》写了两篇颇有影响的书评，其中《凯恩斯先生与古典派》一文产生了深远的影响。希克斯在凯恩斯主义经济学的形成和发展过程中发挥了重要作用。——译者注

措施需要同时加以采用；第二，工会必须承诺，嗣后除了上述保障所规定的情况之外，不得再以生活费用上涨为借口，得寸进尺，要求增加货币工资。

如果没有上述的这两个条件，那么，消费者手中的巨大购买力必将使得我们任何打算固定价格的企图都变得格外的危险。这是因为，在这种情况下，最低限度的定量配给的消费品，其规定价格的低廉，反而会使购买力转移到其他方面，以致其他物品与定量配给的物品之间，在价格上形成悬殊之势。所以，一方面试图固定消费品的价格，另一方面却又让消费者手中的购买力无限膨胀，实在是错误之至。

从工会的立场观之，这样一个方案较之于慢性通货膨胀或征收工资税，所能带来的好处尤其显著而巨大。无论战争的需要如何，工人确实能够保障其应有的享受，迟早必能与其在战争期间所付出的努力持平。况且，家庭津贴制度以及廉价定量配给制，也必然可以为改善穷苦家庭的战时经济状况做出实实在在的贡献。我们正可以利用这一战时机会，从事社会改革，成功地将这场战争变成促进积极社会改革的良机。为了企图逃避掉对正义战争的合理负担，而最终陷入渐进的通货膨胀，实在是徒劳无益以极。与之相比，我们的这一方案将可为我们获得的好处，差异之大，堪比霄壤！

VI　再论实施延期支付收入与家庭
津贴制度及廉价定量配给制[1]

在上一章，我曾就延期支付收入的比例，以及应免予延期支付的最低收入标准进行讨论，但是并没有给出确切的数字。但凡赞成这一原则的人士，对于各项数字，在具体细节上其意见或许会与我所给出的有所出入，因此，我还是将原则与数字分开论述，这样可能会好一些。我现在提出下面的这些数字，以之作为讨论的基础，但是此项数字是否正确，则是一个程度上和各人自己的见解上的问题。如果这些计划走上了歧路，那么，或许是因为对某周收入在 5 英镑以下的阶层让步过大，遂致使这些计划难以维持下去使然。我相信，如果产出增长得足够充分，且政府支出不超过前述所估计的数额，那么，这些让步仍然是可行的。但是，如若这两个假定条件均无法成立的话，则问题就将大为不同，这些让步也就无从谈起了。

兹将得出各项数字的依据，分述如下：

（1）每周收入 5 英镑或 5 英镑以下者，应该允许他们将实际消费

1　本处原标题为"Details"，直译为"具体内容"，译者综合本章所述，取现在这种意译。——译者注

水平尽可能地维持在战前水平或接近战前水平。

(2) 在这一收入阶层之下的人们，可能从战时收入的总增加额中获益较少，甚至会一无所得，因此，为了维持他们原有的生活水平，他们当前收入中可以用于延期支付的部分，就将极为有限了。

(3) 既然生活费用难免会因工资率的提高（虽然不是相对于总收入）而在比例上出现某种程度上的上涨，既然在任何计划下个人待遇上的不平等均难以消除，那么，我们应当确信，通过家庭津贴这种形式来对家庭成员进行扶持，可以抵消这种不平等所带来的影响，从而使有儿女之家的境况能够得到一定程度的改善，使他们的生活能够优于从前。

(4) 与高收入阶层相比，收入较低的阶层，其战时新增的收入额也许在更大程度上代表着工作量的增加，因此，对于收入较低的阶层所做的贡献，政府应主要采取延期支付收入的方式，而对于收入较高的阶层所做的贡献，则应主要采取新增税收的方式。

(5) 即便在现有的津贴和补助制度下，如果进口商品的价格上涨，则生活费用大抵会随工资比例增加5%以上。

此外，还剩下一个问题，那就是政府所需的9.5亿英镑，或者将家庭津贴支出加入进来，共计10.5亿英镑，我们是否全部可以通过增加税收和延期支付收入的办法加以筹集呢？ 我在《泰晤士报》和《经济学刊》上讨论这一问题时，所提的建议，似乎稍显胆怯，显然是无法满足政府的需要的。现在，为了满足上述的政府之需，我似乎应该最好是提出一个可以绰绰有余地实现这一目标的方案作为出发点，即便这一方案可能会显得过于理想化，也在所不惜。这是因为，嗣后的让步肯定会削减其最终所能筹得的收入之结果，所以，如果一开始就稍感不足，那么结果将会出现更多的不足，与我们的目标相去更远。我们现在因为各种重要的让步而须减少的收入可能至少为5 000英镑。因此，我现在建议我国的延期支付收入总额，应该以能够筹得6亿英镑为我们的目标。

下面表3中给出的实际规模，是否能够实现我们的目标，固然是难以精确地加以逆料，但是，这张表却是以能够实现我们上述的那些原则为鹄的的。如果这一目标仍然无法达成，我们则可以将它加以修正。如果用数字表示，则为实现这一目的的负担分配情况如下表所示：

表3 单位：百万英镑

收入阶层	250英镑以下	250英镑以上	总计
新增税收[1]	150	350	500
延期支付的收入	250	350	600
因生活费用相对上涨而造成的损失	125	50	175
	525	750	1 275
减去战时收入增加额	425	400	825
	100	350	450
减去家庭津贴总额[2]	100	—	100
实际消费减少额	无	350	350

表3中所列的因为生活费用上涨而损失的数额，乃是由于生活费用较战前上涨了10%，而工资的提高只有5%，因而不足以抵补生活费用的上涨之故。大体上来说，这就是目前的大概情形。但是，这一估计，是建立在收入较高阶层受其影响较之于收入较低阶层的影响为小的假设基础之上的。

如果以战前的实际消费水平为标准来观之的话，则上述的最终结果意味着，高收入阶层的总消费量减少了整整三分之一，而低收入阶层的

---

1 包括战前原有税费收入增加额。

2 为求简便，我暂且假定收入超过250英镑左右者，其现行的所得税津贴额平均为每一个儿童5先令。这个数字正确与否我不敢加以断言。大体上似乎显得有所夸大，这可能是因为劳动所得在400英镑以下者这笔津贴在每一个儿童身上实际仅为3先令9便士，而收入在400英镑以上者该津贴额则开始逐渐升高而至7先令6便士的缘故。

总消费量并无丝毫的变化。不过，读者应该可以能够理解我之深感统计资料的缺乏这一苦恼，诚恐我所大胆给出的这些数据，在细节上未免存在某些严重的错误。

这样的分配负担的方案，可能会招致批评，认为该方案使收入较高阶层所做的相应牺牲过于深重。这项分配负担的办法，当然是利用战时财政上的机会，以求进行广泛的收入再分配，从而实现更大的公平，这一点是确定无疑的。难道说一位有责任感的工人阶级领袖会相信，提高工资，徒然使得生活费用大涨，反而比上述的办法来得更加公平，并且更有利于收入较低的阶层吗？

这里所给出的建议有一个重大的优点，那就是它特别保障了每周收入在 3 英镑或者 3 英镑以下的最低收入阶层（这一阶层的人们实在是无法从战时收益增加中获得好处）以及无法改变生活境况的家庭成员的利益，所以，我们亟须尽力推行这些建议，使之有利于社会。

那么，实现这一结果的最佳方法又是什么呢？ 我之前曾在《泰晤士报》提出的方法，其优点在于，能够向纳税人显示直接税和延期支付的综合结果。这一方法，在具体细节上曾引起各种无伤宏旨的细碎批评，而一旦将这一办法予以施行，国内税务局对于这各种批评所指出的问题，自然会一一加以解决的。而且，经过多番深入思考之后，我尚且没有发现有哪一项办法可以更好地实现一般性的目的和结果的，所以，我现在仍然选择保留这项办法，准备在此基础上进一步加以修正。例如，对于以家庭津贴形式在低收入阶层内进行的再分配，以及这一方案与直接税负担的相互关系，均有必要进行更为深入细致的考虑。在本篇的"附录"中，我给出了经过修正的方案，而其具体效果，则列之如次：

（1）**儿童津贴**。我们如果将现行的所得税制下的那种儿童津贴制度，仔细地加以检视，就会发现其内容多有极不合乎常理之处。按照这项制度的规定计算，一个年收入在 250 英镑的人，他的第一个孩子可以获得每年 7 英镑的津贴，但是接下来出生的孩子们则将一无所得。而这项津贴随着收入的增加而逐渐提高，其最高限额是每个孩子 18 英镑 15 先令。不缴纳所得税的国民，一般也就不享受儿童津贴，虽然在某些特殊情况下也会给他们发放该项津贴。现在，为求整个取代现行的未成年子女津贴制度，我建议，不论对于所得税纳税人还是对于已参与保险的人们，一律实施平等的津贴制度，每名儿童每周津贴 5 先令，或者每年津贴 13 英镑。

(2) **最低的基本收入额**。关于应该准予免于延期支付的最低基本收入额，我建议，未婚人士每周为 35 先令，已婚人士每周为 45 先令。如果有人认为这一数字不够确当，则可以通过改变超过收入基本额的那部分收入中应当上缴的百分比来加以调整。

(3) **超过最低基本额的收入**。超过最低基本额的所有收入，其中的一定比例，一部分作为直接税，一部分作为延期支付收入上缴给政府。这项收入如果增加，则其百分比也应随之而急剧提高，至于其计算方式，可以参阅本篇"附录"IV，不过，各种不同数额的收入，其应缴纳的部分，在下表（表 4）中列示得更加清楚。现在，我们把已婚但尚未生育的人士作为标准，对于其收入中应该用来负担延期支付（以及他应该缴纳的所得税和附加税）的百分比，列在下表当中：

表 4

		百分比
每周所得低于	45 先令	无
每周所得	50 先令	$3\frac{1}{2}$
	55 先令	6
	60 先令	$8\frac{3}{4}$
	80 先令	$15\frac{1}{3}$

（续表）

		百分比
	100 先令	$19\frac{1}{4}$
每年所得	300 英镑	21
	400 英镑	25
	500 英镑	27
	700 英镑	29
	1 000 英镑	35
	2 000 英镑	$37\frac{1}{2}$
	5 000 英镑	$53\frac{1}{2}$
	10 000 英镑	64
	20 000 英镑	75
	50 000 英镑	80
	超过 50 000 英镑	85

在下面的表格中给出的家庭津贴，与前述方案相比，对低收入阶层中有未成年子女者更为有利。如果一个人有两个孩子，那么，在每周收入不超过75 先令之前，他所获得的实惠将是很大的。

（4）**税收与延期支付收入之间的分配。**按照上述的方式扣除下来的收入的适当比例，如果有应该缴纳的所得税和附加税，即可由它完纳。其余额则将以下章中所述的方式，计入纳税者的贷方账户。至于其最终的结果，在各种不同的个人情况之下，可如下表（表5、表6）所示：

表5

	每周的收入	延期支付的收入	当前的所得税
未婚者	35 先令	无	无
	45 先令	3 先令 6 便士	无
	55 先令	5 先令 9 便士	1 先令 3 便士
	75 先令	9 先令 9 便士	4 先令 3 便士
	80 先令	10 先令 9 便士	4 先令 3 便士
	100 先令	14 先令 3 便士	8 先令 6 便士

（续表）

	每周的收入	延期支付的收入	当前的所得税
已婚者	35 先令	无	无
	45 先令	无	无
	55 先令	3 先令 6 便士	无
	75 先令	10 先令 6 便士	无
	80 先令	12 先令 6 便士	无
	100 先令	15 先令 10 $\frac{1}{2}$ 便士	3 先令 4 $\frac{1}{2}$ 便士

表 6

	每周的收入	延期支付的收入和所得税	家庭津贴	留作消费之用的现金
拥有 2 个未成年子女的已婚者	35 先令	无	10 先令	45 先令
	45 先令	无	10 先令	55 先令
	55 先令	3 先令 6 便士	10 先令	61 先令 6 便士
	75 先令	10 先令 6 便士	10 先令	74 先令 6 便士
	80 先令	12 先令 3 便士	10 先令	77 先令 9 便士
	100 先令	19 先令 3 便士	10 先令	90 先令 9 便士
拥有 3 个未成年子女的已婚者	35 先令	无	15 先令	50 先令
	45 先令	无	15 先令	60 先令
	55 先令	3 先令 6 便士	15 先令	66 先令 6 便士
	75 先令	10 先令 6 便士	15 先令	79 先令 6 便士
	80 先令	12 先令 3 便士	15 先令	82 先令 9 便士
	100 先令	19 先令 3 便士	15 先令	95 先令 9 便士

　　由上表可知，拥有 2 个未成年子女的已婚者，其每周收入未达到 75 先令之前，实际获得的现金存留要多于其收入；而拥有 3 个未成年子女的已婚者，其每周收入在未达到 95 先令之前，也是如此。此外，已婚者除了留供眼前消费的金额已然获得提高之外，还可以获得数额不菲的延期支付的收入，记存在他们的存款账户上。

　　已婚者每周劳动所得在 5 英镑以上的，[1] 则其结果如下表所示：

　　1　他尚可按未成年子女人数，每年每人领取 13 英镑的津贴。未成年者虽多纳所得税 13 英镑到 16 英镑，但是其延期支付额则要较少一些，所以，其收入所得在上表所列各级范围以内的已婚者，似有另予处理的必要。

表7　　　　　　　　　　　　　　　　　　　　单位：英镑

总收入	应缴付的所得税和附加税	延期支付的收入	剩余的收入额
300	15	49	236
400	31	68	301
600	93	76	431
1 000	218	135	647
2 000	562	285	1 153
5 000	2 055	630	2 315
10 000	5 268	1 156	3 576
20 000	13 018	1 896	5 086
100 000	80 768	4 133	15 099

在收入较高的那些阶层，延期支付的收入占总收入的百分比，其下降是颇为可观的。但是，我们如果将庞大的津贴资金来源的所得税及附加税合并来计算，就不能再认为这一百分比过低了。例如，年收入在10万英镑这一水平的，其延期支付的收入只占总收入的4%，但是在缴纳了这些税费之后，于其余下的收入中延期支付的比例就会上升至21.5%。

（5）**征收办法**。对于已参加保险的工人，其征收方式一如社会保险所实施的办法。每一个参加了保险的工人都应持有一张延期支付卡（Deferred Pay Card），并由雇主加盖印章。对于所得税的缴纳者，其延期收入的征收方式则与所得税相同。对于年收入在750英镑及750英镑以下这个阶层的，其延期支付的问题，可与减税额问题同时加以考虑解决。对于附加税的缴纳者，其延期收入的征收方式也与征收附加税相同。因此，延期收入的估算和征收工作都无须再行启用任何新的征收办法，这一点是最适合战时环境的了。

在收益变动不居的情况下，适于每个支付时期的延期支付比例，应该从一开始就先行扣除。然后，可以按照季度或其他适宜时期的平均收益，而来决定延期支付的比例，从而加以调整，或者增补，或者抵扣。这项先扣除后调整的办法并不会遇到什么困难，因为我们有延期支付卡上记录为凭据。

（6）**延期支付收入的储存**。对于延期支付收入的储存，应该允许个人自由地选择其机构。他可以选择他所支持的团体、工会或其他任何健康保险机构；如若上述这些选择都不合意，则可以考虑储存在邮政储蓄银行（Post Office Savings Bank）之中。因此，应当鼓励工人自己的机构来担负其保管的责任；而且如果工人确实希望如此，则应该给予这些机构较大的自由处置权，以求酌情决定在何种条件下，个人才可以提取这项存款，以解燃眉之急，其方法可见于下章所建议的方案。

上述的办法所得到的结果，读者一望可知，是可以用另外一种办法来加以达成的，这种办法就是一方面将所得税的最低豁免额予以降低，另一方面将不同收入水平上的所得税及其附加税的税率提高到"附录"IV所示的百分比例以上。对于那些不喜空想而新奇的方案，却偏爱易于理解的熟知之法的人，这个方法可以算得上是一个比较可靠的选择。如果在这项办法之外再辅之以家庭津贴制，那么，从财政的角度言之，我基本上是看不出还有任何值得加以反对的理由的。从整个社会的立场言之，我则更喜欢那种新颖的建议，因为这类建议更能促人奋发有为、积极努力，会使人们觉得所付出的牺牲也相对较少，而且实际上也确能减少牺牲，而由于资源的节约所带来的生活安定上的好处，其泽被社会之深远，也大大胜于从前。

VII 延期支付收入的偿还以及资本税的征收

根据本方案,国民收益及其他收入中用于延期支付的那部分,应当以其所有者的名义对这些存款加以限制,而以2.5%的复利储蓄起来,或存于他所支持的社团,或存于已注册在案的其他机构,或者当这些选择均不可行时,考虑邮政储蓄银行来保管这笔资金。如果上述方案中的征收目标可以实现,那么,以这种方式积累起来的总的延期支付收入额合计起来大约每年有6亿英镑。而事实上,由于种种必须做出的让步之关系,这一积累总额可能会少于此数,对此,我来细数其原因如下。

首先,在战争尚未发生之前,人们已经订下了若干契约,例如,给建筑协会的分期付款、向人寿保险公司缴纳的保险费、分期支付的购买协议,以及银行借款协议等等,这些都应当允许个人用其封存的存款来进行偿付。所以,我们需要将这一数额予以减除。(在估计延期支付收入额时,我曾经预留了5 000万英镑以备伸缩回旋,若然还是不敷该项支出,那么,在我所估计的延期支付收入额之外,对于所能指盼的自愿储蓄之估计,我也预留了充分的余裕来资把彼注兹之需。)至于遗产税的缴纳,用延期支付收入来完成也自是在情理之中的。

其次,应允许人们用其延期支付收入投保新的人寿保险或者养老险。保险公司应当根据与特殊环境相适应的方式,来制定鼓励这类行为的计划。

第三，此项存款既然是个人的私人财产，目的是保障他的家庭和他自己的不时之需，那么，一旦遭逢疾病、失业或家庭的特殊开销等事情时，只要征得他所支持的社团或邮政储蓄银行的同意，即可加以动用。

但是，原则上来说，在战争结束以前，这项存款应该不要加以动用；等到战后，由政府规定适当的日期，分期进行偿付。同时，在估定这项存款的国民保险受益人的收入时，则不当计入，计算养老金应否给予时，也不应该计入，而且也不应该计算成后文所建议的资本税或其他类似征纳的税源。

最终偿付这项存款的适当时机，莫如战后第一次衰退袭来之时。因为这个时候的经济形势，将与现在截然相反。这个时候，需求一定不会超过供给，而我们的生产能力反而会使得供给超过需求。因此，延期支付制度届时又会再度受人赞扬，这一制度对于预防之后的通货紧缩以及失业的发生，将会带来莫大的好处，一如当前在预防通货膨胀以及物资匮乏方面所起的作用一样，卓有成效。因为在战后我们极有可能像现在急于对消费需求进行压缩一样，反而是急于刺激消费需求的增长。所以，使私人支出从不增加消费之时转为他日有增加消费的必要之时，如此在时间上加以推延，无疑是上上之策，这可以使闲置资源得到优化利用，免于浪费。

如果可以在这些条件之下发放这类存款，那么，这一制度对于我国的资源以及财政，皆可以使之趋于自然通畅之境。就实际资源方面而言，它所以能够使之趋于自然通畅者，乃在于我们可以利用我国的劳动力以及生产能力，来满足消费而使其免于浪费。就财政方面的情况而言，它所以能够使之趋于自然通畅者，乃在于它可以避免使用举债这种方式来作为救济失业以及从事公共工程建设的手段。

尽管如此，根据我的经验，在我们的方案里，各方怀疑最为强烈的部分，莫如这种限制使用的存款最后偿付起来所存在的困难。但是，我对于这类批评，不独感到惊讶，而且以为这实在是丝毫不合乎情理，因为采取延期支付的办法，所使国债增加的数额，并不大于采用自愿储蓄的办法所得的数额。此外，财政部对于此项特种国债的偿付，保留了自由处置权，以及规定偿付时期的权力，因此与战后留下来的其他巨额短期国债相比，这部分特殊的国债实际上是很容易加以处理的。我以意度之，这类批评所凭借的依据是，与正常的储蓄相比较，这种延期支付收入的储蓄一旦可以自由支用，人们更有可能倾向于将这笔存款提取出来将之全部用罄。这种猜测离真实的情况到底有多大距离，我并不能加以断定。也许，这种限制其使用的封存储蓄有助于更加普遍地传播进行小额储蓄的习惯，或许人们也会像对目前的银行储蓄存款一样，对这种存款的大部分只是做有节制地支取。不过，这都在未知之列，对之我并不指望必有这种可能。实际上，如果这些存款在已届偿付之期，而它们仍然无人动用，那么，我前面所述的那些预测这项存款对于就业的好处也不会兑现。不管怎么样，社会救济和改善就业状况都需要资金支持，因此在偿付这项存款的同时，我们必须要寻找到新的款项来对之加以替代。我之所言，不过是设想如何才能防止对此项存款支用过于迅速，而使我们在找到替代的贷款之前就已经把它用光而已。

然而，如果舆论仍然对这个问题放心不下，那么，我们还有另外一个办法，而且这项办法其自身还有另外一个优点。假如这场战争持续到两年或两年以上，国债就会急剧攀升，以至于无可收拾的地步，这就会在未来很多年内拖累国家财政。遇到这种情况，我认为在战后物价暴跌之前，我们应该效法第一次世界大战结束后的那些经验，征收资本税，所以，将资本税与延期支付收入联系起来，也许是有着充分合理的依据的。

因此，我主张政府应该予以明示，在战争结束之后，征收资本税，这样将会筹集到足够的资金来摆脱对延期支付收入的依赖。不过，我仍然坚持偿付延期收入和征收资本税这两项举措，最好不要同时施行。在失业问题尚未达到严重之程度以前，我们将延期支付收入封存不用所能带来的巨大好处，我实在是不愿意轻易加以放弃的。但是，一旦衰退来袭，失业现象严重以后，则又正是最不适合征收资本税的时期。所以，资本税之征收，如果采取一次性缴足的办法，则战争一旦结束，应该从速施行，越早越好，不可迟延，尤其以出现暂时性的繁荣之际为宜。但是，为了便于征收以及减少不必要的麻烦，则不如选择一定的时期分期缴付更好。从行政管理的角度来看，这样的做法有一个特别的优点，可以奠定使资本税成为永久税的基础。这种资本税可以成为我国财政新增的又一重要税源，较之于所得税，也有着一些重要的优点。无论如何，战争结束之后，必将有大量的国库券等待结清，所以，资本税的征收以及延期支付收入额的偿还，在技术上并没有什么同时施行的理由。

在劳工的圈子里常常流行着这样的观点，即认为资本税应该列入筹措战争费用的即可启用的计划之一部分。其理由也颇有合理之处，认为战争应该成为减少贫富不均的良好机会，而不应该再加剧这种不平等。而这一理由，我们上述的建议已经完全予以接受。但是，对于在战争期间征收资本税真正坚实有力、无可辩驳的反对理由，人们却又避而不谈。我心目当中最大的反对理由，并不仅仅是行政上的困难而已。这类困难，即便不能加以克服，然而其主要理由乃是资本税对于解决当前迫在眉睫的难题，实在是难以产生多大的作用，甚至还可能起不到任何作用。盖资本税率虽可提高到能够产生有效作用的程度，但是这却不是财富阶层目前的消费所能负担得起的。要缴纳这项资本税，他们势必要将一部分资产转移到政府手中，而这部分资产的资本价值，对于当前的财政状况而言，并不能马上产生什么助益。就目前的情况而论，任何的举措，若不能使现时的消费减少，那么就可以被认为是无用之举。而且，基于我在此第Ⅳ章所曾提到的那些原因，可以知道，并没有什么策略可以令收入较低的阶层能够在他们的消费中实现新增购买力的相应增长。对于这样的收入阶层而言，除了推迟他们的支出，并无他途。通货膨胀这种办法虽然可以使他们得以将这笔钱花费出去，但同时又会掠走这笔花销所能获得的果实，而不会得到任何的实际好处。唯有我们在这里所建议的方案，可以确保他们最终得以享受到自己的劳动果实，而不至被横加剥夺。

对于延期支付收入的基本管理原则确定以后，实施之际，或许更有较好的机会，亦未可知。例如，尤其对于现役军人而言，最适宜于使用此项办法。如果能够将其在服役期间的收入划定一个适当的数额作为储蓄封存起来，那么，他们的经济地位，就更容易与一般在民用部门就业的人相等。通过对财产征收资本税，来支付"退伍军人津贴"（veteran's bonus），是非常适合的一项义务。

这种办法来处理战争期间的超额利润问题也是十分有用的。最为理想的境况，当然是要求在战争期间不允许有超额利润的存在。但是，事实则不然，这样做其实并不明智，因为如果不允许有超额利润，则无以令企业家们积极从事经济活动。上一次大战的经验告诉我们，这种做法很容易导致铺张浪费。战争期间的超额利润，在未减去税费之前，其数额越大越好，因为这将会对财政部有所助益。如果企业家们全然丧失了从事经济活动的兴趣，那么，要想获得尽可能大的税基，只能是水中捞月。超额利润的现行税率是60%，再加上所得税，之后应该付给财政部的高达75%，而应该缴纳附加税的纳税人，其百分比还不止此数。如果把计算标准重新加以调整，以使其更加公平，使得法律上认定的超额利润，确实属于实际当中的超额利润，那么，战争期间的超额利润税的税率，应该是有着适度提高的余地的。但是，更好的办法，恐怕不如对于超额利润额减去超额利润税以及所得税额之后，将其所余下的额度，作为限制使用的存款封存起来。

VIII 定量配给、价格控制和工资管理

供求失衡，以生活费用持续高涨来取得平衡，这中间的作用机制，我们将于下一章来阐述之，而提高工资水平只能是徒劳无益。不过，借着生活费用高涨，而使得供求趋于均衡，实在是所有解决方案中最为拙劣的一种，这也是各方所一致承认的。

我曾说过，避免生活费用高涨的唯一方法，乃在于通过税收或者延期支付收入的方式，将消费者的购买力从市场上抽回一部分，以消除推动价格上涨的这种势不可挡的强烈压力，从而避免恶性循环。但是，有不少人士相信，除此之外，还有另外一种办法。这是一种什么办法呢？那就是同时运用定量配给制以及价格控制，双管齐下来控制生活费用，他们还认为，生活费用如果能够以此而得到控制，则对于工资的控制也就是轻而易举之事了。

我认为，如若仅凭这项办法，而欲求供求的平衡，实在是极为危险的妄想。不过，定量配给制以及价格管理的办法，在我们的一般方案中，的确有着其相当重要的地位，而且也许可以成为主体方案的一个有价值的补充。所以，我们对于这一问题，非常有讨论的必要。

定量配给制和价格管理，如果不以降低消费者的购买力来相辅相成，那么，对它们的主要反对理由有以下两条。第一条反对理由源自下

面这样一个事实，那就是个人之间的消费偏好是千差万别的。如果我们的需要以及偏好完全相同，那么，消费者的选择权虽然被取消，实际上也不会带来什么损失。但是，事实上人与人之间的情况不是这样的，所以，定量配给各种消费品于各个个人的时候，在物资及享受方面，会造成极大的浪费。对于某些种消费品——如面包、糖、盐巴，也许还包括熏肉之类——这种配给制尚且不至于产生什么大的害处，但是即便对于这类消费品，个人的消费习惯实际上也是千差万别，大相悬殊的。至于定量配给制列表中的所列的其他物品——如牛奶、咖啡、啤酒、烈酒、鲜肉、服装、鞋类、书籍、衣着用品以及家具之类——则各个人的需要和偏好，彼此间的差异程度尤其之大，所以，强迫每个人将其支出完全按照该表所列示的商品来购买物品，人人而同，千篇一律，实在是荒唐可笑。而且，要求定量配给表将所有物品均加以囊括，事实上也是没有可能的。如果有一些品类的物品未加列入，从而不受控制，那么，购买力必将会迫使生产偏向于生产此一方面的物品，但是，这一类的商品或许并不是人们最需要的，而且其本身也是不怎么值得追求的。最终，这种办法即便侥幸取得成功，奇迹出现，消费确实得到了彻底的控制，消费者由于无法自由地随意支出，则也将会有相当大的一部分收入滞留在消费者手中而无法花销出去，其最终所得到的结果，与一开始即将该部分收入进行延期支付，效果是相同的。如此一来，则上述的这些举措，不过是徒然烦琐细密、迂回曲折而又耗时费力罢了。

如果我们的目的是要防止消费者动用其某一部分的收入，那么，先行延期支付这部分收入额，或者将其以税收的形式予以征收，然后再准许消费者对其所余下的收入，自由地用于购买他所选择的消费品，实为唯一合理的办法。而且，这样做可以避免巨大的麻烦和滔天的浪费，同时又可以使消费者获得更大的享受。大卫·洛（David Low）[1]在其最近所做的一幅漫画中将约翰·西蒙爵士（Sir John Simon）描绘成腰悬佩剑，着一条似乎稍嫌紧勒的皮带，竭力挣扎，但是对于究竟应该紧缩"他的肠胃还是他的腰包"（the pantry or the pocket）这件事，他是苦苦思索、犹豫不决，对于这个问题，这幅漫画可谓极为传神地表达出了其深远的意义来。在一个习尚自由之社会，国民必然会愿意选择紧缩腰包。取消消费者选择商品的自由权，实际上也就无异于否认个人之间存在着偏好上的差别，颇有类似布尔什维主义的典型做派，使得个人的生存，变得寡然无味。

但是，一项精心布置的定量配给政策，其目的则绝非如此。这样的政策，一定不会企图控制总的消费量，而是要尽可能公正地将消费从某种由于特殊原因而不得不对其供应加以控制的物品上转移到其他方面去。例如，我国与丹麦以及波罗的海国家的海上贸易一经中断，则熏肉的供应势必要低于平常的水平，如果要加以补救，只能是从美国购买熏肉来代替之，但是这样一来必然会减少我国本已有限的美元储备；或者因为运输船舶的吨位所限，我们现在没有办法再输入大批的蔗糖来满足当前的需要，因此，政府必须迫使人们减少熏肉或蔗糖的消费，而以其他物品来加以代替。然而，这样做并不能与减少其总支出额相提并论。如果消费品不能为习俗所必需或者并非一般消费品中的一种，那么，提高其价格而不提高其他商品的价格，即可达到减少消费的目的，这是非常轻而易举就可以做到的。但是，如果是必需品，那么，对这类商品

1　即 Sir David Alexander Cecil Low（1891—1963 年），新西兰政治漫画家和讽刺画家，长期生活于英国。他是一名靠自学成才的漫画家，生于新西兰，1911 年移居悉尼，最终于 1919 年定居伦敦，开始了自己的职业生涯，以讽刺独裁者希特勒、墨索里尼和斯大林的画作而为人所知。——译者注

进行特别的提价则会不受欢迎，这个时候，这种限制消费的办法只能被弃置一旁，而定量配给制就有了用武之地。

将价格予以固定，用法律手段不允许其上涨，同时又不对购买力施加任何控制，这种做法难免会招致非议。因为这种政策，势必会迫使消费增加，便利了货币收入的使用和宝贵资源的消耗，有加速物资枯竭之弊端在。如果政府当局准备用于民用消费的资源数量受到严格的限制，那么，采取固定价格的办法，就可能会以出现商店供应紧缺、消费者排起长龙抢购的局面而告终。

然而，毫无疑问的一点是，将固定价格的办法付诸实施，同时对反对价格提高的观点加以宣扬，势必比过时的通货膨胀政策更能迎合当前的时尚。这一政策在政治上的好处是显而易见的。其所欠缺之处在于，这项政策对于供求平衡的问题，不但毫无裨益，而且与旧式的通货膨胀政策一样，还会适得其反。我以意度之，半年之内，若我们仍然无法降低消费者的购买力，则其结果，不但会使商店商品供应出现短缺，而且物价还会如脱缰的野马一样向上飞奔。对于这种情况，一般的国民以及生产商、零售商，对此均抱有一种强烈的抵触情绪。昔日引起物价飞涨的心理状态，如今已经不复存在，今天的国民对于私利，对于公益，其观念皆非昔日可比。因此，我相信，一场典型的通货膨胀，它的出现尚且遥遥无期，远不如今天若干人所想象的那样之速。我以为，当今国民有此番新的精神状态，实在可喜。这是因为，我们有了这番精神，即可于元气尚未大伤之前，有较多的时间来从容地实施一种能够真正实现供求平衡的政策。尽管如此，将价格予以固定的办法，仍非真正能够解决问题的万全之策。供应上的短缺以及排队抢购，将会带来分配上的严重不公以及巨大的浪费，而且在时间上也带来不必要的拖延，毫无必要地加剧公众的紧张情绪。长期以来，俄国和德国对这种方法可谓是情有独钟，而我也说过，这种方法的确是颇有些时髦的味道的。但是，我们要寻找的第三种选择，乃是一种真正的解决办法，不但可以保全公共利益，而且同时也可以保全个体消费者的选择权利。

我并不打算直接讨论工资问题。我认为，间接地处理这一问题会更加明智一些。我们如果不把消费者的购买力从市场中抽回一部分，那么，我国通货虽然未必会出现急剧的通货膨胀，但是，物价的大幅上涨也将不可避免。正如试图控制一部分一般消费品的价格之努力，迟早都需要进行大量的补贴方可成事，而这无疑会加剧预算的不平衡（财政大臣最近宣称，在这方面的临时性举措，每周已经耗去国库 100 万英镑）。而且，生活费用的大幅上涨，其结果肯定会使得工资随之而多少有所上涨。

反之，如果通过收回购买力的办法间接地解决此问题，那么，物价不致因需求方面的压力而上涨，恶性的循环也就无由而起。如果因进口商品的成本上涨，我们固然需要以一部分补助金来就价格提高加以补偿，而且对于有特殊理由以求改善生活状况的若干劳动阶层，允许其工资酌量加以提升，但是，造成严重的工资问题的主要依据即已消弭于无形。其他的问题，我们尽可以听凭工会方面的人士本着其常识与公德心，来判断什么才是于战争期间合理的举措，什么不是这样的举措。

尽管如此，如果延期支付方案能够得到实施，那么，就可以采取进一步的措施来缓解工资问题。因为消费者的购买力既得减少一部分之后，则故意压低一部分必需品的价格之政策，或不至于发生什么危险及浪费的情况。因此，以实施延期支付方案为条件，我建议我们应该基本必需品的有限范围做出规定，这一范围要比劳工部生活费用指数所涉及的消费品范围窄得多，并且政府应尽力设法阻止此类物品的价格上涨，以防因而影响生活费用的上涨。如果政府无法制止生活费用的上涨，那么，工会应该赞成嗣后不以生活费用上涨为借口，而强迫工资上涨。这一建议，并不是我们各种主要方案的核心内容，而是为了让这些方案能够得以进一步发展罢了。主要的方案实施之后，这一建议也极易于推行。

IX 自愿储蓄与通货膨胀的机制

除了以上各章所建议的方案之外，我们尚且还有其他同样激进的方法可供选择，如果能够将这些方法付诸实施，则其效果也不会逊于前者。例如，征收 50% 的零售税，或者 20% 的工资税，或者将所得税税率提高至我前面所述的程度，使之取得与延期支付收入完全相同的效果。至于在这些激进而效果相同的替代方案中如何进行选择，我们则应该根据公众的心理、社会正义以及行政上的方便来加以考虑决定。

一般来说，反对延期支付方案的人，其之所以反对，理由大抵并不是因为他们更偏爱上述哪一种激烈的替代方案，而是他们认为可以用"常规的"方式来实现同样的目的。所谓常规的方式，也就是说，将原来的税率提高，并通过积极的宣传，来促进自愿的储蓄。

现在的这种政策可能蕴含着两种可能。其一，这可能意味着我们是在沿袭上次世界大战时所施行的政策，虽然在细节上做了必要的修正；换言之，即使得通货膨胀达至适宜的程度，借以提高税收及自愿储蓄到必要的数额。这种办法的作用机理，正是本章所欲讨论的主题。

其二，这种政策还可能意味着无需通货膨胀的帮助，即可实现供求的平衡，这一点远比上述其他各种办法来得高明，也是最为其鼓吹者所称道的地方。

如此乐观、美妙的结果，在实践当中有无实现的可能，显然只是个程度问题。例如，如果本年度财政支出与1938—1939年财政年度相比，其增加额不超过10亿英镑，或可能是12.5亿英镑，那么，我们就有理由希望以"常规的"方法（当然还是要以动用一部分资本资源为补充的）来筹集起来。反之，如果支出的增加额在17.5亿英镑或以上水平（按战前价格计算），那么，根据我们在本部分第Ⅲ、Ⅳ两章中的统计，这就不是常规的方法所能筹足的了，这一点我们是可以加以断言的。正是由于对常规方法作用的限度有着不同的估计，所以才存在着意见上的纷纭。我以为，若以常规的方法来筹款，应该有把握筹得12.5亿英镑左右。而且，我也相当地确信，这种方式对于15亿英镑的新增支出，是无法胜任的。

接下来，我们必须要提醒一下大家，有一种为众人所忽略的最重要的事实。假设不采用任何激进的方法，而可以获得自愿储蓄额（比如说）5亿英镑，但是要平衡我国在战争期间的预算却需要7.5亿英镑。因此，在这种情况下，我们总是得以激进的方法来筹足这相差的2.5亿英镑的缺口不可。如果仍然要以激进的方法来筹措这一款项，那么，我们就不可避免要面对那极易为我们所忽视的基本困难了。只要我们局限在"常规的"方法范围之内，就总能指望获得这一数量的自愿储蓄，而一旦我们采取激进的方式，就不能再得到同样数量的自愿储蓄了。这是因为，我们以激进的办法而筹集的款项中，有一部分必然是由牺牲先前所取得的自愿储蓄而得来。举一个简单的例子，自愿储蓄的总量是不可能与所得税完全没有干系的，所得税税率如果提高，则其税收额的增加，只不过是使得税收及自愿储蓄的总额在表面上增加而已，因为更高的税收不可能完全靠减少消费额来缴付，而至少有一部分要靠减少储蓄来满足。

因此，支出的增加速度一旦超过常规方式所能应付的最大限度时，我们就应该使激进方法所筹得的款项大于这一超支额的收入，因为我们所能寄希望于自愿储蓄的数额，已经不如先前了。根据这样的理由，我在以前阐述自愿储蓄时，并未对私人自愿储蓄寄予厚望，而更为看重公共机构的储蓄和契约性储蓄。虽然我还是希望，我的这一看法能够在将来被证明是过于悲观了，但就目前而论，我的观点不可谓没有根据。

我还应顺带提一下，战时储蓄运动（War Saving Campaign）固然取得了不俗的业绩，但是，对于采用自愿的方法将来能够取得什么样的成绩，显然是无法提供给我们什么可资参考的统计意义上的提示的。与邮政储蓄银行和股份制银行的储蓄率相比，战时储蓄开出了更加优厚的条件，因而自然可以吸引以前存放在其他地方的原有储蓄。而且，雇主为了取得营业执照而预付的支出也常常有助于储蓄集团的形成，这些支出是要通过将来从收入中抵扣而予以逐步偿还的。因此，战时储蓄运动所公开发布的储蓄总额，是包括了过去和未来的数字在内的，而在这方面的细致数据加以公布之前，我们很难说得清楚是由于当前收入超过了当前支出而得到的当前储蓄究竟当为多少。

以我观之，这种普遍的论调向我们有力地证明，诸如依靠现行政策下的税收并以自愿储蓄为补充的常规方式，即可筹足最高数额的战费，是根本站不住脚的。如果我们不推行任何激进方法，而一味地依靠自愿储蓄，就会有在不知不觉之中滑落到采用通货膨胀而刺激自愿储蓄泥潭中去的危险。这就引出了本章所欲讨论的主题。

以自愿储蓄来支付战费，本无任何困难，但是我们须假设对其结果能够加以忍受。而其危险也正在于此。一个掌控着全国银行业和货币发行体系的政府，总是可以筹集到足够的现金来购买国内生产的产品的。除去税收额以及利用外汇储备来清偿入超所需的国外资金之外，政府支出的余额必定会以自愿储蓄的形式存留于国民手中。这在算术上是确定无疑的。因为政府已经购买了大量商品，国民由此所获得的一部分货币收入，将会无处可用作花销。如果物价上涨，则涨价所得的额外收入仅能使一部分国民的收入有所增加，但是国民的自愿储蓄却仍将保持不变。这一观点至为重要，但是却又很少为人们所理解，值得我们于此多花些笔墨对之详加讨论。

我们来设想一下，若以战前的价格水平来计算，则我国的产值[1]为55亿英镑，个人收入（包括转移支付）为 60 亿英镑，税收收入是 14 亿英镑，用来支付入超的外汇储备或国外借款是 3.5 亿英镑，而政府支出，若也按战前价格计算，是 27.5 亿英镑，即除去转移支付之外是 22.5 亿英镑。在个人收入 60 亿英镑当中，扣除用来支付税收的 14 亿英镑之外，还剩下 46 亿英镑，这些都是可以个人可以自由支配的收入。不过，既然政府已经购买了 22.5 亿英镑的产品，那么只有 32.5 亿英镑（55 亿英镑减去 22.5 亿英镑）的商品（按战前价格计算）留给国民用其收入余额 46 亿英镑来购买了。现在，如果国民自愿储蓄额已达 13.5 亿英镑，也就是说，按战前价格计算，在他们的 46 亿英镑收入和 32.5 亿英镑可获得的商品价值之间，存在的差额总共为 13.5 亿英镑，显然，问题就不再存在了，用不着对物价做任何的提高，商品的供应即可恰好与需求相平衡。

但是，在这种情况下，民众如果不愿意储蓄像 13.5 亿英镑这么大的数额，那么，以自愿储蓄来筹集战费的制度是不是就破产了呢？当然不会。在上一次大战时，我们运用这种储蓄制度确实取得了成功，但是物价的上涨之速度要远比工资提升的速度为快，这样一来，民众进行储蓄

1　我使用的这些数字，大抵与事实相接近。但是为了说明上的简便，我并没有把耗费资本来满足政府开支这样一种情况加以考虑。

的意愿自然就不可能满足上述的条件。那么，结果将会怎么样？ 我们又该如何来解释这一悖论呢?

假设国民自愿储蓄未达到 13.5 亿英镑这一必需额，而只有 7 亿英镑，那么，他们会试图使用其收入余额 39 亿英镑来购买按战前价格计算只值 32.5 亿英镑的商品。在这种情况下，物价只有上涨 20% 才能使得供求得以平衡，到那个时候，这些商品将值 39 亿英镑（32.5 亿英镑加上 6.5 亿英镑），恰可与人们所打算支出的收入额相持平。而那些卖出 39 亿英镑商品的人们实际上只花费了 32.5 亿英镑，所以将会取得 6.5 亿英镑的盈余而为额外的未开销收入，这正好是政府所需资金的数额。

但是，这样行事只能使问题暂时解决，因为我们没有理由期待这笔 6.5 亿英镑的未开销的额外利润将会全部转化为永久性的储蓄。需要经历上若干时间以后，这笔 6.5 亿英镑的资金才会转入某些得到授权可以使用它们的人手中，但是到了那个时候，打个比方，在板球比赛的下一个回合里，这笔资金加入潜在的可支出的收入总额之后，我们就会有 52.5 亿英镑收入（46 亿英镑加上 6.5 亿英镑），即便把 20% 的物价上涨也算进来，待购商品的价值也只有 39 亿英镑之多。而且，公开市场上的价格已经上涨了 20%，则政府对其自身所要购买的商品，也不能将其价格压低买入。因此，我们不难发现，自己又回到了原地，在国民准备支出的货币数量和他们能够买到的商品价值（按照新的物价水平计算，比之前高 20%）之间又出现了较为悬殊的差额，这样就不得不要求物价进一步提高，以取得暂时的平衡。如此周而复始，循环往复，而问题累积起来也就越发严重。

幸运的是，这种故事的重演，并不是完全依照本部分的第 II 章故事的旧观。如果情况果真如上面之所述，那么，自愿储蓄制度必然无法取得成功，而我们也将不得不面临无休止的通货膨胀。但是，在上次大战期间，这种情况并未发生，纵然这一次我们实行相同的自愿储蓄政策，我们也不会有罹受这种现象的担心。

那么，这件事的实际演进过程究竟又是怎么样的呢？ 战争期间物价的上涨，其最初涨价的商品，乃是战前物价水平较低时所生产，其利润将归于这些商品的所有人。换言之，总收入额实际上将会增加6.5亿英镑（由政府购买而使价格上涨所发生的影响，在此并未计入），不过并非所有人的收入都会按同一比例增加，最初增加的收入额主要归属于为数有限的若干特殊阶层、贸易公司以及制造公司。为了简便起见，我们可以（并无任何恶意地）将他们称之为"渔利者"（the profiteers）。这些渔利者，因缴纳战时超额利润税，也因为他们中的多数收入较高，须缴纳高额的收入税及附加税，所以其应予缴纳的税收是非常之重的。因此，可以这么来比方，这些渔利者简直就成了国库的税吏一般。在新增的6.5亿英镑中，其中有超过一半（在某些情况下超过四分之三）[1]的收入将会作为税款上缴国库。而且，其中所余下的数额，一大部分可能会变为自愿储蓄。所以会如此，不是因为他们较为富庶，从而更有余力进行储蓄，而是因为这种利润，大抵都归属于公司，而公司将会因为种种原因，不愿意将其以更高的股息而把大部分的利润分配给股东，在这种形势下，宁愿代替股东把它们给储蓄起来，因此这6.5亿英镑（这个数字将会因为政府购买而增加）中并不是全部都会变成个人的自愿储蓄，实际上，只有一小部分资金会在第二个回合中投放到消费市场上去。这样一来，要维持供求平衡，就用不着把物价再提升20%，而只需提高2%或3%就足够了。在这种情况下，只要适度增加一般大众所需缴纳的税赋，

1　战时超额利润税（E.P.T）＋所得税，其税率即为75%，战时超额利润税＋所得税及其附加税，对于5 000英镑以上的收入，其税率即占收入增加额的83.5%。

就足以抵消渔利者们新增的消费,(若非下面即将提到的原因)则还可以避免必需品在最初提价 20% 之后,出现任何进一步的价格上扬。

但是,事实并非如此简单,我们现在已经于不知不觉之中走入了以较事实为简单的假设为论据,而讨论这种复杂情势的另一极端。我们前面一直假定物价虽然上涨 20%,但是工人仍然会满足于与以前同样的货币工资收入,不要求增加工资。这样,渔利者们在第二个回合就可以继续赚取 6.5 亿英镑的利润,并按照旧有的税率向国库纳税,充当税吏。但是,事实上并非如此,工人势必要求增加工资,这种要求至少可以取得局部的成功。因为在这种情况下,与往昔相比,雇主实不能对这样的要求严加拒绝。由于劳动力短缺,如果雇主想要留住他的工人,那么就被迫作出让步,同意对工资加以调整。而且,既然政府要通过税收形式取走他们 70% 的超额利润,那么,同他的雇工及职员分享他牟取的暴利,也不会让他破费过大。事实上,如果工资和其他货币费用完全与生活费用成比例地提高,那么,通货就会无限膨胀,每一期膨胀 20%,和之前一样。这种循环往复的通货膨胀之过程,即一般所谓的恶性通货膨胀。

但是,如果遇到了这种情况,我们还有一个补救的办法。有些费用乃是由法律或契约所规定,所以,那些依靠地租、利息以及养老金等固定货币收入度日的阶层,势必会遭受到损失。而调整工资等等之类的事情,通常需要一定的时间,有时候甚至还需要相当长的时间方才可行。即使在增加工资的要求充分强大时,要想进行工资的调整,也需要相当长的时间方才能够完成。正是由于这种时间上的迟滞,以及其他的稽延,我们方得以从容进行补救。战争不可能永无休止地进行下去。工资以及其他成本的上涨,必然会使物价上涨,这是自然之理。但是,无论工资如何提高,物价水平(根据我们前面的假设)仍将会一直维持在超出其 20% 的上涨速度。不论工资增加多少,此项收入的使用,总是会再次将物价相应地抬高这么些。而工资的增加，永远也不会有赶得上物价的那一天。工资和其他成本平均增加 10%，物价就会上涨 32%（即110%乘以 120%，再减去 1）。如果在两年以后，成本提高了 40%，那么物价将会上涨 68%（140%乘以 120%，再减去 1）。等到战事结束，则这种情形也必然终了，因此，察其最终，自愿储蓄制度必然是会顺利地发挥作用的。换言之，这笔资金可以根据"自愿的方式"筹集起来，而同时又不会引起无休止的通货膨胀。但是，得到这样的结果，是有唯一的一个条件的，那就是物价的上涨，必须快于工资的上涨，如此方可使得工人阶级以及其他阶层的人们之收入，有一个适当的部分转入到渔利者手中，然后再大部分以税收形式、一部分以额外的自愿储蓄形式转入国库。

每一期的自愿储蓄额越大，则对于每个人来说，其个人所受的利益也就越大。如果全民储蓄运动能够成功地增加自愿储蓄额，那么，物价相对于工资所必需的上涨幅度，也就会相应更小一些。我们再次用数字来说明之。我们曾经根据战前的物价水平，来计算我国国民可用于开销的收入额再扣除可获得消费品供给的价值，之后尚余 13.5 亿英镑，而在此一数额之中，我们还曾假定以 7 亿英镑为自愿储蓄额，所以，此外还余有 6.5 亿英镑，即比可获得商品供给价值（按照战前价格水平计算）多出 20%，这笔资金必将无物可购。如果全民储蓄运动可以使自愿储蓄额增加英镑 1 亿（这是一个假设的数字），那么，自愿储蓄的总额就是 8 亿英镑而不是 7 亿英镑，那么，可用于开销的收入的超出额将可减少 5.5 亿英镑，即比可获得的商品供给价值（按照战前价格水平计算）多出 17%。在这种情况下，我们仅使物价高于工资及其他成本 17%（而非20%）就可以实现供求平衡。

由是观之，增加自愿储蓄额，可谓有百利而无一害之举。除了嫌其数额不足之外，实在是无可非议。然而，就个人来说，则有两种选择方案，一种是延期支付收入计划，由此他可以增加 2 英镑的收入，并且丝毫也不会受到任何物价飞涨的威胁；另一种是自愿储蓄计划，由此他可以增加 1 英镑的收入，但是必须忍受通货膨胀的恶劣社会后果。对于个人而言（除非他属于渔利者阶层），答案是不言而喻的，如果选择前者他无疑会获得更大的利益。这个问题，就好比两种交通规则，一种是强制遵守的规则，一种是自愿遵守的规则，人们选择前者，则可以免于遭受交通事故和道路拥挤之苦，而若选择后者，则将会陷入事故频发的窘境。

但是，对于国库以及未来的纳税人来说，答案就不是那么显而易见了。延期支付制度或取得高度成功的自愿储蓄制，所增加的国债，如果以实际价值来计算，必然较那些不甚成功的自愿储蓄方法与通货膨胀同时并进所增加者为更多。这是因为，通货膨胀政策，乃是一种强力的征税方法。但是，国库以及未来的纳税人如果希冀通货膨胀所造成的物价水平能够维持下去，永久不易，则何去何从，不免让人犹豫难决。因为在通货膨胀的政策之下，按照货币计算，国债的数额可能要比在强迫储蓄制度下的数量更为庞大。所以，日后物价一旦回落，则通货膨胀对于国库的利益，亦将化为梦幻泡影。

由上所述，我们可知政府开支除了税收收入以外，其余的差额部分，迫不得已之时，确实可以通过"自愿"储蓄的方式来加以筹集。但是，至于"自愿储蓄"这个名称是否贴切，则不过看个人的喜好不同罢了。这里所谓的"自愿"储蓄的方法，实际上就是**以强迫的方式使工人不愿意进行自愿储蓄的那部分收入**，转变为企业家的自愿储蓄（及税收）而已。所谓的"我们将依靠自愿储蓄制度"，实际上不过是"我们将依靠通货膨胀至某种必需的程度"的另外一种说法罢了。罗伯特·金德斯利爵士（Sir Robert Kindersley）[1]在他主持的储蓄运动中，所抒发的议论可以称得上无可厚非，他这样辩解道：

> 政府需要这一项资金。但是，我们国家乃是一个习尚自由的国家，所以，某些国民必须自愿进行储蓄，来为国家做出贡献。假设您以及您的朋友不努力储蓄，那么，物价飞涨，将会使您们收入的实际价值被夺去必要的一部分，并转移给渔利者。而由**他**来自愿地把这笔钱给储蓄起来（当他不缴纳强制性税收时，这笔收入就会完全变成他的自愿储蓄），从而贡献给政府。通过这种方式，我们可以避免对自愿储蓄制度的背离，并可以避免举国哗然之状。

金德斯利先生的这番话，意在为自愿储蓄制度进行辩护，纵使语义晦暝，但是，对于那些赞同增加储蓄的工人而言，如果不是有一点美中不足之处，这也不失为是一种合乎常理、令人信服的观点。这点美中不足表现在什么地方呢，那就是金德斯利先生以为个人实行储蓄，即可独善其身这一点了。事实上，如果不是人人努力储蓄，那么，只是一两个人努力地进行更多储蓄，是断然无法保全自己不受通货膨胀后果的影响的。这就像如果别人对交通规则漠然置之，那么，即便他遵守规则，也无法确保自己不出车祸是一个道理。

以上对通货膨胀运作机制的分析，是基本的知识，其分析也是相当简明的，尽管是这样，也不是人人都能理解。其所以不能得到理解的原因，说出来也可称得上让人惊异莫名，可能是对许多人来说过于新奇之故。经济学家对这一机制有所认识和理解，也不过是最近二十五年内的

1　即 Robert Molesworth Kindersley（1871—1954 年），第一代金德斯利男爵，英国企业家、商业银行家、证券经纪人，曾组织发起国民储蓄运动。——译者注

262

事情（尽管这要比发生在和平时期的情况简单得多，在和平时期，我们还必须要加以考虑的是就业波动对产业的影响而不是固定的最大产出），因此，也就是说，现在那些在这个学术领域成为权威的人，也是在这个时候方才领悟到其运行的真谛的。上次大战期间，我就职于财政部，但是，那个时候，我还从来没有听说有人从这些方面来讨论财政问题的。

因此，我们如果参照这样的分析来回顾当时的情况，那将是极为有意思的事情。

表8

	货币工资率：下述各类工人的工资平均增长率[1]	生活费用		实际工资率	
		劳工部公布的指数	修正后的指数[2]	劳工部公布的指数	修正后的指数
7月					
1914年	100	100	100	100	100
1915年	105—110	125	(120)	84—88	87—92
1916年	115—120	145	(135)	79—83	85—89
1917年	135—140	180	(160)	75—88	84—88
1918年	175—180	205	180	85—88	79—100

由上表（表8）可知，根据劳工部公布的生活费用指数每年上涨25%，而经过修正的指数（1918年编制）每年上涨约为20%，实际的情况可能是两者的折中。到战争结束时，货币工资率在战争的前半段平均每年提高大约10个百分点，而在后半段大约每年提高30个百分点。因此，工资购买力在1917年7月以前的三年间，大约比战前降低了15%。在战争结束之前的一年半内，由于美国的参战，我国的财政困难才稍微

---

1 泥水匠、泥水小工、排字工人、铁路工人、码头工人、棉纺织工人、毛纺织工人、工程技师、机械工人、造船工人的计时工资，矿工，英格兰和威尔士的农业工人。

2 修正指数乃是根据1918年萨姆纳委员会（The Sumner Committee）所选择的商品编制而成，其最不同于官方指数的地方，在于对服装、食糖、牛油以及人造黄油等商品的处理上。萨姆纳指数遇到某种商品短缺时，即以其代替品为根据，而官方指数则不是这样来做的。

得到纾解，境况大为好转，实际工资逐渐恢复。但是，因为制度发生了改变，在引入严格的定量配给制以及固定价格的办法以后，消费的方向也发生了转移，致使统计资料不足以凭信，故而实际工资究竟恢复到哪种程度，尚且难以加以估计。

根据前面的分析，我们就可以来解释上述的种种之结果。可用于开销的收入总额（因就业状况的改善和工作时间的延长等，收入的增加率要比工资率增加得更快）相对于消费品的供应增加了15%（在战争初期要比这少得多，而在末期则要比这多得多），我们仅从物价较工资多上涨了15%这一点即可察知。生活费用的这般上涨，每隔一年左右，即会刺激工资同样上涨，然而工资一旦上涨，生活费用又会随之而同样上涨。如果以每年而论，工资上涨的程度恰好与前一年的物价水平相等，所以，时间上的稽延，最终会使得社会得以免于混乱，防止灾难的发生。如果物价能够一直保持超过工资15%，并且在第一年内工资只提高到这一数字的一半，相隔一年亦复如是，则经过四年战争，物价上涨，差不多只略翻了不足一倍。这种粗略的估计与事实相符到何种程度，看一看下面这张表格（表9）即可一目了然：

表9

年份	理论指数		实际指数[1]	
	物价	工资率	物价	工资率
1914	100	100	100	100
1915	$122\frac{1}{2}$	$107\frac{1}{2}$	$122\frac{1}{2}$	$107\frac{1}{2}$
1916	141	$122\frac{1}{2}$	140	$117\frac{1}{2}$
1917	161	141	170	$137\frac{1}{2}$
1918	$185\frac{1}{2}$	161	$192\frac{1}{2}$	$177\frac{1}{2}$

---

1 这是两种估计值的平均数。

但是，工资和物价如此相互追逐攀升的机制，是何等的荒谬可笑！除了渔利者阶层之外，没有人可以从中获利。这一过程，为随之而来的诸多麻烦埋下了祸根。而最后按照货币计算，我们将会背上沉重无比的国债包袱，这些国债已经大大超过了必要的限度，而且在整个社会中的分配极不合理。我们可以把这一制度与延期支付制度进行一番比较。我们如果平均延期支付收入的15％，货币工资与生活费用的相对比率，必然会依然如故，但是，前者压迫后者上升的压力就能够予以消除，而工人阶级的实际消费水平在总体上则与通货膨胀制度下的消费水平完全相同。如果按照旧有的工资率来计算，工人阶级的平均收入由于就业机会的增多和工作时间的延长（这大抵也是实际的情况）而比以前提高15％，这样一来，工人阶级的消费水平就可以维持在战前的水平上，并且除了要完成更为艰苦的工作之外，无需再作出任何牺牲。这种艰苦的工作也将会得到回报，工人们将可成为很大一部分国债的债权人。因为到战争结束的时候，即便以最稳健、保守的方法来进行估计，国债总量也将可减少20亿英镑以上，在余下的总额中，至少有5亿英镑以上不会操之于渔利者之手，而归于工薪者阶层。这就是说，在上次大战中，我们借助于"自愿"储蓄方式，流入企业家阶层荷包中的国债大约有25亿英镑之巨。

在上一次大战里，实际工资水平的下降所带来的影响，恰好为增加工作机会以及延长工作时间所抵消，所以我们才能够取得使工人阶级的消费水平维持在战前的水准或临近战前的水准这样的奇迹。我还不能肯定，这一次我们是不是就不能实现同样的结果。要想细究是否能够取得同样的成就，则我们如果尚且对于战争在经济上的需要没有完全的了解，是决然不能遽下断言的。不过，如果按照当前的工资率水平，工人阶级的总收入由于充分就业和延长工作时间，则物价必然会上涨，如果因为物价上涨而提高基本工资，使之达到足以抵偿物价上涨的程度，那么，消费水平将会提高，以至超过战前的水准，这可不是我国的国民经济所能胜任的。我们不能以这种方式来提高消费作为对工人的报酬，如果有了这样的企图，则只不过是要诱发通货膨胀而已。想要对给人以酬报，我们可以用未来的权利来使他们分享一份，如果不这样做，则这种权利将会尽数归于企业家阶层所有了。

X 法国所行之制度

值得指出的是，在此所建议的方案，如果与法德两国现行的措施相比较，是非常温和的（温和到了比我们必须要做到的还要温和得多的地步），这两个国家，一个是我们的敌国，一个是我们的盟国。

有传言说，德国也有在施行类似前文所述的那种延期支付收入的制度。如果这一传闻不谬的话，则德国于原有的其他种种办法之上，更是增益了这种制度。德国原来的各种办法已经是远较本书所建议的这些更为激烈了，例如该国严格地规定工资、工作时间以及物价水平，全面推行定量配给制，并以商店商品供应的短缺和如毛的禁令来作为补充，以及对工资还有一系列的折减等等。折减的总额对于那些收入较少的阶层，要大于我们前面所建议的延期支付率以上且有数倍之多。我非常希望能够给出更为确切的数据，可惜我无法做到这一点。根据我的猜测，如果我们国家对于一般消费品的控制，能够像德国那样严厉，则我们对于战争所做的努力将能足足增加50%之多，甚或远远不止于此，也未可知。因此，我们对于这里所建议的办法，至少应该不要打些折扣，应该切实地加以推行。

德国所推行的全部制度，正是我们所全力加以避免的，只要这样做不妨碍我们取得最终的胜利，即便作为一种权宜之计，暂时施行，亦非我们之所欲，故而引证法国所行的制度或许更为接近我们国家的国情。我们对法国的情况，因为新闻检查、邮政检查以及其他缘由，较之于敌国德国的情况，还要更加隔膜一些。法国今日对工资以及劳动条件的控制之严厉，及其广泛之程度，我相信英国的一般舆论几乎对此一片茫然。

法国政府历次公布的法令，迨至 1939 年 11 月 16 日，对于工资以及劳动条件的控制，已经完全确立起来。与其他行业相比，这种控制在军工行业表现得更为普遍而深入。在非军工行业方面，工资不得以集体协议的形式对战前的水平加以变更，纵使有加以变更的必要，如果不经过劳工部部长批准，也不会生效。在军工行业方面，工资由劳工部部长和军工部部长（或其他有关的公务部门）共同决定。雇主所付的工资不得超过所规定的最高限度（大体相当于战前的工资水平）。雇员非经核准，不得随意去职，并且要服从当局的任意调遣。因此，从一开始起，任何打算提高工资水平的企图，都在法律上被明确地禁绝了。

此外，法国政府还发起设立了所谓的国民互助基金会（National Solidarity Fund），以备来抵偿国民在民用范围内因战争而引起的任何特别支出，我认为，因为政府企图压低生活费用，其实施的政策措施带来的损失，也可以由该基金来加以支付。这项基金的来源，则是由战争期间的超额利润税和一般工资税来充任。而一般工资税则由以下两个部分构成：

（a）因为职业性质的特殊而免于服役的工人，征收其工资的 15%；这项政策我们也应加以借鉴，以从中获益。

（b）所有每周工作超过 40 小时而到 45 小时的工人，他们在这 5 小时之内挣得的全部收入要悉数上缴，对于每周工作时间在 45 小时以上所挣得的那部分收入，征收其超过时数所获收入的三分之一（由于在当前的很多情况下工作时间一般是每周 50 小时或者更多，所以，这也就差不多是再征收了 15% 的工资）。

为了把生活水平维持在战前的水准上，法国政府在这样的基础之上采取了种种严厉的措施，但是，对于定量配给制，却迄今为止仍未实施。这项制度施行之后的结果如何，是否会令法国国库对于进口商品或农产品不得不拨付巨额补助金，我还不清楚其详细的情况。

以上所述，因目前我所能获取的资料有限，故而作为对最新情况的报道，这里的描述或许并不完备，也不准确。我希望本书付梓之后，或能促使哪位法国人士就法国国内的情况，给我们带来一个更为全面和详尽的报道，远超过我在目前随手拈来的这个记述。

1940 年 1 月底，达拉第先生（M. Daladier）[1]在对法国民众发表的一次广播讲话时，曾说了下面这样一番话，将此等严厉的措施加以赞扬，并呼吁法国民众心悦诚服地加以接受，并踊跃实行，他这样说道：

> 当我们的子弟们开赴前线之时，他们已经准备好完全改变自己的生活。安居在后方的人们，不用再去犯难涉险，无须忍受同样的煎熬磨难，也应该同意改变自己的生活。留守在后方的人们，理应牺牲个人的利益，放弃对某些商品的消费，必须把所有的力量和能动性集中起来，贡献给国家，要知道，皮之不存，毛将焉附？ 这乃是当下的首要之务。德国拥有着世界上最强大、最令人生畏的物质力量，企图隐瞒这一事实，不但徒劳无益，甚至可说是一种犯罪。这个问题不仅关乎民族的兴亡，而且关系到我们整个的生活观念……今天我的话是讲给那些留守后方的法国人听的。我希望能够

---

1 即爱德华·达拉第（Edouard Daladier, 1884—1970 年），法国政府总理（1933 年，1934 年，1938—1940 年），法国激进社会党领袖。——译者注

直言不讳，哪怕是显得有些残酷无情……一句话，那些留守在后方的人们，只有通过克勤克俭、严守纪律，才能赢得前方将士对他们的尊敬。

在讲话行将结束之际，他复就德国人那如魔鬼撒旦式的宣传做了如下的概括：

> 它（指纳粹德国的宣传——译者注）对富人说："你将失去你的财富。"它对工人说："这是一场富人的战争。"它对知识分子和艺术家说："你所热爱的这一切，将会遭受毁灭的威胁。"它对那些喜好这个世界财货的人说："数月之后，你们将须忍受痛苦的限制。"它对宗教信徒说："你们的信仰，岂能容许人们相互之间的大屠杀？"最后，它对投机分子说："像你这样的人，可以从你的国家所蒙受的灾祸中大捞一把。"[1]

如此雄辩有力的演说词，会使我们前文那种拘谨而富于人道主义色彩的理论，以及仅具有辩护性质的温和建议，相形见绌，让人倍感柔弱可怜，然而，本文得以这样一位荷载自卫的民族领袖之健词来结束之，也算是恰到好处。

---

[1] 这段话由于凯恩斯引述的段落缺乏上下文，所以需要对语意做一些揣摩，否则容易引起误解。大体上，达拉第在此似乎是借纳粹德国的战争宣传来为自己的政策施与同样的紧迫性和合理性提供支持。如果这场战争失败，则德国富人将会失去财富；而如果支持国家的政策，取得战争胜利，为国家做出贡献的工人将会成为财富的拥有者；知识分子和艺术家可以保有自己热爱的一切；喜爱这个世界上的各类财货之人，可以在暂时限制自己的享受之后，继续安享他的财货；投机分子则可以从这场国家的灾难性战争中通过拥护政府政策而大发横财。——译者注

附 录

I. 国民收入

目前对国民收入的估计，各家之所以意见纷纭，彼此之间存在着分歧，虽然也的确有不少纯粹是统计上的数据参差有别——许多基本的统计估测也许压根儿就靠不住——这种原因存在，但是，更主要的则是因为各人对于国民收入这一概念的理解存在着不同的意见。下述1938—1939年度国民收入的估计，乃是以科林·克拉克先生的统计数据为依据，但与克拉克先生对于国民总收入的解释则不无出入。所以，这里实际上所使用的数据，是由罗斯巴特先生（Mr Rothbarth）以1938年4月1日至1939年3月31日这一年度的物价为标准，根据克拉克先生的数据，重新加以核算得到的，这一数据可以使其合于该年度的最新情况。

这里有两种概念，最适合于一般的应用目的。第一个概念是根据货币费用计算的当前总产出额，这在正文中已经给出了其结果，即：

表 10 单位：百万英镑

3 710	私人消费的当前价值，不包含间接税，但是包括折旧费用
290	在建筑、工厂、运输工具和存货方面的新增净投资，即折旧费以外的新增资本支出
850	政府经费，除去养老金及国债利息等等"转移支付"的数额，以及已经包含在上面项目中的支出
4 850	以上三项总计数

这48.5亿，我建议可以将之称为国民产出（national output）。

第二个概念是应予征税的那部分收入，也即个人收入的总和（包括慈善团体、私人机构和公司的收入）。与上面的国民产出不同的是，它包含 5 亿英镑的"转移支付"收入，但是政府从贸易利润中取得的非税收入则不在其中。这样，其总额可知为 53 亿英镑（48.5 亿英镑加上 5 亿英镑，再减去 5 000 英镑）。这一收入还可以分解成以下几个组成部分：

表 11

单位：百万英镑

按照市场价格计算的私人消费额（包括 6.7 亿英镑的间接税，加上私人消费总额的现值和折旧费 37.1 亿英镑）	4 380
私人储蓄（包括上述 2.9 亿英镑的新增投资，加上 8 000 万英镑的政府赤字公债，这是政府用来偿付其行动计划的费用超过税收和贸易利润收入的差额）	370
直接税	550
总计	5 300[1]

国民收入是由各种组成部分所构成，各家对国民收入的概念理解不同，乃是因为对其组成部分有不同意见所致。如果我们把各种主要的组成部分，列表如次，或者将会有助于我们对之加以理解，兹列表（表 12）如下：

表 12　政府收入及支出（中央和地方）

单位：百万英镑

政府收入：直接税	550
间接税	460
地方税	210
政府贸易利润	50
内债净贷款额	80
总计	1 350
政府支出：转移支付额	500
政府经费	850
总计	1 350

1　我在《经济学刊》上发表的估计数字是 57 亿英镑，这中间的数字差额应解释如下：在克拉克先生的数字中，对于 3.8 亿英镑的折旧费做了两次扣除（折旧费总额为 4.2 亿英镑，减去未尝重复计算的 4 000 万政府养路费之后，则为 3.8 亿英镑，这里的 3.8 亿英镑在我的估计中是没有被重复扣除过的）；减去以前包括在私人利润中的政府贸易利润 5 000 万英镑；减去政府支出赤字额的修正估计后的 3 000 万英镑。我在 1940 年 3 月的《经济学刊》上详细讨论了在这些数字背后存在的某些逻辑上的困难。

　　上述所列的政府经费额，并不包括政府在新建房屋和道路等项目上的支出（约有 5 000 万英镑到 1 亿英镑），因为此项支出已经包含在对投资的估计数字里了（由于这一数字是根据生产普查而得到的，所以必然把所有的投资都包含在内，而不管它到底是来自政府还是来自私人机构）。为求上表（表 12）收支取得平衡，则上述列表中的内债数额已经较实际额为低，因此，这项数额所代表的乃是用来偿付当前的政府净赤字的款项，并不包括政府的投资支出。

表 13　　　　　　　　　　　　　　　　　单位：百万英镑

私人收入与支出	
私人收入：	
来自当前产出的工资和利润	4 800
转移收入	500
总计	5 300
私人支出：	
按照市场价格计算的消费额	4 380
储蓄额	370
直接税	550
总计	5 300
国民产出	
扣除真实损耗及折旧费以外的私人和政府消费额	4 140
真实损耗和折旧费	420
新增投资额	290
总计	4 850
来自上述项目支付的私人工资及利润	4 800
政府利润	50
总计	4 850
总投资额	
新增净投资额	290
真实损耗及折旧费	420
总计	710
储蓄	
新增净投资额	290
政府赤字	80
总计	370

(续表)

私人收入的分配	
个人年收入在两百五十英镑以下者	2 910
个人年收入在两百五十英镑以上者	2 340
慈善团体的收入	50
总计	5 300

公司的未分配收入等在这里作为一个组成部分已经包含在拥有这笔资金所有的个人收入中。

表 14　　　　　　　　　　单位：百万英镑

年收入在 250 英镑以下者的收入来源	
工资和薪金	2 390
独立雇工以及自由职业者的收入	240
转移收入	280
总计	2 910
年收入在 250 英镑以下者的支出	
消费额[1]	2 420
国税与地税	390
储蓄	100
总计	2 910
年收入在 250 英镑以上者的收入来源	
薪金和利润	2 170
转移收入	220
总计	2 390
年收入在 250 英镑以上者的支出	
消费额[2]	1 290
国税与地税	830
储蓄	270
总计	2 390

上述各项数字的来源，见 1939 年 12 月份的《经济学刊》，第 638 页。

1　扩展到私人消费和政府经费时，真实损耗的费用平均摊合 8.5%。这已经包含在上述的消费额中。

2　见前注。

II. 对我国海外资源之大小的估计

我们国家作战能力的主要来源，就其本身而论，更兼之与敌对国家的比较，乃在于利用我们战前累积的黄金及国外投资，以之来支持我国的贸易差额。

1939 年 3 月 31 日，英格兰银行的我国外汇平准账户（Exchange Equalisation Account）所储备的黄金共达 7 995 万盎司，按当前的黄金价格计算（即每盎司 168 先令），共值 6.715 8 亿英镑。从这一天到 9 月 1 日止，由于外国从伦敦提取存款的关系，黄金储备量已经大量减少，但是，其数字则官方一直未予公布。不过，美国联邦储备委员会在战争前夕（1939 年 8 月底）曾发表过一份对各个交战国黄金储备的估计，根据这一估计，截止到当时，英国的黄金储备已经下降到了 5 亿英镑左右。而在一同公布的类似估计数据中，截止到 8 月底，法国持有的黄金储备为 7.5 亿英镑，加拿大的是 5 400 万英镑。这一估计数据并没有把帝国的其他黄金储备以及帝国每年新开采的黄金产值算入进来，这两个部分加起来估计有 1.87 亿英镑。

根据该委员会的估计，截至 1939 年 8 月底，英国在同一时期所持有的美元结余，约为 1.5 亿英镑。法国的美元储备约为 8 000 万英镑，加拿大的约为 9 000 万英镑。至于帝国的其他国外存款，则尚未有可靠的估计。

根据罗伯特·金德斯利爵士的估计，在 1938 年底，英国海外投资的总额约在 37 亿英镑，不过其中只有一部分是易于变现的。在这 37 亿英镑中，大约有 30 亿英镑是英镑贷款以及在大不列颠注册的公司的股票，其中大部分是不能变现出售的。不过，在这些资产中，每年按照常例可以清偿者，大约有 4 000 万到 5 000 万英镑；而且在当前的条件下，还有一些巨额的贷款可以设法收回，其中一笔巨额的加拿大贷款已经按照这种方式处理，即其一例。因此，在三年以内，我们可以动用的总额或将不低于 2.5 亿英镑之多。

根据金德斯利爵士的估计，我们国家所有在国外注册的公司资产计有近 7 亿英镑，这笔资产，被认为是较为容易变现的部分。另据美国联邦储备委员会估计，在战争爆发之时，英国所持有的易于出售的美国有价证券约有 1.85 亿英镑。此外，如果有其必要，更有其他的证券（包括英国在美国的所有财产）2.25 亿英镑，也可以用来出售变现。有意思的是，根据美方的报告，在大战爆发的前两个月之内，上述易于出售变现的有价证券，已经约有 10%，也即 1 800 万英镑左右，被出售变现了。

在战争爆发之初，外国人在英帝国的资产，曾被提回一部分，故而上述的数字应该将这一数额减去。现行的汇兑限制，仅对英国国民是有效的，但是，却并不限制外国人提回资产。这项措施如若不是为了保全伦敦战后世界金融中心的地位而做出的一项深谋远虑的决定，那么，其疏漏之处实在让人感到奇怪。不过，对于这项被提回的数额，我倒以为应该不会太大，原因一部分是因为目前的自由汇兑水平（上述交易即是在此基础上进行的）并没有任何征兆显示遭受到了何种压力，一部分则是因为我们很难想象，如果这种压力日益增大，人们还会宁愿顾及战后伦敦工商业界的繁荣，而不考虑当前赢取战争胜利这一刻不容缓的大业。战争爆发之初，外国投资者仍然持有的大部分存款及资产，严格说来，并不是可以任意动用的资产，而是必须留待各种不时可能发生的债务或维持商业现状之所需者。

实际上，对于外资的撤回，不但不至于达到多么大的地步，而且我认为，如果把英国本部的国际收支差额与整个帝国或英镑区的国际收支差额相比，可以发现这完全是两回事，我们可以很有把握地说，英帝国及其他国家存留在伦敦的国际收支差额,每年都有相当数量的增长。在上次大战中,虽然到最艰苦的阶段,这项增长所累积的数额,为数亦颇可观,迨至战事终了,已经达到了一个巨大的数目。我推测,我们每年至少可以从这一来源中获得不下一亿英镑,甚或犹有过之。

上述数字,也许会有相当大的错误,如果将它们逐项加总,来对我国可以利用的国外资源作出一个最终的估计,我认为这是一种相当草率的做法,殊非持重之道。但是,在将各项一一细究,做一番周详考虑之后,我认为,我国可以利用的外资,至少可以达到 10 亿英镑之多。即便我国对外负债逐渐增加,每年国际收支差额达到 3.5 亿英镑,我们也当能支应三年以上。

尽管我们国家的美元证券远不如 1914 年,比那个时候有了大量的缩减,但是,与这一年相比,现有的黄金和美元资源总量,则要比它大得多(请参阅表 15)。而且由于现在这些资源中大部分是黄金,因此变现很容易,流动性也大为提高,尤其便于动用。法国现有的黄金及美元,较之于 1914 年,大约多出一倍,加拿大的则要多出将近十倍。如果将英国、法国和加拿大的美元和黄金资源合并在一起计算,则较之 1914 年,增加了近两倍。相反,德国的美元和黄金储备在 1914 年只约为我们的一半,到了今天则不到我们的二十五分之一,不到同盟国总储备的五十分之一。

表 15　美国联邦储备委员会的估计(1939 年 8 月底)

单位:百万英镑,汇率:1 英镑兑换 4 美元

	中央银行黄金储备	美元结余	在美国持有的易于出售的证券	在美国的直接投资和其他投资	每年黄金产量(1938 年)
英国	500	149	184	225	—
法国	750	79	46	20	—
加拿大	54	89	125	140	41
英、法其他属国	135	—	—	—	146
总计	1 439	317	355	385	187

表 16　黄金和美元资源比较(1914 年和 1939 年)

(以百万美元为单位的约略数字)[1]

年份	黄金及美元资源总量		中央银行黄金储备	在中央储备之外用作货币的黄金	美元资源
	1939	1914	1914	1914	1914[2]
英国	4 230	3 365	165	600	2 600
法国	3 580	2 045	680	965	400
加拿大	1 630	115[3]	115	—	?
总计	9 440	5 525	960	1 565	3 000
德国	160	1 505	330	475	700

而且，上次大战时，我国对其他盟国的债务，在美国未参战之前，很是让我们感到困难，但是现在则是微不足道的了。现在，既然我们所有的货币契约在规模上都要比二十五年前大得多，既然无限的持久耐力又是始终一贯的，那么，我们目前的第一要务，乃在于力求节约国外资源的使用，并全力以赴地通过增加出口来补充之。不过，如果将各方面的情况加以综合考虑，我是无法认同我们今天在财政上的持久力量，会不如 1914 年的情况。如果以英镑区和法郎区的整体实力而论，则我们在偿付持续的贸易逆差方面的力量，确实还是非常雄厚的；而敌国则不但外汇储备早已化为乌有，而且已经落到了负债这个地步。

III. 家庭津贴费用的估算

在我国，十五岁以下的儿童，大约有 1 000 万人。因此，如果给每个

1　美国联邦储备公告。

2　这里是《经济统计评论》(*Review of Economic Statistics*)第 1 卷第 230 页给出的估计数据。1910 年在美国国家币制委员会，G.派什爵士(Sir G. Paish)所提出的估计数字要远比这里给出的为大，但是上述数字乃是参照后来的资料编制而成，因此也就更为可靠一些。

3　只包含黄金。

孩子每周补贴 5 先令, 也即每年补贴 13 英镑, 那么总共需花费 1.3 亿英镑。更为准确地估计, 则需要 1.32 亿英镑。不过, 由于下列各数, 这一数字已经被抵消了不少:

(1) 上述费用中, 大约有 2 000 万英镑是属于缴纳所得税者的子女的。我们曾假定现有的所得税的减税额, 约等于家庭津贴额, 因此, 以后者取代前者, 并不会使得负担增加。

(2) 由于现行减税办法的关系, 在 1937 年大概可以节省以下各类津贴的资金额为:

表 17

普通养老金	250 万英镑
失业救济金	275 万英镑
失业援助	850 万英镑
总计	1375 万英镑

(3) 在 1940 年, 对失业者子女津贴的节省可能要比 1937 年为少。另一方面, 用于儿童疏散及分居津贴等方面的资金, 战端一起, 所节省下来的似乎也会比较多些。

因此, 如果把各项因素都计算进来, 则将家庭津贴费用的最后额度估计为 1 亿英镑, 似乎比较妥当。

如果家庭津贴仅对第二个孩子及他之后出生的孩子予以补助, 那么, 这笔津贴的费用将减少一半多, 总数当不致超过 5 000 万英镑。如果按照 3 先令而非按照五先令来计算, 仅对第二个孩子及他之后出生的孩子加以补贴, 则所需不足 3 000 万英镑, 或者更确切地说, 不过 2 700 万英镑。如果津贴只限于第三个及他之后出生的孩子, 那么费用还会再减少一半多, 在津贴为 5 先令时, 总数大约为 2 000 万英镑。如果只限于第四个孩子及他之后出生的孩子, 则费用还会再减半, 下降到大约 900 万英镑。

IV. 计算延期支付及直接税的加总额之公式

本文第VI章中给出的延期支付额及直接税率合计的百分数，是根据以下公式求得的。凡是没有结婚而年收入在 750 英镑以下者，以每周 35 先令为其基本的免予延期支付额。超过这个数额的收入所得，则按照 35% 延期支付之。已经结婚者，则以每周 45 先令为其基本的免予延期支付额。延期支付率与未婚者相同。当然，这种延期支付率也并非不顾收入之多少的单一比率，正如第VI章表 5 所示的那样，固定的家庭津贴，对于收入较少的阶层，影响的范围要大很多。按照这样的计算公式，则该表中被提留的收入比例，从每周收入 50 先令的 3.5%，上升到年收入 700 英镑的 29%（表 4）。对于收入较高的阶层，其超过基本免于延期支付额的部分，延期支付率则有下表之提高：

表 18

收入（英镑）	超额所得的延期支付率（%）
750—2 000	40
2 000—3 000	45
3 000—5 000	55
5 000—10 000	65
10 000—15 000	70
15 000—20 000	75
20 000—50 000	80
50 000 以上	85

以上所述的这种津贴制度，对于免予延期支付的数额，并没有像制定所得税制度那样精心设计，更没有区分劳动收入所得与非劳动收入所得。因此之故，有些在所得税方面受到特别优待的人士，则可能会比那些没有享受这种优待的人士上缴更大比例的收入抑留。如果能够编制出一套精心设计的细密方案，则此类枝节问题即可迎刃而解，但是如果我

试图在这里将此等处理的细节一一写来，恐怕会起到喧宾夺主的效果，反而会使得主题混淆不明。也许对已婚者的津贴并不足够，也许应该分出更多的收入等级来对各种不同情况更加细致地进行分类，而避免突然的跃升。对于那些收入水平远不及其战前水平的人士，如果能够仿照最近年度的预算条例，而规定减免之法，这当然是更好的了。凡此种种，均是可以在一个更为详细的方案中加以厘定的。

致　谢

　　本书所建议的方案，其基本要旨原见于1939年11月14日和15日发行的《泰晤士报》，嗣后于同月28日，以第三篇文章对各种批评进行了答复，12月1日又以一封书信的形式进行了申述。此外，我还根据统计数字而另作一篇文字作为补充，发表在1939年12月份的《经济学刊》（第626页）上。

　　在统计方面，从始至终我都得到了剑桥大学统计系的E.罗斯巴特先生的大力帮助，须特别指出的是，对于各个等级上的收入额之估计，则全赖罗斯巴特先生之力。

　　对家庭津贴费用的估计，乃是根据家庭互助会（Family Endowment Society）所提供的数据而完成。现在，已经有很多方面的人士支持家庭津贴制度了，其中最突出者，当属埃默里先生（Mr Amery）、埃莉诺·拉斯伯恩小姐（Miss Eleanor Rathbone）以及胡巴克夫人（Mrs Hubback）诸人。

　　以战后资本税来偿付延期支付额，则是由冯·哈耶克教授（von Hayek）[1]所

　　1　即弗里德里希·奥古斯特·冯·哈耶克（Friedrich August von Hayek，1899—1992年），著名的奥地利裔英国经济学家，新自由主义的代表人物。哈耶克生于奥地利维也纳，先后获维也纳大学法学和政治科学博士学位。20世纪20年代留学美国，归国后先后任维也纳大学讲师，奥地利经济周期研究所所长，后曾担任过英国伦敦经济学院教授，德国弗莱堡大学教授等。1938年加入英国籍。曾是凯恩斯先生的论敌之一，二者之间的学术恩怨近年来颇为世人所关注。——译者注

首倡,他曾于 1939 年 11 月 24 日在《观察家》(*Spectator*)上撰文述及此事。

在较低的价格水平上实行定量配给制的建议,曾由阿瑟·索尔特爵士(Sir Arthur Salter)向我提出过。R.H.布兰德先生(Mr R.H. Brand)也曾在《泰晤士报》上撰文表示拥护之,希克斯教授及夫人曾于《曼彻斯特卫报》(*Manchester Guardian*)上对之予以更加详细的讨论。

除了以上所提到的诸君子之外,我还要向那些曾对本书中内容提出过批评及通过通信给出过建议的其他人士致以谢意。

译者跋

约翰·梅纳德·凯恩斯是二十世纪当之无愧的伟大经济学家和重要思想家,其经济思想对今天世界各国的经济政策制定仍然有着相当的影响。

凯恩斯生前一共出版过九部著作,分别是:《印度的通货与金融》,《〈凡尔赛和约〉的经济后果》,《论概率》,《条约的修正》,《货币改革略论》,《货币论》(全二卷),《劝说集》,《传记文集》,《就业、利息和货币通论》。此外,他还出版过六本小册子作品。译者在研习经济思想史时,发现凯恩斯著作的汉译本虽然很多,但多是对其中几本名著如《就业、利息和货币通论》和《货币论》的重译,而诸如《货币改革略论》和《论概率》这类反映其思想渊源与流变的重要著作,却付诸阙如。经过几年的阅读和准备,译者这才起心动念,打算在前人译本的基础上,提供一套较为完备的凯恩斯生前审定出版之著作的中文译本。

凯恩斯先生是一代英文大家,译者虽然不辞辛劳,心里存着追慕远哲、裨益来者的决心,但是才疏学浅,译文中的错讹之处必多。祈望海内外学人,对于译文能够多予教诲,译者先在这里表达一下感激之情。

李井奎

写于浙江工商大学·钱塘之滨

图书在版编目(CIP)数据

通往繁荣之路/(英)约翰·梅纳德·凯恩斯著;李井奎译.
上海:复旦大学出版社,2025.8.
(约翰·梅纳德·凯恩斯文集).
ISBN 978-7-309-17870-8

Ⅰ. F091.348

中国国家版本馆 CIP 数据核字第 2025B2Q682 号

通往繁荣之路

[英]约翰·梅纳德·凯恩斯　著
李井奎　译
责任编辑/谷　雨
装帧设计/胡　枫

复旦大学出版社有限公司出版发行
上海市国权路 579 号　邮编:200433
网址:fupnet@fudanpress.com　http://www.fudanpress.com
门市零售:86-21-65102580　团体订购:86-21-65104505
出版部电话:86-21-65642845
上海盛通时代印刷有限公司

开本 787 毫米×960 毫米　1/16　印张 19.25　字数 238 千字
2025 年 8 月第 1 版
2025 年 8 月第 1 版第 1 次印刷

ISBN 978-7-309-17870-8/F・3101
定价:108.00 元

通往繁荣之路 *The Means to Prosperity*

《丘吉尔先生政策的经济后果》

本篇据 Leonard & Virginia Woolf 的 The Hogarth Press 出版社 1925 年版 *The Economic Consequences of Mr Churchill* 译出。

《俄罗斯掠影》

本篇据 Leonard & Virginia Woolf 的 The Hogarth Press 出版社 1925 年版 *A Short View of Russia* 译出。

《自由放任主义的终结》

本篇据 Leonard & Virginia Woolf 的 The Hogarth Press 出版社 1926 年版 *The End of Laissez-Faire* 译出。

《劳合·乔治能够做到吗》

本篇据 THE NATION AND ATHENAEUM 公司 1929 年版 *Can Lloyd George Do It* 译出。

《通往繁荣之路》

本篇据 MACMILLAN AND CO., LIMITED 公司 1933 年版 *The Means to Prosperity* 译出。

《如何筹措战费》

本篇据 MACMILLAN AND CO., LIMITED 公司 1940 年版 *How to Pay for the War* 译出。

畜裕印記

李健明 编著 ◎

己亥 遠登題

世界图书出版公司

广州·上海·西安·北京

图书在版编目（ＣＩＰ）数据

富裕印记 / 李健明编著. -- 广州 ： 世界图书出版
广东有限公司，2021.6
　　ISBN 978-7-5192-8386-5

　　Ⅰ．①富… Ⅱ．①李… Ⅲ．①村落－概况－顺德区
Ⅳ．①K926.55

　　中国版本图书馆CIP数据核字(2021)第009087号

书　　　名　富裕印记
　　　　　　　FUYU YINJI
编 著 者　李健明
责任编辑　程　静
装帧设计　李卓华
责任技编　刘上锦
出版发行　世界图书出版有限公司　世界图书出版广东有限公司
地　　　址　广州市新港西路大江冲25号
邮　　　编　510300
电　　　话　020-84451969　84453623　84184026　84459579
网　　　址　http://www.gdst.com.cn
邮　　　箱　wpc_gdst@163.com
经　　　销　各地新华书店
印　　　刷　佛山市华禹彩印有限公司
开　　　本　787mm×1092mm　1/16
印　　　张　11
字　　　数　109千字
版　　　次　2021年6月第1版　2021年6月第1次印刷
国际书号　ISBN 978-7-5192-8386-5
定　　　价　68.00元

咨询、投稿：020-84451258　gdstchj@126.com